> JIAOYUXUE

教 育 学

余文森　王　晞◎主编

图书在版编目(CIP)数据

教育学/余文森,王晞主编. —北京:北京大学出版社,2009.11
ISBN 978-7-301-15890-6

Ⅰ. 教… Ⅱ. ①余…②王… Ⅲ. 教育学－师范大学－教材 Ⅳ. G40

中国版本图书馆 CIP 数据核字(2009)第 173602 号

书　　　名：教育学
著作责任者：余文森　王　晞　主编
责 任 编 辑：于　娜
标 准 书 号：ISBN 978-7-301-15890-6/G · 2684
出 版 发 行：北京大学出版社
地　　　址：北京市海淀区成府路 205 号　100871
网　　　站：http://www.jycb.org　http://www.pup.cn
电 子 信 箱：zyl@pup.pku.edu.cn
电　　　话：邮购部 62752015　发行部 62750672　编辑部 62755217　出版部 62754962
印　刷　者：三河市北燕印装有限公司
经　销　者：新华书店
　　　　　　787 毫米×1092 毫米　16 开本　13.5 印张　282 千字
　　　　　　2009 年 11 月第 1 版　**2019 年 7 月第 6 次印刷**
定　　　价：26.00 元

未经许可,不得以任何方式复制或抄袭本书之部分或全部内容。
版权所有,侵权必究
举报电话：(010)62752024　电子信箱：fd@pup.pku.edu.cn

编 写 说 明

教师资格制度是国家法定的教师职业许可制度。1986年6月,我国国家统计局和国家标准局发布的《中华人民共和国国家标准职业分类与代码》中,把各级各类教师列入了"专业、技术人员"这一类别。1993年10月,通过的《中华人民共和国教师法》首次提出"国家实行教师资格制度",并实行"教师职务制度",逐步实行"教师聘任制度"。1995年12月,国务院颁布《教师资格条例》,2000年9月,教育部颁发《〈教师资格条例〉实施办法》,教师资格制度在我国正式启动。

教师资格制度要求,凡在各级各类学校和其他教育机构专门从事教育教学工作的中国公民,必须具备教师资格。这是我国教育发展史上的一件大事,也是教师专业化发展的必然要求。2001年,教育部人事司会同教育部考试中心组织有关专家研究制定了教师资格认定《教育学考试大纲》,分小学、中学和高校三个层次,推动教师资格制度实施工作顺利、健康地进行。为了更好地帮助非师范教育类专业毕业的教师资格申请者学习教育学课程,我们以《教育学考试大纲》为蓝本,编写了这部中学教师资格考试教育学指导用书《教育学》。

本书由余文森和王晞担任主编,各章的编写者为:第一章、第五章、第十章,王晞;第二章、第三章,万作芳;第四章、第九章,任海滨;第六章,蔡旭群;第七章,闵钟;第八章,刘冬岩。

本书依托《教育学考试大纲》而形成,沿用了《教育学考试大纲》的框架和主要内容,在书中不一一标明,在此表示深深的感谢!同时,我们根据教师资格考试申请者的实际情况、基础教育课程改革的新进展以及教育学研究的新成果,对《教育学考试大纲》中有关内容进行了删减、充实、更新,从而使本书在系统阐述教育学的基础知识的同时,充分反映新课程理念和素质教育精神,提供新课程改革所需要的教育学内容和观点,以及基础教育改革对教师素质的发展要求,使其富有时代气息。

由于编写者认识水平和专业理论水平的局限,本书肯定存在不足之处,欢迎广大学习者批评指正,提出宝贵意见。

编　者

目 录

第一章 教育与教育学 ·· 1
  第一节 教育的认识 ·· 1
    一、教育的概念 ·· 1
    二、教育的要素 ·· 2
    三、学校教育的演进 ·· 3
    四、非制度化教育思潮 ··· 5
    五、现代教育制度发展趋势 ·· 6
  第二节 教育的发展 ·· 7
    一、古代教育 ··· 7
    二、文艺复兴时期的欧洲教育 ·· 10
    三、近代教育 ··· 10
    四、20世纪后的教育 ·· 12
  第三节 教育学的发展 ·· 14
    一、教育学的萌芽 ·· 14
    二、教育学的建立 ·· 16
    三、教育学的发展 ·· 18
    四、当代教育学的状况 ·· 21

第二章 教育与社会发展 ·· 23
  第一节 教育与政治经济制度 ·· 23
    一、政治经济制度对教育的制约 ··· 23
    二、教育对政治经济制度的影响 ··· 25
  第二节 教育与生产力 ·· 26
    一、生产力对教育的决定作用 ·· 26
    二、教育对生产力的影响作用 ·· 28
  第三节 教育与科学技术 ··· 30
    一、科学技术对教育的影响 ·· 30
    二、教育对科学技术发展的作用 ··· 33
  第四节 教育与文化 ·· 35
    一、文化与学校文化 ··· 35
    二、教育的文化功能 ··· 37

第三章 教育与个人的发展 ... 39
第一节 个体身心发展的一般规律 ... 39
一、人的身心发展的特殊性 ... 39
二、个体身心发展的动因 ... 40
三、个体身心发展的一般规律 ... 41
第二节 影响个体身心发展的因素 ... 44
一、遗传对个体发展的影响 ... 45
二、成熟对个体发展的影响 ... 46
三、环境对个体发展的影响 ... 48
四、学校教育对个体发展的特殊功能 ... 50
五、个体主观能动性的巨大作用 ... 51
第三节 教育的个人意义 ... 52
一、教育将个体"沉睡"的潜能激活,并进行潜能的充分开发 ... 52
二、教育促进个体全面、自由、和谐发展,为其一生的发展奠定基础 ... 53
三、教育基于个性差异,促进个性发展 ... 53
四、教育培养个体创新精神和实践能力,凸显个体核心素质 ... 54
第四节 普通中等教育促进青少年发展的特殊任务 ... 55
一、少年期的年龄特征与初中教育的个体发展任务 ... 55
二、青年期的年龄特征与高中教育的个体发展任务 ... 56

第四章 教育目的 ... 58
第一节 教育目的概述 ... 58
一、教育目的的含义 ... 58
二、教育目的的层次结构 ... 59
三、教育目的的功能 ... 60
第二节 我国的教育目的 ... 62
一、我国教育目的的内容和精神 ... 62
二、我国教育目的的理论基础 ... 63
三、我国教育目的的基本构成 ... 64
第三节 新课程的培养目标 ... 65
一、新课程培养目标的要点 ... 65
二、新课程培养目标的特点 ... 66

第五章 学生与教师 ... 69
第一节 学生 ... 69
一、学生的本质属性 ... 69
二、学生的权利与义务 ... 70
三、当代中学生的发展特点 ... 73
第二节 教师 ... 74

一、教师职业认识 ………………………………………………………… 74
　　二、教师的权利与义务 …………………………………………………… 77
　　三、教师专业发展 ………………………………………………………… 79
　第三节　师生关系 ………………………………………………………………… 84
　　一、师生关系的教育作用 ………………………………………………… 84
　　二、师生关系的主要特点 ………………………………………………… 85
　　三、构建良好师生关系的基本策略 ……………………………………… 87

第六章　课程 …………………………………………………………………………… 89
　第一节　课程概述 ………………………………………………………………… 89
　　一、课程内涵的几种界说 ………………………………………………… 89
　　二、课程目标 ……………………………………………………………… 91
　　三、课程类型 ……………………………………………………………… 93
　第二节　课程设计 ………………………………………………………………… 98
　　一、课程计划 ……………………………………………………………… 98
　　二、课程标准 ……………………………………………………………… 103
　　三、教科书 ………………………………………………………………… 106
　第三节　课程实施 ………………………………………………………………… 107
　　一、课程实施取向 ………………………………………………………… 107
　　二、课程实施的影响因素 ………………………………………………… 108
　第四节　课程资源 ………………………………………………………………… 109
　　一、课程资源的定义 ……………………………………………………… 109
　　二、课程资源的特点 ……………………………………………………… 110
　　三、课程资源的类型 ……………………………………………………… 110
　　四、课程资源的开发与利用 ……………………………………………… 112
　第五节　课程评价 ………………………………………………………………… 115
　　一、课程评价的概念 ……………………………………………………… 116
　　二、课程评价的主要模式 ………………………………………………… 116
　　三、发展性课程评价 ……………………………………………………… 117

第七章　教学(上) ……………………………………………………………………… 119
　第一节　教学的概念和任务 ……………………………………………………… 119
　　一、教学的概念 …………………………………………………………… 119
　　二、教学的地位 …………………………………………………………… 121
　　三、教学的一般任务 ……………………………………………………… 121
　第二节　教学规律 ………………………………………………………………… 123
　　一、教学认识过程的简约性规律 ………………………………………… 123
　　二、教学与发展相互制约与促进的规律 ………………………………… 125
　　三、教与学相互影响与作用的规律 ……………………………………… 125

四、教学具有教育性的规律 …………………………………………………… 127

第三节　教学原则 …………………………………………………………………… 128

　　一、教书与育人统一的原则 …………………………………………………… 128

　　二、适应性与发展性相统一的原则 …………………………………………… 129

　　三、传授知识与发展能力相统一的原则 ……………………………………… 130

　　四、教师主导性与学生主体性相结合的原则 ………………………………… 132

　　五、教学与研究相结合的原则 ………………………………………………… 134

　　六、理论联系实际的原则 ……………………………………………………… 135

第八章　教学（下） …………………………………………………………………… 137

第一节　教学组织形式 ……………………………………………………………… 137

　　一、个别教学 …………………………………………………………………… 137

　　二、班级授课制 ………………………………………………………………… 138

　　三、分组教学制 ………………………………………………………………… 139

　　四、道尔顿制 …………………………………………………………………… 140

　　五、特朗普制 …………………………………………………………………… 140

第二节　教学工作的基本程序 ……………………………………………………… 141

　　一、备课 ………………………………………………………………………… 141

　　二、上课 ………………………………………………………………………… 143

　　三、作业设计 …………………………………………………………………… 145

　　四、学习辅导 …………………………………………………………………… 145

　　五、学业评价 …………………………………………………………………… 146

　　六、教学反思 …………………………………………………………………… 148

第三节　教学方法 …………………………………………………………………… 148

　　一、选择与运用教学方法的基本依据 ………………………………………… 149

　　二、中学常用的教学方法 ……………………………………………………… 149

第四节　新课程教学的基本走向 …………………………………………………… 154

　　一、由"狭义教学"走向"广义教学"（由"教材"到"课程资源"）………… 154

　　二、由"独白式教学"走向"对话式教学" …………………………………… 155

　　三、由依赖性教学走向独立性教学 …………………………………………… 156

　　四、由知识性课堂走向生命性课堂 …………………………………………… 157

第九章　德育 …………………………………………………………………………… 159

第一节　德育的意义、目标和内容 ………………………………………………… 159

　　一、德育的概念 ………………………………………………………………… 159

　　二、德育的意义 ………………………………………………………………… 160

　　三、德育目标 …………………………………………………………………… 160

　　四、德育内容 …………………………………………………………………… 161

第二节　德育过程 …………………………………………………………………… 163

一、德育过程的概念 ································ 163
　　二、德育过程的规律 ································ 164
第三节　德育的原则、途径和方法 ······················· 165
　　一、德育原则 ······································ 165
　　二、德育的途径 ···································· 169
　　三、德育的方法 ···································· 170
第四节　当前我国学校德育改革的主要趋势 ··············· 172
　　一、学校德育观念的人性化、生活化 ·················· 172
　　二、学校德育模式的个性化 ·························· 172
　　三、学校德育目标的全面性 ·························· 173
　　四、学校德育方式的开放性、互动性 ·················· 173

第十章　班级管理 ···································· 175
第一节　班级组织的认识与管理 ························· 175
　　一、班级组织的认识 ································ 175
　　二、班级管理的界定 ································ 177
　　三、班主任在班级管理中的地位与作用 ················ 179
　　四、班主任班级管理的内容与方法 ···················· 180
第二节　班级管理的有效实施 ··························· 182
　　一、班级管理有效性界说 ···························· 182
　　二、班级管理的几种模式 ···························· 185
　　三、班集体的建设 ·································· 186
第三节　班主任工作研究 ······························· 188
　　一、班主任工作研究的意义 ·························· 188
　　二、班主任工作研究的主要内容 ······················ 191
　　三、班主任工作研究的主要方法 ······················ 194
　　四、班主任工作研究成果的表达 ······················ 200

第一章　教育与教育学

 学习评价

1. 识记教育、教育学的基本概念。
2. 理解并掌握教育的要素和学校教育的发展阶段及其特点。
3. 理解并掌握教育的发展阶段及其特点。
4. 了解教育学的发展阶段，掌握各发展阶段的主要教育思想。
5. 懂得从教育与教育学发展的角度理解和分析教育现象。

第一节　教育的认识

教育是培养人的一种社会活动，是人类传承社会文化、传递生产经验和社会生活经验的基本途径。在现代社会中，教育已成为我们生活的一个不可分离的重要组成部分。本节主要从什么是教育、教育的基本构成要素、学校教育的演进等三个方面帮助学习者认识教育。

一、教育的概念

在西方，"教育"一词源于拉丁文 educare，词首"e"有"出"的意思，词根则有"引导"的意思，因此，"教育"一词有"引出"之意，意思是把人所固有的、潜藏于人身上的东西，自内而外引发出来，转变为现实的发展状态。

我国教育学界一般认为，"教育"一词最早见于《孟子·尽心上》中的"得天下英才而教育之，三乐也"。但是，我国古代汉语中多为单字词，大都只用一个"教"字表达今天的"教育"一词，很少将"教"与"育"连用。"教育"一词虽在一些古代文献中时有出现，但实际并不常用，直到 1906 年学部奏请颁布"教育宗旨"，以及民国之后改"学部"为"教育部"，"教育"一词才作为常用词沿用至今，并成为我国教育学中的一个基本概念。

教育作为人类特有的社会现象，能促进个体多层次的发展，它既是使人的本质外化的过程，也是将一定社会的本质内化于个体的过程。

从广义上说，凡是能增进人的知识和技能、影响人的思想观念的活动，都具有教育作用。可以说，教育广泛地存在于人类社会的生产与生活中，与人类社会发展共始终，通过各种形式的活动，如文化习俗、宗教、政治、经济、军事等对人产生影响。概括而言，广义的教育主要由家庭教育、学校教育、社会教育构成。

狭义的教育，是指以影响人的身心发展为直接目标的社会活动，主要指学校教育，是教育者根据一定的社会要求，有目的、有计划、有组织地通过学校教育的工作，对受教育者的身心施加影响，促使他们朝着期望方向变化的活动。学校教育包含于广义教育之中，鲜明的目的性、计划性、组织性是学校教育区别于其他教育形式的根本特征，也是学校教育这一活动形式存在的重要价值所在。

二、教育的要素

教育的要素是指构成教育活动所必不可少的最基本的因素，但是，它不包含教育活动中所涉及的所有因素。在教育理论与实践中，人们一般认为教育活动总是在教育者与学习者之间展开的，任何单方面的活动都不能称之为教育。分析和探讨教育的构成要素，有助于我们更清晰地认识教育现象，更好地把握教育这一活动。

（一）教育者

教育者是构成教育活动的一个基本要素。离开了教育者及其有目的的活动，也就不存在学校教育及其过程，学校教育的过程就是教育者的一种有目的的活动。换言之，学习者发生变化的基本过程是通过教育者的有目的的活动而实现的。现代学校的教育者具有以下特征：

1. 主体性

教育者是教育活动的设计者和具体实施者，他把学习者作为对象，把教育的影响作为手段，以其自身的活动来引起学习者身心的发展和变化，并促使学习者发生合乎自己目的的变化。

2. 目的性

教育者所从事的是以教育为目的的活动，而且这一活动直接指向学习者的身心。人的其他活动也会对人的身心产生作用和影响，具有教育上的意义，但不以教育作为其主要的、根本的目的。

3. 社会性

现代学校的教育者是社会要求的体现者，其对学习者所施加的影响，无论在性质方面还是在内容方面都要集中地反映一定社会的发展要求，并以促使学习者获得符合这种要求的发展为根本追求。

因此，教育者是接受社会的正式委托，以社会要求体现者的身份参与教育过程，通过有目的、有计划、有组织的教育活动来影响学习者。

（二）学习者

学习者是教育活动中承担学习责任，并以自身的发展需求参与教育过程的人。作为教育实践活动的对象，学习者在教育过程中具有以下特征：第一，不同的人有不同的学习目的，即使两个人在学习目的的表述方面相同，也未必有着同样的理解和同样的理由；第二，不同的人有不同的学习背景或基础，并由此影响到各自的学习兴趣、能力或风格；第三，不同的人在学习过程中所遭遇的问题与困难不同，因此，进行有效学习所需要的帮助也不同；第四，不同的学习者对于自身学习行为的反思和管理意识与能力不同，从而影响到他们各自的学习效率和质量。[①]

因此，在教育过程中，学习者从形式来看是教育影响的受体，但就其本质而言，却是学习活动的认识和发展主体，有不同的发展需求和发展特点，直接影响着教育过程和结果。

（三）教育影响

教育影响是连接教育者和学习者的中介，是教育活动运行所依赖的一切事物的总和，是构成教育活动必不可少的要素之一。具体而言，主要包括以下几个方面：

1. 教育目的。指教育活动预期要达到的目的。
2. 教育内容。指依据教育目的或目标而选择出来的知识、经验等。在学校教育中，教育内容主要体现在教科书上。
3. 教育方法。指教育者为达成目的，使学习者掌握教学内容而采用的方法，如讲授法。
4. 教育手段。指教育活动所运用的物质手段，如实验器材、电化教育器材、口耳相传等。
5. 教育组织形式。指教育活动的形态，例如，正规化教育形态、非正规化教育形态。
6. 教育环境。主要指教育的物质环境，如场地、设备等。[②]

教育者、学习者、教育影响作为教育活动的基本要素，在教育活动中占有不同的位置，任何一个要素的变化或不同的组合，都必然导致教育活动系统的改变。因此，各教育要素既相互独立，又相互制约，形成了一个有机的整体，共同构成一个完整的教育活动系统。

三、学校教育的演进

学校教育是由专职人员和专门机构所承担的，在一定环境中有目的、有计划、有组织地以影响学习者的身心发展为目标的社会活动。但是，人类的教育并不是一开始就具有如此形式化和结构化的形态，而是当社会生产力发展到一定水平，人类社会的经验积累到了一定程度，才开始有了形成教育实体的需求。历史上的教育形式经历了从非正式教育到正式而非正规教育再到正规教育的演变。

（一）学校教育的萌芽

一般认为，奴隶社会是教育作为独立的社会活动的形成时期。在此之前，由于未开化社会的生活技术是极其简单的，通常可以通过日常的模仿来获得，因此教育是以不定型的形式而存在，渗透于生产与生活中。

[①] 全国十二所重点师范大学联合编写.教育学基础（第2版）[M].北京：教育科学出版社，2008：6.
[②] 郑金洲.教育通论[M].上海：华东师范大学出版社，2000：16.

据史学研究，在原始部落中，"群"在社会生活中具有特殊的地位，它常常是以不同的年龄来划分的，每个年龄群都有自己特殊的标志，儿童和青少年只有经过了一定仪式之后，才可以从一种年龄群转入另一种年龄群。在原始社会的母权制时期末出现的"青年之家"，就是为转入"猎人群"的少年、儿童而设置的"成年仪式（奉献仪式）"的准备，目的是要使新生一代掌握社会上已有的物质财富和精神财富，做好参加社会生活的准备。"青年之家"是原始社会全体成员的儿童都在里面接受教育的一种原始社会制度的特殊机构[①]，有学者认为，"青年之家"有可能是最早的儿童公共教育机构，是学校的萌芽。

（二）前制度化教育

前制度化教育是人类教育史上一个重要的发展阶段。一般认为，在奴隶社会初期出现了定型的教育组织形式即实体化教育——学校是其重要的标志。奴隶社会初期，生产力的发展使一部分人有可能摆脱直接的物质生产体力劳动，专门从事精神活动或智力活动，社会由此而出现了体力劳动和脑力劳动的分工。于是，教育活动开始从生产劳动和社会生活中分离出来，成为一种单独的专门事业。具体而言：① 生产力的发展和剩余产品的出现为学校的产生提供了可能的前提条件；② 社会知识经验的不断积累和丰富为学校的产生提供了必要的教育内容；③ 文字的形成为学校的产生提供了必要的教育媒介。

定型的教育组织形式包括古代的前学校与前社会教育机构、近代的学校与社会教育机构。据目前可查证的史料记载，最早的学校出现在约公元前 2500 年左右的古埃及；欧洲最早出现的学校约在公元前 8—前 7 世纪古希腊的雅典；在我国的史料记载中，夏朝就有学校，但这一点尚未完全确证，公元前 1700 年左右的殷有学校已从甲骨文的研究中找到证明。[②] 学校的产生，意味着教育活动的专门化，教育形态趋于定型。学校具有以下特点：① 教育主体的确定；② 教育对象的相对稳定；③ 形成系列的文化传播活动；④ 有相对稳定的活动场所和设施等；⑤ 是由以上种种因素结合在一起而形成的独立的社会活动形态。实体化教育为制度化的教育提供了必不可少的发展基础，并对教育的发展产生了难以估量的影响。

（三）制度化教育

所谓的制度化教育主要指的是正规教育，即具有层次结构、按年龄分级的教育制度，它从初等学校延伸到大学，并且除了普通的学术性学习以外，还包括适合于全日制职业技术训练的众多的专业课程和机构，以及系统的各级各类学校。随着学历社会的出现，制度化教育越来越成为影响社会发展的重要因素。

学校组织的发展与完善是一个渐进的过程。教育的制度化过程就是教育实体从简单到复杂、从游离状态到形成系统的过程，它与社会的发展紧紧相连。近代学校系统的出现，开启了制度化教育的新阶段。17 世纪欧洲出现了文科中学，重视古典

---

① 参见：[苏]沙巴也娃. 论教育起源和学校产生的问题[G] // 瞿葆奎. 教育学文集·教育与教育学[M]. 北京：人民教育出版社，1993：125-155.

② 叶澜. 教育概论[M]. 北京：人民教育出版社，1991：45.

的人文主义教育，具有制度化教育的雏形。到了18世纪，欧洲又出现了实科中学，并产生了平民化教育，职业教育也成型了。学校教育类型上的这种分化，意味着学校教育日渐走向成熟。19世纪下半期，严格意义上的学校系统在西方基本形成。

学校系统的形成，意味着制度化教育的形成。学校作为一个组织严密的教育机构，一般应具备如下条件：① 严格的入学规定，这些规定包括对年龄方面的以及入学方面的要求；② 修业年限的规定，不同级别、不同层次学校对学习年限有不同的要求；③ 分年级教学，依照不同的年龄、不同的学业水平区分不同的年级；④ 有明确的课程要求，依照学校教育的目的，对学习内容提出一定的要求；⑤ 有严密的管理制度，特别是严格的组织纪律方面的规定；⑥ 有较为固定的专职教学人员；⑦ 有较为固定的教学场所。①

我国近代制度化教育的兴起，主要受西方学校系统的影响，完备的学制系统产生于1902年的《钦定学堂章程》（又称壬寅学制）以及1903年的《奏定学堂章程》（又称癸卯学制）。

四、非制度化教育思潮

非制度化教育思潮是20世纪60年代产生于美国的一种较为激进的教育理论流派，受现代批判主义的影响，是西方反理性、反现存体制、反文化运动在教育领域的表达。伊里奇（Ivan Illich，1926—2002）所主张的非学校化观念就是非制度化教育思潮的代表之一。他把批判的矛头直接指向学校教育，细数制度化教育的弊端，认为制度本身就是"恶"的，而我们在制度安排下的学习也就充满着歪曲、被动和钳制的情形。在学校这种结构体制下，学生必须学着服从权威——教师或校规等，学习那些被预选好的、被过滤的信息，学生的主体自由由此被完全剥夺，所接受的是由"成套"讯息构成的强迫学习。②伊里奇将系统化学校教育所释放的负向功能归咎于教育制度的弊端，乃至整个社会制度与社会文化的弊病，从而倡导教育重构乃至社会重构③，主张用"学习网络"取代现行的制度化教育。这一思想对20世纪后期的世界教育改革产生了重大的影响。

具有完备学校系统的制度化教育是人类教育的高级形态，它与制度化的社会形态相伴生，是教育发展史上的一大进步，推动了人类文明的发展。但随着制度化教育的不断扩张，其弊端也日渐明显。非制度化教育思潮正是针对制度化教育的弊端，从一个特殊的角度，向我们揭示了现代学校的教育负向功能，提出了构建学习化社会的理想，认为"教育不应再限于学校的围墙之内"，每一个人应该在一个比较灵活的范围内，比较自由地选择他的道路。如果他离开这个教育体系，也不至于被迫终身放弃利用各种设施的权利。因此，相对于制度化教育而言，非制度化教育改变的不仅是教育形式，更重要的是教育理念。

---

① 郑金洲.教育通论[M].上海：华东师范大学出版社，2000：65.
② 郑金洲.教育通论[M].上海：华东师范大学出版社，2000：68.
③ 吴康宁.教育社会学[M].北京：人民教育出版社，1998：386.

五、现代教育制度发展趋势

现代教育特别是"二战"后的学校教育是高度制度化的教育形态，随着社会生产方式的变革以及政治民主化的不断推进，现代教育制度体系表现出以下发展趋势：

（一）加强学前教育，并重视其与小学教育的衔接

学前教育是指对从出生到6岁这一阶段的儿童的教育。学前教育在"二战"后受到世界各国的广泛重视，并得到了迅速的发展。1995年有179个国家正式签署了联合国大会通过的《儿童权利公约》和《儿童生存、保护和发展世界宣言》，并制定了相关政策，把学前教育纳入国家教育系统。很多国家从政策和法律层面保障幼儿教育，如法国实施了免费的幼儿教育；而我国则于2001年颁布了《幼儿园教育指导纲要（试行）》，2006年颁布并实施《中小学幼儿园安全管理办法》，从教育内容、组织和实施等方面，指导和规范幼儿园工作，保障儿童的权利。同时，现代的学前教育已经改变了传统单一的保育职能，强调保育与教育的结合，重视儿童的智力开发，将学习与儿童生活联系起来，加强了与小学教育的衔接。

（二）普及义务教育，延长义务教育年限

义务教育是国家根据法律规定，对一定年龄范围内的所有儿童免费实施的学校教育。义务教育具有强制性和普遍性两个基本特征，主张用国家的意志，通过法律的渠道，实现全体适龄儿童接受学校教育的普及目标。自19世纪欧美国家开始实行初等义务教育以来，义务教育得到了社会的广泛认同，受教育权已经成为国际公认的权利。1990年召开的世界全民教育大会通过的《世界全民教育宣言》指出："必须普及小学教育，确保所有儿童的基本学习需要都能得到满足。"今天，大多数国家已经逐渐把义务教育年限延长到中学教育阶段，而世界上一百八十多个国家中，有三分之二以上的国家实行了九年或九年以上的义务教育，有些发达国家甚至开始向高等教育延伸。

（三）普通教育与职业教育朝着相互渗透的方向发展

"二战"前，世界各国普遍推行双轨教育制度。普通教育主要以基础科学知识为主要教学内容，以升入高一级学校为目标；职业教育则以从事某种职业或生产劳动的知识和技能为主要教学内容，以就业为目标。两轨呈平行状态，既不相通，也不相接，以满足不同阶层的教育需求。"二战"后，随着中等教育的不断普及，中等教育结构发生了变化，原本相互独立的两类教育，逐渐走向综合，演变为综合化的高中教育模式，即普通教育职业化，职业中学普通化，普通教育与职业教育朝着相互渗透的方向发展。

（四）高等教育规模的扩展和类型的多样化

社会经济的飞速发展，在为高等教育的发展提供条件的同时，也对高级人才提出了更大的需求，这使得高等教育得到了前所未有的发展，并成为表征国家实力和总体发展水平的标志之一。高等教育开始从传统的精英教育走向大众化教育。据联合国教科文组织的统计，1985年—1997年，发展中国家高等教育的毛入学率从6.5%上升到

10.3%，发达国家则从39.3%上升到61.1%。2006年，我国高等教育毛入学率已经达到21%，实现了高等教育大众化的目标。联合国教科文组织曾预测，全球大学新生人数到2020年将达1.2亿。[①]

伴随着高等教育的扩展，高等教育的类型也日益走向多样化，打破了传统的以学术性为标准的单一大学类型。在形式上，不同学制、不同办学形式的学校纷纷出现；在内容上，基础性的、应用性的、工艺性的学校各显特色；在入学目的、考试评价的方法上也多种多样。带有职业教育性质的高等学校，如短期大学、社区学院、技术学院等受到社会的广泛重视。

(五) 学历教育与非学历教育的界限逐渐淡化

现代科学技术的发展，改变了人们的生存和生活空间，人的可持续发展需求日益凸显。学校教育的不断扩展、入学机会的不断增加，极大地满足了大众的教育需求。"终身教育"的理念逐渐被人们广泛接纳，并影响着制度化教育体系的变革与发展。以获得文凭为受教育目的的功利性需求逐渐降低，通过教育补充知识、丰富人生的目的越来越强，社会教育的程度越来越高，学历教育与非学历教育的界限逐渐淡化。

(六) 加强国家间教育制度的互通性

交通、通讯技术的发展，使世界日益缩小，它在方便人们往来的同时，也使国际文化的交流越来越频繁。教育具有很强的文化选择功能和融合功能，是实现文化传承的重要渠道。国际的教育交流，也从高等教育开始向中等教育延展，合作办学、不同国家院校间学分互换等跨国教育形式被越来越多的人认同和接纳，并拥有了极大的发展空间。因此，在加强国际文化交流活动的过程中，加强国家间教育制度的互通性，如学制、学位、学分的认定等方面的互通性，势必有利于国际的文化交流，促进不同民族文化的相互学习、相互影响，既有利于世界文化的发展，又有助于民族文化的繁荣。

第二节　教育的发展

教育是人类特有的一种社会现象，它与其他的社会现象一样，也经历了从简单到复杂，从原始到现代的逐步发展的历史演变过程。

一、古代教育

(一) 不同国家古代学校教育的形态

1. 古代中国

在我国的史料记载中，四千多年前的夏代就有了学校教育形态。古籍中有关夏代学校的记载有："夏后氏之学在上庠"，"序，夏后氏之序也"，"夏曰校"，等等，

[①] 全国十二所重点师范大学联合编写.教育学基础[M].北京:教育科学出版社,2008:383-384.

可见传说中夏朝已有庠、序、校三种学校。[①]《孟子》一书对此做了解释，并说明当时的教育内容和教育宗旨：夏、商、周"设庠、序、学、校以教之，庠者养也，校者教也，序者射也。夏曰校，殷曰序，周曰庠，学则三代共之，皆所以明人伦也"。[②] 西周以后有了比较完备的学校教育形式，并且"学在官府"，建立了典型的政教合一的官学体系。这一官学体系主要实施以礼乐为中心的"六艺"教育，其主要内容有：一是礼，包括政治、历史和以"孝"为根本的伦理道德教育；二是乐，包括音乐、诗歌、舞蹈教育；三是射，射箭技术的训练；四是御，驾御战车的训练，射和御偏重武士所应具备的军事技术教育；五是书，学字习写的书写教育；六是数，数学知识的传授和计算练习。因此，六艺教育是主张文武兼备、知能兼求的教育。西周时期有"国学"与"乡学"之分，即设在王城和诸侯国都的学校与设在地方的学校、设在闾里的塾校。"国学"以培养"建国君民"的人才为主要任务，有"三德"、"六行"、"六艺"、"大仪"等内容。"乡学"以实现社会教化和培养地方贵族子弟为主要任务，有"六艺"、"七教"、"八政"等内容。到了春秋战国时期，官学衰微，私学大兴，儒、墨两家的私学成为当时的显学。孔子私学的规模最大，存在了40多年，弟子三千。稷下学宫的创设，促进了诸子学派的形成、分化、争鸣和交融。春秋战国时期私学的发展是我国教育史、文化史上的一个重要里程碑，对百家争鸣盛况的形成起了促进作用。

汉武帝采纳了董仲舒提出的"罢黜百家、独尊儒术"的建议，实行了思想专制主义的文化教育政策和选士制度，对后世产生了深远的影响。后来，虽然在以什么为统治思想方面有过变化，比如黄老之学和佛老之学都曾经成为中国历史上的道统，但文化思想定于一尊的思维模式基本没有改变过。隋唐以后盛行的科举制度使得政治、思想、教育的联系更加制度化，它对于改变魏晋南北朝时期"上品无寒门，下品无士族"的严格等级制度起了积极的作用，为广大的中小地主阶级子弟进官为吏开辟了道路，但也加强了对知识分子的思想和人格的限制。宋代以后，程朱理学成为国学，儒家经典被缩减为四书五经，特别是《大学》、《中庸》、《论语》、《孟子》四书成为教学的基本教材和科举考试的依据，科学技术和文学艺术的内容不再是科考的内容，知识分子的毕生精力都用在了经书的背诵上。明代以后，八股文被规定为科举考试的固定格式，不仅社会思想受到钳制，而且读书人的创造性也遭到扼制。一直到光绪31年（1905年）科举制度再也不能适应社会发展的要求，清政府才下令废科举开学堂，兴办现代学校。

2. 古代印度

印度是世界文明古国之一，它的教育同样有着悠久的历史。古代印度宗教权威至高无上，教育控制在婆罗门教和佛教手中。婆罗门教有严格的等级规定，把人分成四种等级，处于最高等级的是僧侣祭司，应该受到最优良的教育；其次是刹帝利，

[①] 毛礼锐.中国教育史简编[M].北京：教育科学出版社,1984：19.
[②] 《孟子·滕文公上》

为军事贵族,这两个种姓是天然的统治者;再次是吠舍种姓,仅能从事农工商业;最低等级的是首陀罗种姓,被剥夺了受教育的权利,识字读经被认为是违反了神的旨意,可能被处死。婆罗门教的教条是指导思想,婆罗门教的经典《吠陀》是主要的教育内容,婆罗门教的僧侣是唯一的教师,教育活动主要是背诵经典和钻研经义。

佛教与婆罗门教虽然是两大教派,但都敬奉梵天,主张禁欲修行。但佛教比较关心大众,表现在教育上主要是广设庙宇,使教育面向更多的群众,形成了寺院学府的特色,一直延续到英国殖民地时期。

3. 古代埃及

古代埃及大约在四千年前发展成强大的中王国,文化繁荣,古代教育达到鼎盛时期。根据文献记载,埃及在古王国末期已有宫廷学校,它是法老教育皇子皇孙和贵族子弟的场所。中王国以后,宫廷学校已不能满足培养官吏的需要,于是国家又开设了职官学校。这些学校都是以吏为师和以法为教,招收贵族和官员子弟,也兼负文化训练和业务训练的任务。

古代埃及设置最多的是文士学校。文士精通文字,能写善书,执掌治事权限,比较受尊重,"学为文士"成为一般奴隶主阶级追求的目标。为了满足这种需要,许多文士便设立私学,招收生徒,同时也有传授天文、数学、医学等实用知识的文士学校。于是,"以僧为师"、"以吏为师"成为古代埃及教育的一大特征。当然,农民子弟是与学校无缘的,奴隶子弟更没有受教育的权利。

4. 古代希腊、罗马

古代希腊、罗马的教育与东方的教育有所不同,7—12岁的儿童进入私立学校学习,但进入这种学校学习的大都是社会地位比较低下的阶层的子弟,贵族阶级都是聘请家庭教师,不送子女上学。中等教育则主要是贵族和富人的教育,学校以学习文法为主,学习拉丁文和修辞。

古代雅典教师的目的是培养有文化修养和多种才能的政治家和商人,注重身心的和谐发展,教育内容比较丰富,教育方法也比较灵活。古代斯巴达教育的目的是培养忠于统治阶级的强悍的军人,强调军事训练和政治道德灌输,教育内容单一,教育方法也比较严厉。

罗马帝国灭亡之后,西欧进入基督教与封建世俗政权紧密联系、互相利用的时期。统治残酷、等级森严、思想专制,文化教育几乎完全为宗教所垄断,异教学校被取缔,世俗文化被否定。当时最受重视和尊重的教育是培养僧侣人才的教育。这种教育由僧院学校或大主教学校担当,学习的内容主要是神学和"七艺",盲目服从圣书和僧侣教师的权威,学习方法是背诵。为了更好地布道,设立了为数众多的教区学校,主要用于对普通贫民子弟的宗教教育,也适当讲授一些读写知识。教会学校都奉行禁欲主义,实行严格的管理和残酷的体罚。其次是骑士教育。骑士教育并无专门的教育机构,主要在骑士的生活和社会交往中进行,教育内容首先是效忠领主的品质,其次是军事征战的本领以及附弄风雅的素养。中世纪也有世俗教育,学习文法、修辞、天文、历法、算术等实用知识,但神学也是主修课程。

（二）古代学校教育的特征

东西方的教育虽然在具体内容和形式上存在许多差异，但都反映了当时社会发展水平的基本特征，这些特征在教育上具体表现如下：

1. 阶级性。统治阶级享有教育的特权，奴隶被剥夺了受教育的权利。统治阶级内部的等级性也在教育制度上有所反映，贵族与平民、主人与仆人之间有着不可逾越的鸿沟。

2. 道统性。统治阶级的政治思想和伦理道德是唯一被认可的思想，天道、神道与人道合二为一。

3. 专制性。教育过程是管制与被管制、灌输与被动接受的过程，道统的威严通过教师、牧师的威严，通过招生、考试以及教学纪律的威严予以保证。

4. 刻板性。教育方法、学习方法刻板，死记硬背，机械模仿。

5. 教育的象征性功能占主导地位。受教育的目的主要不是为了获得实用知识，而是受教育本身。能不能受教育和受什么样的教育是区别社会地位的象征；经典、教义的教育处于较高的地位，习得实用知识的教育处于较低的地位。

二、文艺复兴时期的欧洲教育

在14—16世纪，西欧的封建社会开始向资本主义社会过渡，在一些工商业比较发达的地区，出现了资本主义的萌芽，新兴的资产阶级为了谋取他们的经济利益和政治地位，以复兴古代希腊罗马的文化为借口，掀起了反封建文化、创造资产阶级文化的文艺复兴运动。这场运动以人性反对神性，以科学理性反对蒙蔽主义，以个性解放反对封建专制，以平等友爱反对等级观念，重视现实生活，肯定现实生活的幸福和享乐，反对禁欲主义，其核心内容就是"人文主义"，提倡以人为中心，强调人的价值和个性的自由发展，重视人的世俗生活，主张世俗教育和科学知识的教育。在人文主义思想的影响下，增加了许多新的教学内容，如自然、地理、物理、历史等，提高了古典文学和自然科学的地位，重视研究儿童的身心发展特征，主张教学应考虑孩子的兴趣，反对体罚。维多利诺（Vittorino da Feltre，1378—1446）、伊拉斯谟（Desiderius Erasmus，1466—1536）、拉伯雷（Francois Rabelais，1494—1553）等的教育思想都是这一时期的重要代表。资产阶级的文艺复兴运动促使欧洲各国的教育进入一个新的发展阶段，对教育走向人文化、世俗化以及扩大受教育的范围等都产生了重大而深远的影响。

三、近代教育

16世纪以后，世界进入近、现代社会。火药、造纸、印刷术、指南针从中国传入西方，为世界的军事和交通带来了大发展的机遇；哥伦布发现了新大陆，极大地激发了人们的想象热情；18世纪蒸汽机的发明，带来了人类历史上的第一次工业革命，手工劳动、作坊生产被现代大工业取代。19世纪中叶以后，资本主义在欧洲社会中普遍确立，从而引起了社会制度、思想观念和生活方式的巨大变化，也促使学校教育制度走向系统化和初步完善。具体表现如下：

（一）国家加强了对教育的重视和干预，公立教育崛起

19 世纪以前，欧美国家的学校教育多为教会或行会主持，国家并不重视。19 世纪以后，资产阶级政府逐渐认识到公共教育的重要性，随后建立了公立教育系统。例如在法国，1804 年拿破仑在政变成功以后采纳了康多塞法案的基本思想，建立了中央集权的教育领导体制，私立学校基本被取缔，国家对学年安排和课程设置实行统一管理。17—18 世纪，德意志许多公国颁布学校法令，规定学校的开办权由教会转移到国家。[①]自资本主义社会起，教育就作为国家中的一个子系统，开始了新的发展。

（二）初等义务教育的普遍实施

机械化工业革命的基本完成和电气化工业革命的兴起，要求工人具有初步的文化，这就提出了普及初等教育的要求。与此同时，社会经济实力的增强也为初等教育的普及提供了物质基础。资本主义国家开始普遍制定义务教育法，面向平民阶层实施初等义务教育，如表1-1所示：

表1-1　各国义务教育法颁布时间和年限[②]

国家	颁布义务教育法的时间	规定接受义务教育的年龄
普鲁士	1754 年	6—12 岁
奥地利	1774 年	7—14 岁
英国	1870 年	7—11 岁
法国	1882 年	6—12 岁
美国（独立后）	1852 年—20 世纪初（各州不同）	6—12（14）岁
日本	1872 年	6—14 岁

（三）教育的世俗化

在西方各国，随着国家对教育的重视和干预不断加强，尤其是公立学校教育系统的建立和发展，18 世纪末到 19 世纪中叶，各资本主义国家的教育逐渐摆脱了教会对学校的绝对控制，逐渐形成了实用功利的世俗教育目标。世俗教育从宗教教育中分离出来，有些国家明确规定，宗教、政党不得干预教育，促使教育走向世俗化。同时，开始调整学校教育课程内容，加强与社会生产、生活的联系，减少普通学校中古典文科教育的内容和学时，确立自然学科在教育课程中的地位，增设了自然、数学、物理、化学、生物等课程，并注重理解与运用。

（四）重视教育立法，以法治教

西方教育发展的一个明显特点就是有法律的明确规定，教育的每次重要进展或重大变革，都有法律上的保障。从教育与宗教的分离，到初等义务教育的普及，以及国家对教育的要求等，都通过法令的形式予以推行和保障，这极大地促进了教育在国家和社会发展中的作用。

---

① 袁振国.当代教育学[M].北京:教育科学出版社,2001:12.
② ［苏］索科洛娃等.比较教育学[M].顾明远,译.北京:文化教育出版社,1981:30-31.转引自:叶澜.教育概论[M].北京:人民教育出版社,1991:67.

四、20世纪后的教育

进入20世纪以后,世界出现了社会主义与资本主义两大阵营的对垒,电气化革命在主要国家已经完成,两次世界大战深刻地改变了世界的格局,民主化、工业现代化、国家主义成为世界三股最强大的潮流。在这样的背景下,教育在数量上获得了更大的发展,义务教育普遍向中等教育延伸,职业教育的发展受到了普遍重视,政治道德教育普遍呈现出国家主义特征,平民运动、进步主义教育运动在世界各地都不同程度地展开。

"二战"以后,世界进入冷战时期,科学技术革命魔术般地改变着世界的面貌。教育在落后国家被看做是追赶现代化的法宝,在发达国家被看做是竞争国力的基础,教育在数量上迅速膨胀,特别是高等教育突飞猛进;另一方面,生产力的发展,政治结构的重组,人类对自身的生命价值、人生态度、价值观念、生活方式的重新认识,也极大地影响着教育的改革与发展。尤其是20世纪80年代后,随着知识经济逐渐成为经济领域的主流,社会的发展对教育提出了全新的要求,于是,教育制度、教育观念、教育内容、教育形式均发生了深刻的变化,教育的改革和发展呈现出一些新的特点。

(一)教育的终身化

终身教育的观念和理论,是在成人教育经验的基础上生成的,它是适应科学知识的加速增长和社会变化的加速,以及人的持续发展要求的不断提升而逐渐形成的一种教育思想和教育制度。终身教育倡导者保罗·朗格朗(Paul Lengrand,1910—)的《终身教育引论》的问世,以及联合国教科文组织编写的《学会生存》中对终身教育的表述,使得终身教育的观念和理论在国际上产生了广泛的影响,并被人们普遍接纳。终身教育的本质在于,它是对过去将人的一生分为学习阶段和学习结束后阶段即阶段性学习的否定,它认为现代人的一生应该是终身学习、终身发展的一生。因此,我们不能把终身教育等同于职业教育或成人教育,而应把终身教育看做未来教育发展的趋势,建立一个开放性的教育系统,满足人的可持续发展的教育需求,把终身教育贯穿于整个教育过程和教育形式中。

(二)教育的全民化

1990年3月,联合国教科文组织、儿童基金会、开发计划署、世界银行等联合发起,在泰国宗迪恩召开了"世界全民教育大会",并通过了《世界全民教育宣言》和《满足基本学习需要的行动纲领》。大会所提出的全民教育思想为国际社会所普遍接受,并在世界范围内兴起了使所有人都能受到基本教育的运动。1993年在印度新德里举行的"九个人口大国全民教育首脑会议",2001年在我国北京召开的"九个人口大国全民教育大会",进一步推进了人们对全民教育的关注。全民教育是针对世界各国教育发展中的问题而提出的,如女童的教育问题、妇女的文盲问题等,尤其是人口众多的发展中国家的教育问题更为严峻和突出。因此,实践教育的全民化,使所有适龄儿童都进入小学并降低辍学率,使所有中青年都摆脱文盲状态,是全社会的责任，也是人们的共同愿望。所以，全民教育这一运动得到了各国特别是发展中国家的积极响应。

（三）教育的民主化

教育民主化是20世纪60年代以来世界教育改革的主流，是对教育的等级化、特权化和专制性的否定，主张全体成员应享有越来越多的教育机会，受到越来越充分的民主教育，人人有受教育的权利，在教育机会面前人人平等，人人成为民主化教育的主体。一方面，它追求让所有人都受到同样的教育，包括教育起点的机会均等、教育过程中享受教育资源的机会均等，甚至包括教育结果的均等，这就意味着对处于社会不利地位的学生予以特别的照顾。另一方面，教育民主化追求教育的自由化，包括教育自主权的扩大，如办学的自主性，根据社会要求设置课程、编写教材的灵活性，价值观念的多样性等，以实现教育的广泛性和平等性。20世纪60年代以来，许多国家都把教育机会均等列为教育改革优先要达到的目标，1978年，亚太地区教育部长的经济规划部长会议议题之一，即是从民主的观点谈入学机会均等，这也是今天教育政策讨论的中心课题之一。

（四）教育的多元化

如果说工业社会的特点是标准化，那么信息社会的特点则是个性化、多样化，信息社会要求具有更多有创造力和广泛适应性的人，以满足社会飞速变化的需求。教育作为社会的子系统，也必然要对此给予回应，改变原有划一的教育制度体系，更多地尊重人的个性，实现教育的多元化，给予人的个性更多的发展空间。因此，教育的多元化是对教育的单一性和统一性的否定，它是世界物质生活和精神生活多元化在教育上的反映。在教育实践层面，具体表现为培养目标的多元化、办学形式的多元化、管理模式的多元化、教学内容的多元化、评价标准的多元化。1998年，日本临时教育审议会提出的教育改革的基本原则之一，就是重视发展每个人的个性，实现教育的个性化和多样化。

（五）教育的信息化

计算机、网络技术的发展和广泛运用，改变了人们的生活和交往方式，也为教育在时间和空间上越出学校的樊篱提供了可能，把教育和学习的机会充满每个角落，对传统的课堂教学交往形态提出了挑战。教育技术的现代化就是指现代科学技术，包括工艺、设备、程序、手段等在教育上的运用，并由此引起教育思想、教育观念的变化。这一变化既带来了教育交往形态的更新、教育者角色的转变、教育内容传播渠道的丰富、教育组织形式的变革，更引发了教育价值的新探讨。教育技术的现代化不仅改变了教育的形式、方式和手段，而且，它还将以新的思想和观念影响人的教育选择和发展。

第三节 教育学的发展

教育学是以教育现象、教育问题为研究对象，探索教育规律的一门社会科学。教育学既是规范性的学科，也是解释性的学科，其意义在于超越日常的教育经验，形成专门的教育认识活动，帮助人们深化对教育的认识，科学地解释教育问题，影响人们的教育观念，为提高教育管理水平和教学水平提供思路和理论指导，并为教育的发展和改进提供依据。学好教育学是从事教育工作的前提和基础。

教育学是社会发展到一定历史阶段的产物。教育学的产生，反映了社会生产和社会生活的客观需要，同时，也是教育实践经验不断丰富和积累的结果。教育学与其他社会科学一样，有一个漫长而又短暂的历史。说它漫长，是因为早在几千年前我们的先哲就有对教育问题的专门论述和精辟见解；说它短暂，是因为作为一门规范学科，它只有不到两百年的历史。

一、教育学的萌芽

教育学的萌芽是指教育成为人类独立的社会活动之后，伴随着教育实践的发展，教育经验的不断积累和丰富，一些哲学家、思想家开始关注教育这一社会现象，并在他们的政治、哲学等著作中有了对教育问题的论述和说明，形成了一些教育思想，提出了一些教育观点，但还未形成独立的教育学理论体系。

（一）中国古代的教育学思想

孔子（公元前551—前479）是中国古代最伟大的教育家和教育思想家，以他为代表的儒家文化对中国文化教育的发展产生了极其深刻的影响。孔子的教育思想在对他的言论记载《论语》中有充分的反映。孔子从探讨人的本性入手，提出"性相近也，习相远也"，认为人的先天本性相差不大，个性的差异主要是后天形成的，所以，他很注重后天的教育工作，主张"有教无类"，希望把人培养成"贤人"和"君子"。孔子大力创办私学，培养了大批人才。孔子的学说以"仁"为核心和最高道德标准，并把"仁"的思想归结到服从周礼上，即"克己复礼为仁"，主张"非礼勿视，非礼勿听，非礼勿言，非礼勿动"，强调忠孝和仁爱。孔子继承西周六艺教育的传统，以"博学于文，约之以礼"为教学纲领，基本科目是诗、书、礼、乐、易、春秋。孔子的教学思想和教学方法是承认先天差异，重视因材施教，但更强调"学而知之"，强调启发诱导式的教学方法，即"不愤不启，不悱不发"。[①] 孔子要求在教学过程中掌握学生的心理状态，使教学的内容与方法适合学生的接受水平和心理准备条件，以充分调动学生学习的主动性和求知欲。孔子强调学习与思考相结合，他说："学而不思则罔，思而不学则殆"；很强调学习与行动相结合，要求学以致用，把知识运用到政治生活和道德实践中去。

---

① 朱熹注："愤者心求通而未得之意，悱者口欲言而未能之貌。启谓开其意，发谓达其辞。""启发"一词即由此而来。

先秦时期以墨翟（约公元前468—前376）为代表的墨家与儒家并称显学。由于政治思想和社会观念的不同，墨家与儒家的教育主张也有所不同。墨家以"兼爱"和"非攻"为教，同时注重文史知识的掌握和逻辑思维能力的培养，还注重使用技术的传习。墨家认为，获得知识主要有"亲知"、"闻知"和"说知"三种途径，前两种都不够全面和可靠，所以，必须重视"说知"，依靠推理的方法来追求理性知识。

道家创于春秋末期的老子，是中国传统文化的一个重要组成部分，由于它主张"弃圣绝智"、"弃仁绝义"，长期不为教育理论所注意。其实，道家学说对于教育也有重大的启示，如它主张回归自然，"复归"人的自然本性，一切任其自然，便是最好的教育。

战国后期，《礼记》中的《学记》从正反两方面总结了儒家的教育理论和经验，以简赅的语言、生动的比喻，系统地阐发了教育的作用和任务，教育、教学的制度、原则和方法，教师的地位和作用，师生关系和同学关系等，是集我国先秦时期教育经验和儒家教育思想之大成的重大遗产。

《学记》提出："化民成俗，其必由学"、"建国君民，教学为先"，揭示了教育的重要性以及教育与政治的关系。《学记》设计了从基层到中央的完整的教育体制，提出了严密的视导和考试制度；要求"时教必有正业，退息必有居学"，即主张课内与课外相结合，藏息相辅。《学记》提出了教学相长的辩证关系和"师严然后道尊"的教师观。在教学方面，《学记》反对死记硬背，主张启发式教学，"君子之教，喻也"，"道而弗牵，强而弗抑，开而弗达"，主张开导学生，但不要牵着学生走；应对学生提出比较高的要求，但不要使学生灰心；指出解决问题的途径，但不要提供现成的答案。《学记》主张教学要遵循学生心理发展特点"学不躐等"即循序渐进。这些原则和方法都已经达到了很高的认识水平。

此外，汉代的董仲舒、宋代的朱熹、明代的王阳明、清代的王夫之等许多古代的教育家和教育思想家，都有丰富的教育实践和精辟的教育见解。

（二）西方古代的教育学思想

在西方，要追溯教育学思想的来源，首先需要提到的是古希腊的哲学家苏格拉底（Socrates，公元前469—前399）、柏拉图（Plato，约公元前427—前347）和亚里士多德（Aristotle，公元前384—前322）。

苏格拉底以其雄辩和青年智者的问答法著名。他在与鞋匠、商人、士兵或青年贵族问答时，佯装无知，通过巧妙的诘问，暴露出对方观点的破绽和自相矛盾之处，从而发现自己并不明了所用概念的根本意义。苏格拉底问答法分为三步：第一步称为苏格拉底讽刺，他认为这是使人变得聪明的一个必要步骤，因为除非一个人很谦逊"自知其无知"，否则他不可能学到真知；第二步称为定义，在问答中经过反复诘难和归纳，从而得出明确的定义和概念；第三步称为助产术，引导学生自己进行思索，自己得出结论，正如苏格拉底自己所说，他虽无知，却能帮助别人获得知识，正如他的母亲是一个助产婆一样，虽年老不能生育，但能接生，能够催育新的生命。

柏拉图是对哲学的本体论研究作出重要贡献的古代哲学家，它把可见的"现实世界"与抽象的"理念世界"区分开来，认为"现实世界"不过是"理念世界"的摹本和影子。他进而认为，人的肉体是人的灵魂的影子，灵魂才是人的本质。灵魂是由理性、意志、情感三部分构成的，理性是灵魂的基础。理性表现为智慧，意志表现为勇敢，情感表现为节制。根据这三种品质中哪一种在人的德行中占主导地位，他把人分成三种集团或等级：① 运用智慧管理国家的哲学家；② 凭借勇敢精神保卫国家的军人；③ 受情绪驱动的劳动者。人类要想从"现实世界"走向"理念世界"，非常重要的方法就是通过教育来帮助未来的统治者获得真知，"洞察"理想的世界。而教育过程中只有借助睿智的哲学家和统治者的思想，芸芸众生才能被引导着走向光明。教育与政治有着密切的联系，以培养未来的统治者为宗旨的教育，乃是在现实世界中实现这种理想的正义国家的工具。柏拉图的教育思想集中体现在他的代表作《理想国》中。

古希腊百科全书式的哲学家亚里士多德，秉承了柏拉图的理性说，认为追求理性就是追求美德，就是教育的最高目的。他认为，教育应该是国家的，每一个公民的教育都属于城邦，全城邦应有一个共同的目的，所有人都应受同样的教育，"教育事业应该是公共的，而不是私人的"。但他这里所说"每一个公民"是不包括奴隶的，他主张一部分人可以受教育，一部分人即奴隶不可受教育。亚里士多德注意到了儿童心理发展的自然特点，主张按照儿童心理发展的规律进行分阶段的教育，提倡对学生进行和谐的全面发展教育，这些成为后来强调教育注重人的发展的思想渊源。亚里士多德的教育思想在其著作《政治学》中有大量反映。

文艺复兴以后，很多著名的人文主义思想家都很重视教育问题，如意大利的维多利诺，尼德兰的伊拉斯谟，法国的拉伯雷和蒙田（Michel de Montaigne，1533—1592）等人。他们或发表言论，或兴办学校，从事教育革新。他们反对封建教会对儿童本性的压抑，强调教师要尊重儿童的个性，关心儿童、信任儿童；认为应该通过教育使人类天赋的身心能力，包括思维、热情和性格，得到和谐的发展；主张恢复古罗马时期重视体育的传统，组织学生进行击剑、角力、骑马等富有挑战性的运动；他们揭露贵族僧侣阶级虚伪的道德，主张既保持虔诚的宗教信仰，又把勇敢、勤勉、进取、荣誉心等与个人福利有直接关系的品质作为道德的主要要求。在智育方面，他们主张扩大教学内容的范围，增加新的学科内容，同时注意调动学生的兴趣，改变经验主义的学风，建立生动活泼的教学气氛，还主张恢复古希腊重视美育的传统，将美与善结合起来。文艺复兴运动对欧洲教育的人文化、世俗化和新的学科教育内容的增加，以及扩大受教育的范围，都产生了巨大的作用和深远的影响。但是，由于当时不少人文主义者把古希腊教育过于理想化，特别是过于注重希腊文、拉丁文及文法、修辞的教学，逐渐形成了古典主义倾向，脱离实际，形成了新的繁琐哲学和形式主义，对后世也产生了不良影响。

二、教育学的建立

从16世纪到19世纪末，教育思想和教育实践的发展进入了一个新的阶段，逐步形成了教育理论体系，产生了独立形态的教育学。

(一) 教育学的形成

教育学作为一门独立学科开端于捷克教育家夸美纽斯（Johann Amos Comenius，1592—1670）的《大教学论》（1632年）。全书由总论、体育、教学论、德育论、学制系统、课程论、实现教育改革计划的呼吁等6篇33章组成，为近代教育学体系建立了基本框架。

夸美纽斯深受人文主义精神的影响，年轻时期就具有民主主义思想，强调教育的自然性。自然性首先是指人也是自然的一部分，人都有相同的自然性，都应受到同样的教育；其次是教育要遵循人的自然发展的原则；三是要进行将广泛的自然知识传授给普通人的"泛智教育"，而不是仅强调宗教教育。他的教育思想集中反映在他的著作《大教学论》中。

启蒙时期的思想家、教育家对自然性作了新的解释，并使之哲学化。这首先要提到法国的卢梭（Jean-Jacques Rousseau，1712—1778）。卢梭对自然性的强调到了使之与现代文明对立的程度。他因宣扬他的自然主义教育理想的作品《爱弥尔》而险些被当局逮捕。他所理解的自然，是指不为社会和环境所歪曲、不受习俗和偏见支配的人性，即人与生俱来的自由、平等、淳朴和良知。卢梭认为，人的本性是善的，但被现存的环境和教育破坏了，假如能为人造就新的、适合人性健康发展的社会、环境和教育，人类就能在更高阶段回归自然。因此，人为的、根据社会要求强加给儿童的教育是坏的教育，让儿童顺其自然发展才是好的教育，甚至越是远离社会影响的教育才越是好的教育。

卢梭的自然主义思想对德国哲学家康德（Immanuel Kant，1724—1804）的影响很大。康德在他的哲学里，探究道德的本质，充分肯定了个人的价值。他力图通过教育实现他的哲学思想，改造社会。他认为，人的所有自然禀赋都有待于发展，"人是唯一需要教育的动物"，教育的任务在于充分发展人的自然禀赋，使人人都成为自身，成为本来的自我，都得到自我完善。

瑞士教育家裴斯泰洛齐（Johann Heinrich Pestalozzi，1746—1827）深受卢梭和康德思想的影响，并且以他博大的胸怀和仁爱精神进行了多次产生世界影响的教育试验。他认为，教育的目的在于按照自然的法则全面地、和谐地发展儿童的一切天赋力量。教育应该是有机的，应做到智育、德育、体育一体化，使头、心和手都得到发展，教育者的首要职责在于塑造完整的、富有个人特征的人。他主张教育要遵循自然，教育者对儿童施加的影响必须和儿童的本性一致，教育应使儿童自然地发展下去，并把这种发展引向正确的道路。

步入近代，国家教育思想与民主教育思想都在发展。这在英国哲学家洛克（John Locke，1632—1704）身上得到集中体现。一方面，他提出著名的"白板说"，认为人的心灵如同白板。观念和知识都来自后天，并且得出结论，天赋的智力人人平等，"人类之所以会千差万别，便是由于教育之故"。主张取消封建等级教育，人人都可以接受教育。另一方面，他主张的又是绅士教育。绅士应当既有贵族气派，又有资产阶级利己主义的理智，克制欲望，确保个人的荣誉和利益。形成鲜明对照的是，他轻视国民教育，认为普通的学校里集中了"教养不良、品行恶劣、成分复杂"的儿童，有害于绅士的培养，主张绅士教育应在家庭中实施。

这一时期的教育著作，虽然还不是以一门独立学科的体系来论述教育，但它们都为教育学科的独立作出了重要的贡献。

(二) 规范教育学的建立

一般认为，教育学创立的主要标志是：① 研究对象：教育问题成为一个专门的研究领域；② 概念和范畴：形成了专门的反映教育本质、教育概念以及教育范畴的体系；③ 研究方法：科学的研究方法；④ 研究结果：产生了一些重要的教育学家，出现了一些专门的、系统的教育学著作；⑤ 组织机构：有专门的教育研究机构。①

教育学这门规范性学科的建立，通常以赫尔巴特（Johann Friedrich Herbart, 1776—1841）的《普通教育学》（1806年）为标志。全书除绪论外，由教育的一般目的、兴趣的多方面性和性格的道德力量等3编14章组成。该书第一个提出要使教育学成为科学，认为教育学应以伦理学和心理学为其理论基础，并把其教学理论建立在心理学的基础上，把道德教育理论建立在伦理学基础上，从而奠定了科学教育学的基础。《普通教育学》被认为是对后世影响最大、第一部明确构建教育科学体系的教育专著，为规范教育学的建立和发展作出了重要的贡献。

教育学作为一门课程在大学里讲授，最早始于康德，他于1776年在德国的柯尼斯堡大学的哲学讲座中讲授教育学。1809—1833年间，赫尔巴特一直在柯尼斯堡大学继续康德的哲学讲座，讲授教育学，1835年，他又出版了《教育学讲授纲要》。赫尔巴特把哲学中统觉观念移用到教学上，强调教学必须在接收新教材的时候，唤起心中已有的观念；赫尔巴特认为多方面的教育应该是统一而完整的，学生所学到的一切应当是一个统一体；赫尔巴特强调系统知识的传授、课堂教学的作用、教材的重要性和教师的中心地位，形成了以教师、教材、课堂为中心的教学特点；赫尔巴特所提出的教学过程"四段论"即明了、联想、系统、方法，曾一度风行世界，对许多国家的教育产生了很大影响。赫尔巴特的教育理论被他的学生所继承与发展，逐渐形成了"赫尔巴特学派"，也被后人称为"传统教育派"，极大地影响了19世纪以后的教育实践和教育思想的发展。

三、教育学的发展

由赫尔巴特创立的教育学，支配和影响着19世纪末到20世纪初的西方教育，但人们对它的批判和反思从未停止过。随着现代科学技术和经济的发展以及教育实践的不断深入，现代教育学崛起了，其具体表现就是：出现了许多新的教育学流派和重要的教育学著作，教育学理论进入一个多元化的发展时期。

(一) 实验教育学

19世纪末20世纪初，受实验心理学发展的影响，欧美一些国家兴起了用自然科学研究的实验法，研究儿童发展及其与教育的关系理论，主要代表人物是德国教育学家梅伊曼（E. Meumann, 1862—1915）和拉伊（W. A. Lay, 1862—1926），主

---

① 余文森.新课程背景下的公共教育学教程[M].北京:高等教育出版社,2004:7.

要代表作有梅伊曼的《实验教育学纲要》(1914年)和拉伊的《实验教育学》(1908年)。实验教育学所强调的定量研究成为20世纪教育学研究的一个基本范式，推动着教育科学的发展。

（二）文化教育学

文化教育学又称精神教育学，出现于19世纪末的德国，主要代表人物有狄尔泰（W. Dilthey，1833—1911）、斯普朗格（E. Spranger，1882—1963）、利特（T. Litt，1880—1962）等人，主要代表著作有狄尔泰的《关于普遍妥当的教育学问题》、斯普朗格的《教育与文化》、利特的《职业陶冶、专业教育、人的陶冶》等。文化教育学派认为，教育的研究既不能采用赫尔巴特的纯粹概念思辨，也不能使用实验教育学的数据统计，而必须采用理解与解释的方法，正如狄尔泰所说："我们说明自然，我们理解生命。"在文化教育学派看来，教育是一种文化活动，教育目的就是要促使社会历史的客观文化向个体的主观文化转变，并将个体的主观世界引导向博大的客观文化世界，培养完整的人格。教育的主要途径是陶冶与唤醒，发挥教师与学生个体两方面的积极作用，建构和谐对话的师生关系。文化教育学派与实验教育学派的发展，在方法论上对教育学的重构作出了新的探索。

（三）实用主义教育学

实用主义教育学是19世纪末20世纪初兴起于美国的一种教育思潮，是典型的美国式教育学，主要代表人物是杜威（John Dewey，1859—1952）、克伯屈（W. H. Kilpatrick，1871—1965），代表著作有杜威的《民本主义与教育》、《经验与教育》，克伯屈的《设计教学法》等。实用主义是在批判以赫尔巴特为代表的传统教育学的基础上而提出的，杜威作为现代教育的代言人与赫尔巴特的教育思想针锋相对，其代表作《民本主义与教育》在体系上与赫尔巴特的《普通教育学》也大不相同。杜威吸取了现代哲学、社会学、生物学、心理学上的成就，才形成了其完整的实用主义教育思想体系。

杜威主张教育为当下的生活服务，主张教育即生活，教育即生长，教育即经验的不断改造。从教育的纵向说，由于生活是一个发展过程、生长过程，所以教育也是生长。从生活的横向说，人与环境的相互作用，形成了个体和集体的经验，由于生活环境在不断变化，人要适应环境就需要不断改造或改组经验。所以，教育实际上是经验的改造或改组，是促进学生形成更新、更好的经验。因此，他强调教法与教材的统一，强调目的与活动的统一，主张"在做中学"，在问题中学习。教学的任务不仅在于教给学生科学的结论，更重要的是要促进并激发学生的思维，使他们掌握发现真理、解决问题的科学方法。引导学生发现真理的方法包含两个因素：一是智慧，二是探究。智慧与冲动相对立，由于运用了智慧，人对问题的解决就与动物的"尝试与错误"区别开来。探究则与传统学校的"静听"方法相对立，它是一种主动、积极的活动，使学生在思维活动中获得"有意义的经验"，将经验到的模糊、疑难、矛盾的情境转化为清晰、确定、和谐的情境。因此，杜威以儿童中心主义著称，强调儿童在教育中的中心地位，主张教师应以学生的发展为目的，围绕学生的需要和活动组织教学。

杜威试图把"民主"和"科学试验方法"、"进化论"、"工业的改组"等因素联系起来，探讨他们在教育上的意义。杜威对传统教育的批判，不仅是对方法的批判，而且是对整个教育目的的批判，是对教育目的的外烁性的批判。他认为，这种外烁的教育目的使受教育者无思考的余地，思维受限。受教育者不需要也不可能有自由思考、主动创造的空间。机械的注入法，只能使学生消极地对教师所教的内容作出反应，成为教师和教科书的奴隶。杜威的教育思想对20世纪的教育和教育学有深远的影响。

（四）社会主义教育学

马克思主义的诞生和在全世界的传播，是近代人类思想史上最重要的事件，马克思主义创始人虽然没有教育学方面的专著，但有许多精辟的教育论述。而社会主义教育学就是以苏联为代表，在马克思主义教育思想的基础上而形成的。它揭示了教育与社会关系的本质联系，以及社会发展水平与教育发展水平的一致性，强调了无产阶级只有掌握全人类的知识、通晓现代科学才能拥有全世界的意义。特别是马克思提出的人的全面发展的学说，揭示了生产力发展水平和社会阶级偏见造成了人的片面发展；要实现人的全面发展，就必须不断提高社会生产力水平，不断消除阶级偏见，将社会劳动与教育有机结合，将社会发展水平与个人发展有机结合。

社会主义教育学的主要代表人物有克鲁普斯卡娅、加里宁、马卡连柯、赞科夫、凯洛夫等人，其中以凯洛夫于1939年主编出版的《教育学》影响最大。凯洛夫的《教育学》明确提出以马克思主义为指导，系统地总结了苏联20世纪二三十年代的教育经验，基本吸收了赫尔巴特的教育思想，力图用马克思主义的观点和方法去阐明社会主义教育的规律。该书由总论、教学论、德育论和学校管理理论四个部分构成，重视智育在全面发展中的地位和作用，认为"学校的首要任务，就是授予学生以自然、社会和人类思维发展的深刻而确实的普通知识"，形成学生的技能、技巧，并在此基础上发展学生的认识能力，培养学生的共产主义人生观；肯定课堂教学是学校工作的基本组织形式，强调教师在教育和教学中的主导作用。但凯洛夫的《教育学》也有诸多不足：它在国家行政领导与学校的关系上，忽视了学校的自主性；在学校与教师的关系上，忽视了教师的自主性；在教师与学生的关系上，忽视了学生的自主性；过于强调课程、教学大纲、教材的统一性、严肃性，忽视了它们的灵活性和不断变革的必要性。

凯洛夫的《教育学》于1951年被翻译成中文成为我国教育工作的指导思想，对我国教师产生过重大影响。20世纪60年代以后，我国开始尝试编写具有中国特色的马克思主义教育学，"文革"后陆续出版了一些不同版本的教育学著作。党的十一届三中全会以后，在解放思想精神的鼓舞下，人们对教育中的许多基本问题有了新的认识，对教育的性质、教育的本质、教育与人的发展的关系、课程、教材、思想品德教育等理论也有了进一步的认识。这些都为教育改革的实践、教育教学的实验和教育学的发展提供了重要的理论资源。国外新的教育科学、心理科学成果，特别是皮亚杰的发生认识论以及布鲁纳（J. S. Bruner，1915—）的课程结构论和柯尔伯格（L. Kohlberg，1927—1987）的道德发生论、赞可夫等人的教学发展思想、人本主义心理学、教育目标与教育评价理论等，都极大地丰富了我国教育学建设。

（五）批判教育学

批判教育学是20世纪70年代后兴起的一种教育思潮，也是当前在西方教育理论界占主导地位的教育思潮，代表人物有美国的鲍尔斯（S. Bowles, 1939—）、金蒂斯（H. Gintis, 1940—），法国的布迪厄（P. Bourdieu, 1930—2002）等，代表著作有鲍尔斯和金蒂斯的《资本主义美国的学校教育》，布迪厄的《教育、社会和文化再生产》，等等。批判教育学认为，教育现象不是中立的和客观的，而是充满利益纷争的，当代资本主义学校并没有如其所预期的那样是推进社会公平强有力的手段。批判教育学的目的就是要采用实践批判的态度和方法，揭示具体教育事实背后的利益关系。批判教育学对于教育诸多问题的研究具有广泛和深刻的影响。

四、当代教育学的状况

随着社会的发展和科学技术的进步，文化交流的不断加强，教育实践的日益丰富和发展，教育学也呈现出多元化的格局和新的发展特征：① 教育学研究的问题领域急剧扩大；② 教育学研究基础和研究模式的多样化；③ 教育学发生了细密的分化，形成了初步的教育学科体系（如表1-2所示）；④ 教育学研究与教育实践改革的关系日益密切；⑤ 教育学加强了对自身的反思，形成了教育学的元理论。[①]

表1-2　教育科学分类框架表[②]

以教育活动为研究对象；以不同方式运用其他学科	把被运用学科作为理论分析框架	分析教育中的形而上学问题	教育哲学　教育逻辑学　教育伦理学　教育美学
		分析教育中的社会现象	教育社会学　教育经济学　教育政治学　教育法学　教育人类学　教育人口学　教育生态学　教育文化学
		分析教育中的个体的"人"	教育生物学　教育生理学　教育心理学
	采用被运用学科的方法	运用方法直接分析教育活动	教育史学　比较教育学　教育未来学
		研究如何运用方法来分析教育活动	教育统计学　教育测量学　教育评价学　教育实验学　教育信息学
	综合运用各门学科，解决教育的实际行动问题	分析与其他领域共有的实际问题	教育卫生学　教育行政（管理）学　教育规划学　教育技术学
		分析教育领域独有的实际问题	课程论　教学论
以教育理论为研究对象			元教育学　教育学史

[①] 余文森. 新课程背景下的公共教育学教程[M]. 北京：高等教育出版社 2004：9.
[②] 瞿葆奎，唐莹. 教育科学分类：问题与框架[G]//吴康宁. 教育社会学[M]. 北京：人民教育出版社 1998：18.

总之，在多元结构、多元思想、多种文化的影响下，教育学呈现出丰富多样的新格局。既体现学术发展的成果和时代的共同特征，又反映具有中国特色的社会主义教育实际，是我国教育学发展中面临的新挑战。面对社会发展的速度越来越快，国际一体化的程度越来越高的特征，如何应对新世纪的挑战，培养具有高尚情操和远大理想，具有创造精神和创新能力的人才，成为教育实践工作和教育理论研究最迫切需要解决的问题。

思考题

1. 什么是教育、学校教育、教育学？
2. 简析教育的基本要素。
3. 试析制度化教育与前制度化教育的异同点。
4. 试从学校教育的演变评析非制度化教育思潮。
5. 试析近代教育的发展特点及其历史意义。
6. 结合实际，谈谈你对当代教育发展趋势的认识。
7. 试析教育学的发展阶段，并列举三个古今中外你最感兴趣的教育家及其教育思想。
8. 请描述社会主义教育学的发展特点。

主要参考文献

1. 教育部人事司,教育部考试中心.教育学考试大纲[M].北京：北京师范大学出版社,2002.
2. 全国十二所重点师范大学联合编写.教育学基础(第2版)[M].北京：教育科学出版社,2008.
3. 余文森.新课程背景下的公共教育学教程[M].北京：高等教育出版社,2004.
4. 郑金洲.教育通论[M].上海：华东师范大学出版社,2000.
5. 周金浪.教育学[M].上海：上海教育出版社,2006.
6. 袁振国.当代教育学[M].北京：教育科学出版社,1999.
7. 扈中平,李方,张俊洪.现代教育学[M].北京：高等教育出版社,2000.
8. 瞿葆奎.教育与教育学[M].北京：人民教育出版社,1993.

第二章 教育与社会发展

学习评价

1. 识记政治经济制度、生产力与教育的基本关系。
2. 理解教育与科学技术、教育与文化的相互关系。
3. 运用科技对教育的影响,分析未来中国教育发展的趋势。

教育本身是社会大系统中的一个重要组成部分,它的发生和发展受到社会其他因素的制约,特别是受到社会政治经济制度、社会生产力水平、科学技术和文化背景、文化传统的影响,并对这些因素产生反作用,这就是教育的政治功能、经济功能、文化功能和科学技术发展功能。社会现代化程度越高,知识和信息在社会生活中的作用就越大,教育的重要性也就越明显。1993年,中共中央、国务院在《中国教育改革和发展纲要》中指出:"当今世界政治风云变幻,国际竞争日趋激烈,科学技术发展迅速。世界范围的经济竞争、综合国力竞争,实际上是科学技术的竞争和民族素质的竞争。从这个意义上说,谁掌握了21世纪的教育,谁就能在21世纪的国际竞争中处于主动的地位。"近年来,党中央又提出了科教兴国的战略。这对于广大的教育工作者来说,既是一个严峻的挑战,也是为国家、为民族作贡献的机会。

第一节 教育与政治经济制度

教育与政治经济制度是两种不同的社会现象,但是它们之间却有着密切的联系。政治反映了阶级社会中的阶级斗争的现实,其核心问题是政权问题。政治有管理、活动和观念等多种表现形态,其中作为管理形态的国家政治制度、法律制度以及与之相对应的各级各类政权机构,对一个国家、一个社会的政治性质具有决定性的意义。

一、政治经济制度对教育的制约

(一)政治经济制度决定教育的领导权

教育的领导权由谁来掌握,这是由社会政治制度直接决定的。在人类社会中,谁掌握了生产资料的所有权,谁掌握了国家政权,谁就能够控制精神产品的生产,谁就能控制学校教育的领导权,并且能通过对教育方针、政策的颁布,对教育目的的制订、教育经费的分配,对教育内容特别是意识形态教育内容的规定,对教师和教育行政人员的任命聘用等,来实现对教育领导权的控制。统治阶级对教育领导权的把握主要表现在:第一,通过国家权力机构对教育实现控制或管理。政府、执政党从组织上对教育机构实行直接领导,统治阶级会通过国家机器,以各种不同的手段,颁布政策法令,制订教育的发展规划和发展战略,规定教育的方针和路线。同时直接制定教育法律法规,决定教育者的培养和任用。第二,利用经济力量的控制来达到对教育的领导。国家权力机关通过教育经费的划拨和投放间接实现对教育的领导和管理,控制教育发展的规模和速度,决定教育机构的兴衰存亡。第三,以思想宣传上的优势力量来影响或控制教育。由于统治阶级在社会生活中处于统治地位,所以统治阶级的思想必定是统治思想。统治阶级能够利用国家的宣传机器,将自己的思想价值观念传播于社会,并实际左右教育的发展方向。

(二)政治经济制度决定着受教育权的分配

一个国家设立怎样的教育制度,什么人接受什么样的教育,进入不同教育系列的标准怎样确定,基本上是由政治经济制度决定的。

教育发展的历史告诉我们,在不同的社会里,不同的人享有不同的受教育权。原始社会以生产资料原始公有制为基础,氏族成员处于平等的地位,因而受教育权也是平等的,所有儿童接受教育相差无几。进入阶级社会,统治阶级和被统治阶级在政治、经济上处于不平等的地位,反映在受教育的权利上,也不可能是平等的。在奴隶社会、封建社会里,只有统治阶级子女才享有学校教育的权利,被统治阶级无缘接受这种学校教育。资本主义社会虽然在法律上废除了受教育者在阶级、社会等级地位的限制,受教育权利在形式上似乎是平等的,但实际上,由于经济条件和其他条件的不平等,受教育权仍是不平等的。即使在不收学费的德国、瑞典、英国这些国家,大学生中仍然只有少数人来自占人口大多数的劳动家庭。

新中国成立以后,我国实行面向工农大众的教育。1986年颁布的《中华人民共和国义务教育法》,也是国家意志的体现。在中小学阶段普遍实行了义务教育以后,义务教育阶段后的教育是否实行双轨制,是否允许个人办学,是否确立重点学校等,对谁受什么样的教育,也反映了一定的政治经济制度对教育政策的制约。

(三)政治经济制度决定着教育目的的性质

教育的根本任务是培养人。至于培养什么样的人,特别是培养出来的人应当具有什么样的政治方向和思想意识倾向,则是由一定的社会政治经济制度决定的,并体现一定社会的政治经济要求。社会的政治经济制度不同,教育目的也就不同。政治经济制度,特别是政治制度,是决定教育目的的直接因素。

原始社会,没有剥削,没有阶级,教育的目的是培养未来的氏族成员,使他们能从事劳动,能遵守社会生活规范、互助合作,能为保卫氏族的生存而英勇战斗。进入阶级社会后,统治阶级总是力图使教育按照他们的要求培养和塑造年轻一代。教育总是以巩固和发展统治阶级的利益为根本宗旨的。

奴隶社会学校的教育目的,主要是把奴隶主子弟培养成为自觉维护宗法等级制度的统治人才和能征善战、具有暴力镇压奴隶起义和抵御外患本领的军人。

封建社会学校的教育目的，主要是把地主阶级子弟培养成为国家政权中的官僚以及实际掌握地方政权的绅士，对广大的劳动人民则实行愚民政策。

资本主义社会的教育，根据资产阶级需要，一方面，是把资产阶级的子弟培养成为能够掌握国家机器和管理生产的统治、管理人才；另一方面，为了获得更高的利润和稳固政权，也给予劳动人民一定年限的义务教育和职业训练，以把他们培养成为适应现代生产需要的熟练工人和政治上的顺民。

社会主义学校的教育目的，与历史上任何阶级社会的教育目的不同，是为了培养全面发展的社会主义建设者和接班人。

这充分说明，一个国家的政治理念、意识形态、社会的伦理道德观，直接受到该国政治经济制度的制约；学校教育所培养人才的政治倾向和道德观也同样反映了国家政治经济制度的要求，国家的这种要求通过制订教育目的、规定思想政治教育的内容以及相应的考试评价手段来实现。

（四）教育相对独立于政治经济制度

尽管政治经济制度对学校的教育有着巨大的影响和制约，但这并不意味着学校可以忽视自身的办学规律，更不是说学校要放弃学校教育的任务而直接为政治经济服务，参加具体的政治运动，执行具体的政治任务。那种在教育工作中照搬、照套政治、经济工作的做法，或以政治、经济取代教育，对教育的特点和规律视而不见、横加干涉的做法，都是不利于教育工作的。

二、教育对政治经济制度的影响

教育受政治经济制度的影响，反过来，它对政治经济也产生积极的作用。

（一）教育为政治经济制度培养所需要的人才

通过培养人才实现对政治经济的影响，是教育作用于政治经济的主要途径。自古以来，任何一种政治经济制度，要想得到维持、巩固和发展，都需要不断有新的接班人，而这些人才的培养，主要是通过学校教育来实现的。进入现代社会，社会生活的日益复杂以及科学技术的高度发展，势必要求国家的政治经济人才具有较高的文化素养和科学文化水平，而这必然依靠专门化的学校教育。国家各级政治集团的核心人物的学历层次和多方面的素养都将随之而提高，它意味着教育的影响力亦相对增强。例如，英国历史上五十多位首相中毕业于牛津大学、剑桥大学的就达三十位以上。从1979年6月的资料来看，英国当年399位保守党议员中就有94人毕业于牛津大学，75位毕业于剑桥大学。在美国，高级政治人才大多毕业于诸如哈佛大学、耶鲁大学、普林斯顿大学等少数名牌大学。在日本，70%的高级文职人员毕业于东京大学。

（二）教育是一种影响政治经济的舆论力量

学校既是宣传、灌输、传播一定阶级的思想体系、道德规范、政策路线的有效阵地，又是知识分子集中的地方。这些群集于学校中的知识分子，有知识、有见解，思想敏锐，勇于发表意见，通过言论、行动、讲演、文章、教材和刊物等，来宣传一定的思想，造成一定的舆论，藉以影响群众，为一定的政治、经济服务。

（三）教育可以影响民主进程

一个国家的民主程度直接取决于一个国家的政体，但又间接取决于该国人民的文化程度和教育事业发展的程度。教育普及的程度越高，人们的知识越丰富，就越能增强人民的权利意识，认识民主的价值，推崇民主的政策，推动政治的改革和进步。很难想象，在一个文盲充斥、迷信蔓延的国家里，会有清明的政治和较高的办事效率。

从历史上看，教育与政治关系的演进，实质上也就是政治民主化与教育民主化演进和发展的过程。封建社会的教育是特权阶级利益与专制统治的产物。等级性、专制性、道统性及刻板的方法等，都是反民主的。封建教育的反民主性是与封建社会政治的专制和独裁相对应的。新兴资产阶级为了顺应商品经济发展的需要及其资本主义生产关系的要求，首先要解决的就是摆脱人身依附关系，提供可以自由出卖的劳动力，以及进行平等、自由的竞争。因而，"自由"、"平等"、"人权"等便成了资产阶级民主政治的口号。资产阶级的民主政治主要包括两个方面：一是确认公民的"自由"、"平等"权利（即所谓人权）；二是民主代议制、法治作为公民参政及保障权利的形式。教育作为一项基本的"人权"，正是在这一历史进程中被提上日程的。可以说，近代资产阶级教育民主化运动，是伴随着中产阶级政治民主化运动而孕育、发展起来的。人类出现了社会主义制度后，教育与政治的关系也具备进入一个新阶段的可能。要不断推进我国民主化的进程，就必须加速我国教育事业的发展，不断提高全民族的文化水平。

总之，政治经济制度直接制约着教育的性质和发展方向，教育又对一定的政治经济有不可忽视的影响，这种影响作为促进社会进步的力量，正随着现代化进程的加快而变得越来越重要。当然，我们不能把教育的作用拔高到不适当的程度，以为可以通过教育的作用解决政治、经济的根本问题是不现实的，教育对政治、经济的变革不起决定作用。

第二节 教育与生产力

教育作为一种社会现象，一开始就和人类物质资料的生产过程联系在一起。随着社会的发展以及人类物质水平的提高，教育与人类物质资料生产的关系越来越密切。一方面，经济发展为教育发展所提供的物质条件越来越好，对教育的要求也越来越高；另一方面，教育对经济发展的促进作用也越来越明显。

一、生产力对教育的决定作用

生产力水平是教育发展的物质基础，同时也对教育提出了与一定生产力相适应的要求。一方面，办教育需要有必要的物质投入，包括人力、物力和财力的投入，经济发展到一定水平，它能为教育提供的投入也达到一定的水平。另一方面，经济发展到一定程度，就会对教育提出相应的要求，以满足经济发展对人才的需要。

（一）生产力水平决定教育的规模和速度

生产力的发展水平对教育事业发展的规模和速度具有直接的影响和最后的决定作用。这是因为：其一，生产力发展水平决定了一个社会所能提供的剩余劳动的数量。这种剩余劳动数量与社会中可能受教育和办教育的人口之间有着直接的联系。其二，生产力的发展水平又直接制约着一个国家在教育经费方面的支付能力，这种支付能力不仅表现在教育经费的绝对数值上，而且也表现在国民总收入中教育经费所占比例上。教育经费投入的数量直接影响着教育发展的规模和速度。其三，生产力的发展不仅为教育的发展提供了物质的实体和可能，而且也对教育事业的发展提出了需要。这种需要集中体现在两方面：一方面社会要求教育能够为其提供足够数量和质量的人力资源；另一方面，社会个体在文化教育方面的需要也是随着生产力的提高而不断增长的。不断满足社会和个人在文化教育方面日益增长的需要，这是教育事业发展的重要动力。

兴办教育需要一定的人力、物力和财力。因此，任何社会教育发展的规模和速度必须取决于两方面的条件：一方面是物质资料生产能为教育的发展提供的物质基础，即能提供多少劳动年龄人口，多少社会剩余产品，多少可以从事学习的富余时间，以及多少以教育经费形式表现出来的可以用于教育活动的条件；另一方面是生产力发展、社会再生产对劳动力的需求程度，包括所需要的劳动力总量和各种劳动力的比例，它们分别决定着整个教育发展的规模、速度和教育的体系、结构。

一般说来，一个国家经济发展的水平与该国的文盲率、入学率、义务教育普及的年限、高等教育发展的水平直接相关。从世界教育发展的历程看，第一次工业革命后，普及初等教育的要求被提出来了；第二次工业革命后，普及初级中等教育的要求被提出来了；第三次工业革命后，普及高级中等教育的要求被提出来了；信息革命后，高等教育大众化的要求被提出来了。

（二）生产力水平制约着教育结构的变化

教育结构通常指包括基础教育、职业技术教育、高等教育、成人教育在内的各种不同类型和层次的学校组合和比例构成。社会生产力发展水平以及在这个基础上形成的社会经济结构，制约着教育结构。生产力的发展不断引起产业结构、技术结构、消费结构和分配结构的变革，与此相适应，教育结构也将随之出现新变化。如大、中、小学的比例关系，普通中学与职业中学的关系，全日制学校与社会教育的关系，高等学校中不同层次、不同专业、不同学科类之间的比例关系，都要与一定的社会生产力发展水平相适应。否则，就会出现教育结构比例失调的问题、教育培养的人才不能满足社会经济要求的问题，或者出现人才过剩现象。

（三）生产力水平制约着教育的内容和手段

从生产力发展水平制约教育内容的角度来看，生产力的发展、科学技术的进步，促进知识以几何级数的速度增长，促进人们的认识能力、思维水平的不断进步，进而促进学校的课程结构与内容不断改进与更新。19世纪中叶，英国教育思想家斯宾塞根据当时社会经济发展的行业要求，根据他对科学知识分类的观点，提出了较为系统的课程理论,对英国以及欧洲实科教育的发展产生了重大影响。以后,世界各国的许多重大教育改革都是以课程改革为核心的,而每次重大的课程教学内容改革都反映了生产和科学技术发展的新水平和新要求。同样,学校的物质设备、教学实验仪器等都是一定的生产工具和科学技术在教育领域的应用,反映了当时的生产力发展水平。物理、化学的实验,幻灯、电影的演示教学,广播、电视教学的出现,电子计算机和人造卫星在教学中的运用,都是以生产力发展和科技发展为前提条件的。总之,把新的科技成果引进教育领域,充分利用现有的科技成果改进我们的教学手段和教学设备,将大大提高教育技术现代化的水平。

(四)教育相对独立于生产力的发展水平

尽管生产力对教育有制约作用,但从历史上看,教育与生产力的发展并非完全同步。这表现为以下两种情况:一种情况是,在一定时期内,由于人们的思想意识落后于较为先进的生产力,教育的思想、内容、手段、方法等也往往落后于生产力的发展;另一种情况是,当生产力的发展水平较低时,由于文化交流、社会转型甚或传统的影响,教育的思想内容甚至方法也可能超越生产力发展的水平。但教育相对独立于生产力发展水平,并不是说教育的发展可以脱离生产力发展的水平。因为,教育归根结底是要受生产力发展水平以及政治经济制度的制约。

二、教育对生产力的影响作用

生产力对教育的制约作用表现为,生产力决定教育的规模和速度、制约着教育结构的变化、制约着教育的内容和手段等,而被生产力所制约的教育反过来对生产力也具有影响作用,人力资本理论对这种影响作用有很深刻的研究。

(一)人力资本理论

关于教育对生产力贡献的问题,在一个相当长的时期都处于经验认识的水平。早在20世纪20年代已有研究者试图以实证的研究证明教育的经济贡献,但到了20世纪60年代,特别是在人力资本理论形成以后,教育对生产力的影响作用这一问题才有了实质性的突破。

传统的西方经济学把土地、劳动、资本看做生产的三要素,在一定时期内,生产的产量是由劳动、资本和土地三个基本要素的投入量决定的。但是,第二次世界大战后,西方经济学家在对经济增长的生产要素组合比例进行分析时发现,影响经济增长的因素除了资本的投入,还有其他因素。人力资本理论认为,人力资本是现代经济增长的重要因素,甚至是首要因素。人力资本理论把这些因素归结为知识的进步、技术的改进和劳动力质量的提高。

1960年12月,美国经济学家舒尔茨(Theodore Schultz)在美国经济学第73届年会上所做的"人力资本投资"的讲演,被称为人力资本理论创立的"宪章"。人力资本理论的核心概念是"人力资本",它指的是人所拥有的诸如知识、技能及其他类似的可以影响从事生产性工作的能力。它是资本的形态,因为它是未来薪水和报酬的源泉;它是人的资本形态,因为它体现在人身上,属于人的一部分。

人力资本是相对于物质资本而言的,它也是一种生产要素资本,对促进生产起着重要作用。与物质资本相比,人力资本在经济活动中是更活跃、更具发展特性的因素,在现代经济中,它常常是更具关键性的因素。人力资本投资包括学校教育、职业训练、卫生保健及为适应就业变化而进行的信息搜寻等形式。所有这些方面的投资都能或多或少地改善和提高知识、技能、健康等人力品质,从而提高生产力,增加金钱和精神收益。

舒尔茨根据人力资本理论,通过教育资本储藏量的分析方法,推算出教育对国民收入增长的贡献。教育基本储量是指国家在某一时期内教育支出的总额,因为教育支出是一种投资活动,教育支出与资本形成及国民收入有密切关系。要探讨教育对经济增长的贡献,可从测定教育资本储量入手。舒尔茨首先计算出美国1929年积累的教育资本总额为1 800亿美元,1957年增至5 350亿美元;1929年每个劳动力平均的教育资本是3 659美元,1957年增至7 868美元。这说明,随着劳动力教育水平的提高,凝结在每个劳动者身上的教育资本量增加了。通过计算美国1957年比1929年增加的教育投资总额,舒尔茨推算出教育水平对国民经济增长的贡献是33%。

(二) 教育对生产力的影响作用主要通过两个方面来实现:教育再生产劳动力,教育再生产科学知识

1. 教育再生产劳动力

劳动力的质量和数量是教育发展的重要条件,教育担当着再生产劳动力的重任。在现代生产过程中,技术改造、设备更新要靠科学技术、人才把科技成果应用于生产过程中来完成;丰富的自然资源、先进的生产工具要通过高素质的劳动者来发挥作用;高技术、高效率的生产要靠大量高水平的管理人员的管理活动来实现。而劳动者基本劳动素质的优劣、技术人员科技水平的高低、管理人员管理能力的强弱,主要取决于他们所受教育的程度和质量。教育培养人的劳动能力,使潜在的生产力转化为现实的生产力;教育可以提高劳动力的质量和素质,改变劳动力的形态,把一个简单劳动力训练成一个复杂劳动力,把一个体力劳动者培养成一个脑力劳动者。教育可以使劳动力得到全面发展。

2. 教育再生产科学知识

马克思曾经指出,"生产力里面也包括科学在内",但是,科学知识在用于生产之前只是一种潜在的生产力,因此必须依靠教育来实现科学知识的再生产。因为任何人刚生下来时,都不会有什么科学知识。如果没有前一辈的积累,科学知识就无法被后一代人掌握,科学知识也就无从得到继承和发展。所以,教育是实现科学知识再生产的重要手段,并且通过教育可以高效能地扩大科学知识的再生产,使原来为少数人所掌握的科学知识,在较短的时间内为更多的人所掌握,使科学知识得到普及,先进的生产经验得到推广,从而提高劳动生产效率,促进生产力的发展。教育的主要职能是传递人类已有的科学知识,但它也担负着发展科学、产生新的科学知识的任务。尤其是高等教育,更是担负着科学知识再生产的

功能。学校具有科学研究力量比较集中、学科门类比较齐全、学术思想活跃、信息来源丰富等特点，是科学研究的重要基地，为科学知识的产生作出了特殊的贡献。

总之，被生产力决定的教育所培养出来的社会人，要通过为社会服务去巩固相应的经济基础。教育和社会生产的相互依存和相互作用的后果是再生产劳动者并使社会生产得以延续和发展，而教育和生产力的相互依存和相互作用的后果则是社会人的再生产和社会关系的再生产，从而使特定社会的生产力和经济基础得到巩固和发展。同时我们也要认识到，被生产力和经济基础所决定的教育机关，同时也是反映一定社会关系的政治的、思想意识的和社会文化的宣传机关。教育机关通过对适应一定经济基础的政治的、思想意识的和一定文化的宣传，再生产（包括扩大再生产）这些思想及其所反映的社会关系，从而使一定的经济基础得以巩固和发展。

第三节 教育与科学技术

邓小平曾经说过："科学技术是第一生产力。"当前，科学技术的发展日新月异，尤其是信息技术与国际互联网的发展已经超出了我们的想象。科学技术对人们生活的影响已经成为无处不在、无法回避的现实。而且，科技与教育在当今世界被人们视为社会发展的两大支柱。一种普遍的认识是：国与国间的竞争主要是经济的竞争，经济的竞争就是科技的竞争，科技的竞争就是教育的竞争。科技和教育对于各国生存和发展的重要性日益为人们所认识、所重视。在这样的背景下，科技和教育的关系也就成为人们关注的焦点。那么，科学技术对教育会产生哪些影响？二者之间有着什么样的关系？这显然应该是教育所关心的重要话题。

一、科学技术对教育的影响

科学技术对教育的影响，首先表现为对教育的动力作用。教育事业是一项传统性很强的事业，历史证明，教育的某一形态一旦形成，往往几十年、几百年一脉相承，而科学却是活跃的、革命性的。进入现代社会以后，科学已成为第一生产力，成为整个社会发展的强大动力。科学的发展对教育提出了新的要求和挑战，冲击着教育的习惯领域，导致教育中新与旧、先进与落后之间的矛盾斗争，最终促成教育的革新与发展。其次，科学的发展不但为教育的发展提供动力，而且还能为教育的发展指明方向，预示结果，引导教育遵循着科学的轨道前进。具体来说，科学对教育的作用表现在以下几个方面：

（一）科学技术能够改变教育的观念

科学发展水平决定了教育者的知识水平和知识结构，影响到他们对教育内容、方法的选择和方法的运用，也会影响到他们对教育规律的认识和教育过程中教育机制的设定。

教育过程在本质上是一种选择过程，电脑和网络以及其他多媒体设备是教育的中介，教师通过信息技术发送信息，学生通过信息技术接受信息。在这里，教师的"发送"包括从声音、文字、图像、演示、讨论到模拟仿真等多种形式；学生的"接受"包括从不同程度、不同速度、不同时间、不同指向的主动选择，包括生—机、生—生、师—生的个别的和群体的相互论辩。传统意义上有固定场地、固定班级、固定活动的学校教育形式，将成为学生进行社会交往的处所，而知识的学习将越来越依赖于不受时间和地域限制的信息技术。

信息技术改变着知识的数量观念。信息技术使图书馆微型化，将世界上无数大型图书馆通过网络搬进电脑，搬进个人的家里。个人之间在知识上的差距，一位教授与一名小学生在知识上的差距，就显得微不足道了。

信息技术改变着知识的质量观念。根据情报专家的统计，"二战"以来，知识的陈旧周期不断缩短，进入20世纪90年代，每隔四年，就有75％的知识被更新。科学技术可以渗透到教育活动的所有环节中去，为教育资料的更新和发展提供了各种必要的思想基础和技术条件。

科学技术能够影响受教育者的数量和教育质量。一方面，科学的发展及其在教育上的广泛运用，使教育对象得以扩大，每次科学技术的发展都极大地促进了教育数量的发展；另一方面，科学发展正日益揭示出教育对象的身心发展规律，使教育活动遵循这种规律，从而提高了教育质量。学校类型、规模的扩大，教育设施的兴建，教育内容的记载与表达方式，教学用具与器材的制造等，都离不开科学技术的作用。

（二）现代科技知识已成为现代教育的主要内容

由于现代生产和现代生活已经广泛渗透了科技的成分，具备现代科技素养已经是时代对人提出的一个基本要求，所以在学校教育中进行科技教育就显得非常必要。这是现代科技知识成为学校教育内容的一个原因。

另一方面，从总体来看，古代的科学和技术是分离的，科学充满了思辨的色彩，而技术总是与生产生活经验相联系。自科技革命发生以来，科学和技术日益走向联合，并呈现出一体化的发展趋势。而且，现代科学技术已经发展出与社会生产生活密切联系的，具有独立性、系统性的知识体系。这使现代科技知识作为教与学的客体进入现代教育过程成为可能。当然，促使这种可能性向现实性转化的根本原因是现代科技在生产和生活中的广泛应用及由此对人的素质所提出的革命性要求。

从现代科技发展的历程来看，它的每一次跃进都触动着学校教育内容的神经。从18世纪后半期到19世纪的第一次产业革命过程中，科技大规模地、广泛地变成直接的生产力，它不仅以巨大的威力证明着自己的社会价值，而且在学校教育领域不断扩大着自己的阵地。以传授自然科学知识为己任的新式学校不断建立。发生于19世纪末到20世纪中叶的第二次产业革命，以及20世纪中叶以来的第三次产业革命，同样对传统的教育内容体系形成了前所未有的冲击，其结果就是现代科技知识成为现代学校教育的主要内容。如果说，从教育内容的角度看，古代教育是以人文教育为其特征，那么现代教育的特征就是科技教育。虽然说过分重视科技教育而忽视人文教育是现代教育的不足之处，但现代科技进步影响学校教育内容的更新或不断完善是值得肯定的。

（三）科学技术影响教育的方法和手段

首先，信息技术的智能化，可以根据学习者的情况自动生成相应的教学进度，确定相应的针对个人的评价标准，实现教育的个性化，使因材施教的理想真正成为现实。其次，信息技术实现了人机互动模式，根据学习者的目标、选择和努力程度等给予不同的反馈，给予象征性的奖励和惩罚。在传统的教育中，没有学生的积极参与，教学活动照样可以进行；而在人机系统中，没有学习者的积极反应，教学活动将会终止，学习者的积极主动性乃是教学活动正常进行的必要条件。第三，信息技术将促进师生关系的民主化。信息技术将使面对面的教学成为偶尔的情况，知识与长者和德者完全分离，传统教育中无法避免的师生尊卑差异将不复存在，这将极大地促进师生关系的民主化，有利于学生养成积极人格。

信息技术对教育的影响是巨大的，它经历了三次革命性的突破：第一次是电报、电话和无线电的诞生与推广应用。第二次是电视机、计算机和人造卫星的发明与应用。这两次革命使得幻灯、录像机、VCD、电脑、视频会议等信息技术革命的成果在教育中被广泛应用。人类进入20世纪80年代以来，第三次信息技术革命，即以计算机和网络技术为标志的信息技术革命，对教育的影响将是根本性的，教育因此而开始迈向网络时代。

网络教育可以从两个方面来理解：一方面是指网络技术应用于教育中，改变了传统的教育教学手段，教学不再局限于简单的教学用具，而是综合地运用网络技术、多媒体技术和计算机技术。另一方面是指在网络上构建"网络学校"，它集学校、教学手段、教学内容、教学方法于一体，为学习者提供了前所未有的开放式学习环境。这种网络学校是真正意义上的不受时间、空间和地域限制的，能通过计算机网络扩展至全社会的每一个角落，甚至是全世界的开放学校。在这种教育体制下，每个人可以在任意时间、任意地点通过网络自由地学习、工作和娱乐。这是真正意义上的自主学习。网络教育可以最大限度地发挥学习者的主动性、积极性，既可以进行个别化教学，也可以进行协同式教学，还可以把二者结合起来。这种全新的教学模式完全可以按照个人的意愿或需要来选择教学内容、教学时间、教学方式，甚至是指导教师。这种教学模式能够为学习者提供图文声像并茂、丰富多彩的交互式人机界面，能为学习者提供符合人类联想思维与联想记忆特点的、按照文本结构组织的大规模的知识库与信息库，因而易于激发学习者的兴趣，并为学习者实现探索式、发现式学习创造有利条件。

因此，我们可以这样认为，传统学校教育是"金字塔形"的等级制教育，而网络教育却是"平等的"开放式教育；传统学校教育的优劣标准所依据的是掌握在他人手中的"筛选制度"，而网络教育所依据的是掌握在自己手中的"兴趣选择"；传统学校教育是较严格意义上的"年龄段教育"，而网络教育是"跨年龄段教育"，或者是"无年龄段教育";传统学校教育存在着时空限制,而网络教育是跨时空的教育。

科学技术在教育过程中的广泛应用,一方面极大地提高了教学双方活动的主动性和积极性,提高了教师的教学能力和学生的学习能力;另一方面则极大地提高了教育效率,促进了教育的大众化和普及化,使现代教育越来越成为开放的、平等的教育,加速了教育民主化的进程。在卫星、广播、电视大规模传播科学文化知识的背景中,任何人在任何地区、任何时间都能够满足学习需要。相应地,传统意义上的正规学校教育在整个现代教育系统中所占比重有了很大的变化,以多元化为总体特征的社会立体教育网络、教育结构正在形成。可以肯定,科技的进步以及它所带来的教育技术基础的改变,必然将冲击传统教育的概念,使教育拓展到学校教育以外更为宽广的领域。

二、教育对科学技术发展的作用

在现代社会里,现代教育受现代科学技术的制约;反过来,现代教育也制约着现代科学技术的发展。现代教育不但可以再生产现代科学技术,创造新的科学技术,而且还可以创造新的生产力。

（一）教育能完成科技知识的再生产

现代科学技术的发展是依赖于现代教育的。因为科学技术的发展是建立在原有的科学技术的基础之上的,而原有的科学技术知识是长期积累的结果,正是教育把已积累起来的科学技术知识再生产出来,传递给新的一代人。如此反复,从而实现了科学技术的继承、积累和发展。这样,教育对科学技术的再生产就成了科学技术得以继承、积累和发展的必要条件。古代社会是以师徒相传等个别的形式和自发的形式进行科学技术的再生产;在现代社会,有计划和有组织地进行科学技术的再生产就成了教育的根本任务。

现代教育和古代教育在这个问题上的不同点在于:第一,如果说古代学校教育还不是科学技术再生产的主要场所的话,那么,现代学校教育则是科学技术再生产的主要场所,因为如前所述,现代科学技术是现代学校教育的主要内容。第二,如果说古代教育(古代劳动者教育中的师徒相传)对科学技术的再生产的主要特点是简单再生产的话,那么,现代教育对科学技术的再生产则是扩大再生产,现代教育的大规模普及并逐级提高客观上为现代科学技术的扩大再生产提供了场所。第三,古代教育即使对科学技术进行了扩大再生产,这种扩大再生产至多只不过是一种个别的低效率的扩大再生产,而现代教育对科学技术的扩大再生产则是一种有计划的、有组织的、大规模的、高效率的和高速度的扩大再生产,因为现代科学技术呈一种爆炸式发展趋势,只有通过高度科学化和组织化的现代教育才能完成这种扩大再生产。因此,在现代社会里,科学技术的发展和现代教育的发展就必然会紧密地联系在一起。用邓小平的话说,发展科学技术,不抓教育不行。

科学知识的生产是直接创造新科学的过程,科学知识的再生产则是将科学生产的主要产品经过合理的加工和编排,传授给更多的人,尤其是传授给新一代人,使他们能充分地掌握前人创造的科学成果。

科学知识的再生产有多种途径,学校教育是科学知识再生产的最主要途径。这是因为学校教育所进行的科学知识的再生产,是一种有组织、有计划、高效率的再生产,它使教师借助有效的组织形式,选择最合理的方法,在较短的时间内将前人的科学成果传授给学习者。

(二)教育创造新的科学技术

现代教育不但再生产科学技术,而且还创造新的科学技术。如果说现代教育再生产科学技术是在中小学中的基础学科的教学中进行的话,那么,现代教育创造新的科学技术则主要是在高等学校中的尖端专业和学科中进行的。

现代教育,特别是现代高等教育(包括某些现代职业技术教育),具备了优越的条件,例如,高水平的科学家和技术人才云集,科学门类齐全,设备先进,经费宽裕,具备进行尖端科学研究、跨学科研究等创造新的科学技术的充分条件,而且还有充裕的新一代科研生力军——研究生和高级学位获得者的参加。因此,现代很多国家的高等学府,特别是发达国家的著名高等学府,不仅都是精英人才的培养中心,而且也几乎都是新的科学技术的创造中心。在各个发达国家和很多发展中国家,科研力量、科研设备、科研经费约半数都集中在这些高等学府中。因而,新的科学技术有相当部分是由高等学校创造的。例如,1981年我国国家科委颁发的44项发明奖中,高等学校完成和参与完成的就有20项,将近50%。1989年颁发的第三次国家自然科学奖11项一等奖中,高等学校获奖的有3项,中学获奖的有1项,高等学校参加的有2项。[①] 1949年至1989年,在国家授予的科技进步奖、发明奖和自然科学奖中,我国高等院校获奖数分别占全国总数的22.2%、29.5%和48.2%。1992年公布的新选的210名学部委员中高校有70名,这一事实也说明了高校是新科技的重要的创造基地和发明基地。据称,美国科学技术新的突破口往往是在博士论文中提出来的。这是因为,在当代,高等教育特别是它的最高层次的研究生教育,乃是掌握和吸取了各个领域中人类科技成果的总和之后向前进发和突击的前沿阵地。研究生是在科研中学习科研,创造新的知识、创造新的科学技术是他们的任务之一,他们的论文应当是新的科研成果。再加上上述其他条件,因而,研究生的学位论文就成了新的科学技术发明的一个重要源泉。

教育机构在传播科学知识的同时,也从事着直接的科研工作,这在高校里尤为突出。据1986年统计,美国的科学家被大学聘用的占全部科学家的40%,美国大学担负了全国基础研究的60%,应用研究的15%;在日本,大学承担了基础研究,国立研究机构承担了应用研究,民间企业则承担开发研究的科研体制。在中国,全国共有800多所高校承担科研任务,1995年,高校承担的国家科研基金项目占总数的60%,1/2获国家自然科学奖,1/3获国家发明奖。

---

① 我国高校形成多学科多层次的科技队伍[N].光明日报,1990;7.20.

教育向科学提出了将科学成果在教育上应用技术化的要求，从而丰富了科学技术的活动，扩大了科学技术的成果。比如多媒体技术、电脑软件技术在教育上的广泛运用，直接推动了相关科学和技术的研究。

（三）教育创造新的生产力

古代学校教育和生产及科学技术联系薄弱，这一事实决定了古代教育（主要是劳动者教育）只能对科学技术进行简单再生产，决定了古代教育只是在继承和传递原有生产力，而很少具有创造新的生产力的职能。这是构成古代生产力发展缓慢的一个重要原因。

现代教育则不然。现代生产具有科学技术物化的性质，现代科学技术所具有的潜在的生产力及首要的生产力的性质，以及现代教育所具有的科学技术转化为现实的生产力的中介的性质，决定了现代教育可以创造新的生产力。这是因为，现代生产、现代科技和现代教育的上述性质决定了三者相互结合的性质，决定了现代教育可以成为这三个因素结合起来的中间环节。现代高等学校正是以教育为中心把这三者结合起来。这样，高等学校的实验室里不但造就了新的科技人才，创造了新的科技知识，而且还研制出了新的工具、新的材料和新的工艺。这就是说，现代教育可以创造现代生产力的全部要素，可以直接推动现代生产力的发展。现代教育的这一性质和职能是古代社会的教育根本不可能具有的，这也是现代教育区别于古代社会教育的一个重要特点。

总之，科学、技术和教育之间在历史上经历了一个从联系不紧密到紧密、从联系不深刻到深刻的过程，以致现在三者之间呈现出一种一体化趋势。虽说在古代社会里，科学、技术和教育也有联系，比如中国古代的墨家以科学技术为主要教育内容，古希腊教育中有算术、几何、天文等课程，但和现代社会里科技与教育一体化相比，这种联系是简单而肤浅的。可以这样说，现代科技进步对现代教育的影响是越来越广泛、越来越深刻了，以至于我们说到科技进步时就不能不论及教育，说起教育时就无法回避科技教育这个主题。

第四节 教育与文化

教育与文化之间有着十分密切的关系，二者互为前提，缺一不可。教育给文化以生存依据和生机活力，文化给教育以社会价值和存在意义。就教育与文化的"亲缘"关系来讲，文化是教育的"近亲"，属"直系亲属"之列，它对教育的影响和作用要比政治和经济来得更直接，并且它也是社会政治、经济对教育发挥作用的中介环节。当然，文化也离不开教育，任何文化特性或形态，如果没有教育就难以延续。本节在简要介绍文化与学校文化后，着重阐述教育的文化功能。

一、文化与学校文化

在我国，文化一般被定义为人类在社会历史实践过程中所创造的物质财富和精神财富的总和，或者被定义为社会在其物质和精神发展中所得的成果的总和。文化又有广义和狭义之分：广义的文化是指与自然物相区别、人所创造的一切财富的总和；狭义的文化则指人的精神、态度、意识、价值、意义等。与人类改造自然的活动、改造社会的活动、改造人自身的活动相对应，文化又被划分为三个子系统：人类改造自然活动的成果被视为物质文化；人类改造社会的成果被视为制度文化；人类改造自身活动的成果被视为精神文化。物质文化一般指人类改造自然的能力即生产力及产品；制度文化一般指社会的生产关系、社会制度、组织形式和社会行为规范与准则；精神文化一般指通常意义上的文化科学（如科学、哲学、历史、语言、文字、宗教、文学、艺术等）、人们的生活方式以及人们的价值观念、思维方式和心理状态等。

学校文化作为文化的一个组成部分，也可以再细分成学校物质文化、学校组织和制度文化、学校精神文化三个部分。

学校物质文化是学校文化的空间物质形式，是学校精神文化的物质载体。学校物质文化有两种表达方式：一是学校环境文化，包括校园的总体结构和布局、校园绿化和美化、具有教育含义的教育和教学场所以及校园环境卫生等；二是设施文化，包括教学仪器、图书、实验设备、办公设备和后勤保障设施等。

学校的组织和制度文化有三种主要的表达方式：一是保证学校正常运行的组织形态，不同层次、不同性质的学校有不同的组织形态；二是规章制度；三是角色规范。

学校的精神或观念文化是学校文化的核心。有学者把学校精神文化分解为如下四种基本成分：一是认知成分，即学校这个群体和构成它的个体对教育目的、过程、规律的认识，属于学校文化的理性因素；二是情感成分，即学校这个文化体内的成员对教育、学校、班级、同事、同学、老师、学生特有的依恋、认同、参与、热爱的感情，这种感情通常包含着很深的责任感、归属感、优越感和献身精神；三是价值成分，即学校校园所独有的价值取向系统，像"有教无类"的价值取向，"忠于职守"的价值取向，"尊师爱生"的价值取向，"教育、教学活动优先"的价值取向以及"严谨、守纪、规范、团结"的价值取向，等等；四是理想成分，即学校及其成员对各种教育活动和学生的发展水平所表达的希望和追求，如创造美好的教育环境，促进学生在德、智、体、美、劳等各个方面得到充分、和谐、全面的发展是许多优秀学校所追求的理想。

学校文化，特别是良好的校风，具有鲜明的教育作用。学校文化对学生个性和品德的陶冶和导向，是其他教育形式所难以替代的。例如，有的学校以"严谨"著称，学校的校园布置、组织管理、治学态度、教学要求等通常都能体现这种品格。学生在这种学校文化的陶冶下，也就比较容易形成严谨的品格。

校风是学校中物质文化、制度文化、精神文化的统一体，是经过长期实践形成的。一旦形成往往代代相传，具有不易消散的特点，因为它已经成为学校所有成员特别是教师的自觉行为，良好的校风能对新师新生起到潜移默化的影响。

二、教育的文化功能

文化对教育具有很强的制约作用，具体来说，文化的水平和性质制约着教育的水平和性质，文化的内容制约着教育的内容，文化传统制约着教育传统。与此同时，教育对文化的传承和发展也具有巨大的作用，具体表现在：

1. 传递和保存文化

教育是文化传递和保存最为基本和最为有效的手段。

随着社会的不断发展，文化的传递、保存方式不断发生变化。人类保存和传递文化的方式大体上经历了三个历史阶段：文字出现之前，文化主要依靠上下代人之间和同代人之间的口耳相授而获得传递和保存；文字出现以后，文化的传递和保存主要依靠文字的记载和授受；进入现代社会以后，人类通过教育与多种高科技手段传递和保存文化。不论人类文化的传递和保存方式发生何种变化，都离不开教育这一最基本的方式。

2. 选择和整理文化

教育是文化传递的手段，但教育又不等同于文化传递。并非所有的文化都能成为教育内容，教育必须对文化进行选择和整理。教育对文化的选择标准有两个：其一是社会价值标准，即某种文化只有不悖离社会政治、经济和文化传统才能成为教育内容；其二是个体发展需要的价值标准，即教育选择文化还要考虑到教育对象（学习者）的身心发展规律、特点以及学科内在的逻辑顺序和需要。人类文化是一个不断积累的过程，新文化不断地产生就要求教育内容不断充实和变革，所以，教育总是在选择、整理文化。

3. 交流和融合文化

作为一个特定时期、特定地域人们的思想、行为的共同方式，文化具有地域性。然而，现代社会生产力的发展和市场经济的形成，使政治、经济和文化各方面已经打破了封闭的地域性而走向开放，文化的交流与融合成为必然。文化的融合是文化交流的产物，它表现为不同文化的相互吸收、结合而趋于一体的过程。教育从两个方面促进着文化的交流和融合：一方面是通过教育的交流活动，如互派留学生、教师出国访问、学术交流等，促进不同文化间的相互吸收、相互影响；另一方面，教育过程本身通过对不同文化的学习，对文化进行选择、创造，对旧的文化进行变革、整合，形成新的文化，促进文化的不断丰富和发展。

4. 更新和创造文化

没有文化的更新和创造，就没有文化的真正发展。随着社会的发展，文化更新和创新的步伐在加快。教育对于文化的更新和创造主要表现在两个方面：一是教育通过培养具有创新精神和创造能力的人来发挥其文化更新与创造的意义。人既是文化的产物又是文化的创造者。但是只有那些掌握大量文化知识又具有创新精神、创造能力的人才有可能对文化的发展作出贡献。二是教育直接地参与文化创新。新的文化包括新的作品、新的思想和新的科学技术等。当代学校往往成为新思想、新文化的策源地，在文化的更新和创造中发挥着越来越重要的作用。同时，广大教师也不只是知识的传授者，他们也是知识的创造者，是创生新文化的主力军。

思 考 题

1. 简述教育与政治经济制度之间的关系。
2. 教育对生产力的影响作用表现在哪几个方面？
3. 教育对科技发展的影响作用体现在哪几个方面？
4. 简述学校文化的内涵。

主要参考文献

1. 教育部人事司,教育部考试中心.教育学考试大纲[M].北京：北京师范大学出版社,2002.
2. 柳海民.教育原理[M].北京：中国人民大学出版社,1999.
3. 成有信.教育学原理[M].郑州：大象出版社,1993.
4. 全国十二所重点师范大学联合编写.教育学基础[M].北京：教育科学出版社,2002.
5. 郑金洲.教育通论[M].上海：华东师范大学出版社,2000.
6. 王道俊,王汉澜.教育学[M].北京：人民出版社,1989.

第三章 教育与个人的发展

学习评价

1. 识记个体身心发展的概念及动因。
2. 理解个体身心发展的一般规律、影响因素及相互关系。
3. 运用教育在人的身心发展中作用的基本原理，分析普通中等教育在促进青少年发展中的特殊作用。

第一节 个体身心发展的一般规律

个体身心发展是指作为复杂整体的个体在从生命开始到生命结束的全部人生过程中不断发生的变化过程，特别是指个体的身心特点向积极的方面变化的过程。这是人的各方面的潜在力量不断转化为现实个性的过程。

就其内容而言，个体身心发展包括身体和心理两方面的发展，其中身体的发展是指机体的各种组织系统（骨骼、肌肉、心脏、神经系统、呼吸系统等）的发育及其机能的增长，是人的生理方面的发展；心理的发展是指感觉、知觉、注意、记忆、思维、想象、情感、意志、性格等方面的发展，是人的精神方面的发展。人的生理发展与心理发展是紧密相连的，生理发展是心理发展的物质基础，而心理发展也影响着生理发展。

一、人的身心发展的特殊性

人的身心发展具有自身的特点，突出表现在以下两个方面：

（一）人的身心发展是在社会实践过程中实现的

人是社会的人，人是在社会环境中发展的。在社会环境中，不仅存在着与每个个体有不同性质、不同联系程度的各类群体，而且还存在着人的创造物和各种创造性工具。作为个体的人只有参与社会实践，才能获得生存与发展。认识人的身心发展的社会实践性，不仅可以使我们明确学校教育的重要任务是促进人的社会化，而且可以使我们关注每个学生社会实践活动的质量，从而重视学校教育活动的社会意义，加强学校与社会实践的联系。

(二)人的身心发展具有能动性

人具有认识和改造外部世界的能力,这已经使人超越了动物界。此外,人还有认识和改造自己的能力。人发展到一定阶段,就具有自我意识,具有规划自己的未来和为未来的发展创造条件的能力。能否较好地发挥能动性,是一个人的发展能否达到较高水平的重要因素。对人的潜在能力的充分信任,对社会实践在人的发展中重要作用的高度重视,以及对发展主体自我意识在人的发展中的价值的清醒认识,是学校教育个体发展功能正常发挥的重要认识前提,也是我们教师在教育活动中促进学生发展的基本要求。

二、个体身心发展的动因

人的身心发展的动因是什么?人们对这个问题有不同的回答。

(一)内发论

内发论者一般强调人类个体的身心发展完全是由个体内部所固有的自然因素预先决定的,身心的发展实质上是由这种自然因素按照内在的目的或方向而展现出来的。外部条件只能影响身心内在的固有发展节律,而不能改变节律。内发论又称自然成熟论、预成论、生物遗传决定论等。

中国古代内发论的代表首推孟子。他认为人的本性是善的,"万物皆备于我",人的本性中就有恻隐、羞恶、辞让、是非四端,这是仁、义、礼、智四种基本品性的根源。人只要善于修身养性、向内寻求,这些品性就能得到发展。

现代西方的内发论者进一步从人的机体需要和物质因素来说明内发论。如奥地利精神分析学派的创始人弗洛伊德(S. Freud,1856—1939)认为,人的性本能是最基本的自然本能,它是推动人发展的潜在的、无意识的、最根本的动因。美国当代生物社会学家威尔逊(E. O. Wilson,1929—)把"基因复制"看做是决定人的一切行为的本质力量,而美国心理学家格塞尔(A. Gesell,1880—1961)则强调成熟机制对人的发展的决定作用。格塞尔认为,人的发展顺序受基因决定,教育想通过外部训练抢在成熟的时间表前面形成某种能力是低效的,甚至是徒劳的,人的机体机能发展顺序受生长规律的制约,而且"所有其他的能力,包括道德都受成长规律支配"。

内发论认为心理发展与生理发展没有什么根本的实质性区别,心理发展是先天因素成熟的结果,因而完全否定了后天学习、经验的作用。这就导致了以生理发展曲解心理发展,而这一点正是内发论的根本错误所在。

(二)外铄论

外铄论的基本观点认为,人的发展主要依靠外在的力量,诸如环境的刺激和要求、他人的影响和学校的教育等,外在力量的影响决定个体身心发展的水平和形式。外铄论又称环境决定论、教育万能论或经验论等。

对于人自身的因素,有的认为是需要改造的,如我国古代性恶论的代表人物荀子就持这样的观点。有的认为人的心灵犹如一块白板,它本身没有内容,可以任人涂抹，外部的力量决定了人的发展状况，如英国哲学家洛克的"白板说"就是一个典型的代表。外铄论的另一个典型代表是美国行为主义心理学家华生（John B. Watson, 1878—1958），他认为只要通过合适的环境和训练，人可以被塑造成任何你想塑造的样子。由于外铄论者强调外部力量的作用，故一般都注重教育的价值，对教育改造人的本性，形成社会所要求的知识、能力、态度等方面，都持积极乐观的态度。他们关注的重点是人的学习、学习什么和怎样才能有效地学习。

外铄论把身心发展看做是外界环境影响的结果，否认心理发展的内因作用。其根本错误在于否认心理反应的能动性，因而是一种机械主义的发展观。

（三）多因素相互作用论

由于内发论和外铄论具有明显的片面性，于是在19世纪末20世纪初出现了内发论和外铄论的混合体——多因素相互作用论。它主要有两种观点：一种观点认为，人的发展既不是单由遗传决定，也不是单由环境决定，而是由遗传和环境共同决定。人的发展不是遗传和环境之和，而是二者的乘积。另一种观点认为，遗传从怀孕起就受环境的影响，出生后环境的影响更是无处不在。遗传和环境对人身心发展的作用在人的形成和发展过程中一直是交织在一起的，很难明确区分开。

辩证唯物主义认为，人的发展是个体的内在因素（如先天遗传的素质、机体成熟的机制）与外部环境（外在刺激的强度、社会发展的水平、个体的文化背景等）在个体活动中相互作用的结果。人是能动的实践主体，没有个体的积极参与，个体的发展是不可能实现的；在主客观条件大致相似的情况下，个体主观能动性发挥的程度对人的发展有着决定性的意义。因此，我们把实践、把个体积极投入实践的活动，看做是内因和外因对个体身心发展综合作用的汇合点，看做是推动人身心发展的直接而现实的力量。根据这样的观点，教育活动中主客体之间的关系、师生之间的关系以及怎样使学生主动积极地参与各种教育活动，自然受到特别的重视。

实际上，人的发展是多种因素综合作用的结果，是先天遗传与后天社会影响以及主体在活动中的主观能动性的交互作用的统一，个体在身心发展过程中所表现出来的基本特点，不是某一因素单独作用的结果，而是综合作用的结果。

三、个体身心发展的一般规律

个体身心发展不仅具有自身的特点，而且遵循着某些共同的规律，这些规律制约着我们的教育工作，遵循并利用这些规律，可以使教育工作取得较好的效果，反之，则可能事倍功半，甚至伤害学生。

（一）个体身心发展的顺序性

个体从出生到成人，其身心发展在整体上是具有一定顺序的，身心发展的个别过程和特点的出现也具有一定的顺序。这种顺序主要是一个由低级到高级、由量变到质变的连续不断的发展过程。例如，儿童的身体遵循着从上到下（从头部向下肢）、从中间到四肢（从中心部位向全身的边缘方向）、从骨骼到肌肉的顺序发展，而儿童的心理则按照由机械记忆到意义记忆，由具体思维到抽象思维，由喜怒哀乐等一般情感到理智感、道德感、美感等复杂情感的顺序发展。瑞士心理学家皮亚杰（Jean Piaget，1896—1980）关于发生认识论的研究，揭示了个体认知发展的一般规律，即个体认知按照感知运算水平、前运算水平、具体运算水平、形式运算水平的顺序发展。美国心理学家柯尔伯格的研究证明，皮亚杰的发生认识论在个体的道德认知过程中也具有普遍的推广意义，人的道德认知遵循着从前世俗水平到世俗水平，再到后世俗水平的发展过程。关于身心发展顺序性的研究对教育工作有非常重要的意义。它要求我们在向年轻一代进行教育时，必须遵循着由具体到抽象、由浅入深、由简到繁、由低级到高级的顺序逐渐地前进，因此教育工作者不能"拔苗助长"、"凌节而施"。否则，就不能收到应有的效果，甚至会损害学生的身体和心理。近年来，许多心理学家和教育家主张及早地把儿童置于学校教育的影响下，以利于智力开发和早出人才。1964年美国的心理学家布鲁姆（Benjamin Bloom，1913—1999）发表了题为"人类特征的稳定性与变化"的研究报告，认为"个人的智力成熟从出生到4岁发展到40%，4到8岁再发展30%，8岁以后发展剩下的30%。……如果儿童在这非常重要的早期岁月中得不到理智的刺激，他们的学习能量就受到严重的妨碍。"[1]早期教育的主张是对的，但早期教育的内容和方法还应适合儿童身心发展的水平，还应该遵循循序渐进的原则，否则，就不利于儿童的身心发展。

（二）个体身心发展的阶段性

所谓身心发展的阶段性是指，个体在不同的年龄阶段表现出身心发展不同的总体特征及主要矛盾，面临着不同的发展任务。综合来看，人生发展阶段可大致分为：婴儿期，从出生至1岁或1.5岁；幼儿期，从1岁、1.5岁至6岁、7岁；童年期，从6岁、7岁至11岁、12岁；少年期，从12岁、13岁至15岁、16岁；青年期，从16岁、17岁至25岁、30岁；成年期，从26岁、31岁至55岁、60岁；老年期，55岁、60岁以后。个体身心发展的阶段性主要表现为前后相邻的阶段会有规律地更替。在一段时期内，发展主要表现为数量的变化，经过一段时间，发展由量变到质变，从而使发展水平达到一个新的阶段。因此，不论在生理上、心理上，还是在行为方式上，每两个阶段都有很大差异。例如，童年期的学生的思维特点是具有较大的具体性和形象性，抽象思维能力还比较弱，对抽象的道理不易理解；少年期的学生，抽象思维已经有很大的发展，但经常需要具体的感性经验作支持；青年初期的学生，抽象思维居于主要的地位，能进行理论的推断，富有远大的理想，关怀未来的职业。青少年身心发展的不同阶段之间是相互关联的，上一阶段影响着下一阶段的发展方向，所以，对于人的发展来说，人生的每一阶段不仅具有阶段性的意义，而且具有人生全程性的意义。

由于年轻一代在不同的年龄阶段具有不同的身心发展特点，因此我们在教育工作中就必须从教育对象的实际出发，针对不同年龄的学生，提出不同的具体任务，采用不同的教育内容和方法。例如，对童年期的学生，我们在教学内容上应该多讲

---

[1] 王道俊，王汉澜.教育学[M].北京：人民教育出版社，1989：57.

些比较具体的知识和浅显的道理,在教学方法上应多采用直观教具;对少年期的学生,我们在教学上要特别注意理论与实际的结合;对青年期的学生,我们要注意培养学生辩证逻辑的思维能力。如果不顾学生的年龄特征和接受能力,在教育工作中搞"一刀切"、"一锅煮",把儿童和青少年的教育"成人化",就会违反教育工作的规律。

(三)个体身心发展的不平衡性

个体身心发展的不平衡性表现在两个方面:首先是同一方面的发展速度在不同年龄阶段的变化是不平衡的。例如,青少年的身高体重有两个生长的高峰,第一个高峰出现在出生后的第一年,第二个高峰则在青春发育期。在这两个高峰期内,身高体重的发展速度比其他时期要迅速得多。又如,人的大脑发展最迅速的时期是出生后的第五个月到第十个月之间。其后,脑的发展又经历了两个显著的加速期,一个是在五六岁之间,另一个是在十三四岁之间。其次是不同方面发展的不平衡性。有的方面在较早的年龄阶段就已达到较高的发展水平,有的则要到较晚的年龄阶段才能达到成熟的水平。例如在生理方面,神经系统、淋巴系统成熟在先,生殖系统成熟在后。人的生理成熟以性机能的成熟为标志,现代女性的性成熟一般自十二三岁始,至十六岁到十八岁止,男性一般比女性晚成熟两三年。在心理方面,感知成熟在先,思维成熟在后,情感成熟更后。心理上的成熟则以独立思考的能力、较稳定的自我意识和个性的形成为标志。此外,个体社会性方面的成熟,以独立承担社会职业和家庭义务为标志。在现代,由于社会发展对于个体要求的提高,学习年限延长,独立生活和工作期限也后推,这使人的心理成熟年龄、社会性成熟年龄也向后推移。另一方面,由于食物营养的改善和社会文化的影响,个体生理成熟的年龄却提前了,这样使本来就存在的身心发展的不平衡性表现得更为突出。

个体身心不同方面有不同的发展期现象,这引起了心理学家越来越多的重视,心理学家提出了发展关键期或最佳期的概念。所谓发展关键期是指身体或心理的某一方面机能和能力最适宜于形成的时期。在这一时期内,对个体某一方面的训练可以获得最佳成效,并能充分发挥个体在这一方面的潜力。错过了关键期,训练的效果就会降低,甚至永远无法补偿。心理学研究指出:两岁至三岁是学习口头语言的最佳期;四岁至五岁是开始学习书面语言的最佳期;学习外语应从十岁以前就开始;学习乐器在五岁左右为最佳。

认识个体身心发展的不平衡性,对教育、教学工作具有十分重要的意义。当代许多心理学家、教育学家一致认为,在智力发展的关键期内,环境和教育对智力发展一年的影响,超过其他时期八年至十年的影响。因此,为了有效地促进个体身心的发展,教育、教学工作要抓住关键期,以求在最短的时间内取得最好的效果。

(四)个体身心发展的互补性

互补性反映个体身心发展各组成部分的相互关系,它首先指机体某一方面的机能受损甚至缺失后,可通过其他方面的超常发展来得到部分的补偿。如失明者通过听觉、触觉、嗅觉等方面的超常发展来补偿视力方面的缺陷。机体各部分存在着互补的可能，为人在自身某方面缺失的情况下依然能与环境协调并继续生存与发展下去提供了条件。互补性也存在于心理机能与生理机能之间。人的精神力量、意志、情绪状态对整个机体能起到调节作用，帮助人战胜疾病和残缺，使身心继续得到发展。我们身边有很多这样的例子。相反，如果一个人的心理承受能力太差，缺乏自我调节能力和坚强的意志，那么，即便是不太严重的疾病或磨难也会把他击倒。个体身心发展的互补性告诉我们，发展的可能性有些是直接可见的，有些却是隐现的，培养自信和努力的品质是教育工作的重要内容。

个体身心发展的互补性要求教育者首先要对全体学生，特别是对生理或心理机能存在障碍、学业成绩落后的学生树立起坚定的信心，相信他们可以通过其他方面的补偿性发展达到与正常人一样或相似的发展水平。其次要掌握科学的教育方法，特别是善于发现他们的优势，长善救失，激发他们自我发展的信心和积极性，通过他们自己的精神力量来达到身心的协调发展、统一发展。

（五）个体身心发展的个别差异性

个体身心发展的个别差异性在不同层次上存在。从群体的角度看，首先表现为男女性别的差异，它不仅是自然性上的差异，还包括由性别带来的生理机能和社会地位、角色、交往群体的差别。其次，个别差异表现在身心的所有构成方面。其中有些是发展水平的差异，有些是心理特征表现方式上的差异，如人们常说的"聪明早慧"、"大器晚成"等就反映了个体发展的速度和水平之间的差异。又如，同样是抽象思维，有的儿童在七八岁时，其抽象思维已经有较好的发展，而有的儿童的抽象思维到十四五岁才有显著发展。再比如，有的儿童的第二信号系统较第一信号系统占优势，他们的数学能力较强，但绘画很差；而另一些儿童则相反，他们的绘画水平已经达到相当的程度，而数学却不能达到一般的要求。需要说明的是，个体发展水平的差异不仅是由于个人的先天素质、内在机能的差异造成的，它还受到环境及发展主体在发展过程中的努力程度和自我意识的水平、自我选择的方向的影响。

在教育工作中要善于发现并研究个体间的差异特征，充分尊重每个学生的个别差异，有的放矢、因材施教地挖掘学生的潜力，选择最有效的教育途径对学生进行有针对性的教育，使每个学生都能得到最大限度的发展。对于早熟者，教育的措施要跟上其发展，而不能耽误他们；对于晚熟者，也不能丧失信心和急于求成，放弃教育的职责。应该指出的是，教育要适应年轻一代身心发展的规律，并不等于迁就学生身心发展的现有水平，而是从学生身心发展的实际出发，善于向他们提出经过他们努力就能够达到的要求，促进其身心发展，不断提高他们身心发展的水平。

第二节　影响个体身心发展的因素

个体身心发展的水平受到多种因素的影响，但主要是受遗传素质、成熟、环境、学校教育和个体实践活动的影响，其中学校教育是一种特殊的环境，它对个体的发展有着特殊的意义。这五个方面的因素相互联系、相互交织，共同作用于个体的发展。下面我们将这五个方面在个体发展中的作用分别进行论述，以便于更好地了解教育对个体发展的作用。

一、遗传对个体发展的影响

遗传是指从上代继承下来的生理解剖上的特点，如机体的结构、形态、感官和神经系统等的特点，也叫遗传素质。遗传或遗传素质是人的发展的自然的或生理的前提条件。如果没有这些自然条件，人的发展就无法实现。一个人生下来没有大脑，也就不会有思维的机制，无法学习科学文化知识。正因为人类有大脑，人的心理发展才有了物质和生理的前提条件，人们在后天的环境和教育的影响下，才可以学习极为复杂的科学文化技术，甚至做出发明创造，这是其他动物所不能做到的。

遗传的意义表现在以下几个方面：

（一）遗传素质是人的身心发展的前提，为个体的身心发展提供了可能性

遗传素质是人的身心发展的前提条件，如果没有这些自然条件，个体的发展便无法实现。健康的身体是一名优秀运动员的生理前提，正常的智力是一名科学家的基本心理素质要求。个体在智力、情感、意志等方面所具有的先天的心理特征，也会对他后天的学习和社会成功产生很大的影响。不过，遗传素质是人的先天素质的构成部分，而不是全部，遗传素质不能决定人的发展。遗传素质并不会直接转变为个体的知识、才能、态度、道德品质等，如果离开了后天的社会生活和教育，遗传素质所给予人的发展的可能性便不能成为现实。在不同的社会生活和教育影响下，人的遗传素质可以向着肯定或否定的方向发展，一个天赋智力素质比较好的儿童在将来未必会成为一名科学家，一个音乐素质比较好的儿童也未必一定就成为一名音乐家，除了遗传给他的可能性外，还要看他所处的社会条件，所受的教育和个人的努力程度。王安石《伤仲永》的短文很好地说明了后天的生活条件和教育对人发展的重要意义。再如，美国斯坦福大学心理学教授特尔门对智商在130以上的1528名超常儿童进行了历时50年之久的追踪观察与系统研究，他的结论是，早年智力测验并不能正确地预测晚年工作的成就，一个人的成就同智力的高低并无极大的相关，有成就的人并非都是家长、教师认为非常聪明的人，而是有恒心，做事求好、求精的人。

（二）遗传素质的差异对人的身心发展有一定的影响作用

个体的遗传素质是有差异的。个体遗传素质的差异不仅表现在体态、感觉器官方面，也表现在神经活动的类型上。婴儿一出生，就会有不同的表现，有的安静，有的大哭大闹；一两岁的儿童对外部世界的反应就有的快、有的慢、有的敏感、有的迟钝。现代遗传学研究证明，遗传基因里存在着的物质有核糖核酸（简称RNA）和脱氧核糖核酸（简称DNA），这些物质的排列结构及其活动，与人的发展有着密切的关系。遗传素质的差异，对人的发展是有影响的。很明显，一个先天禀赋优异的儿童，如果后天得到良好的教育，在某些方面发展得更快、更好是完全可能的；天生弱智，对儿童的发展自然是非常不利的。据中国科学院心理研究所对22.8万名

儿童的调查发现，低能儿占同龄儿童的3~4%，而低能儿中有50%以上是先天因素造成的。所以，我们必须承认遗传对人的发展的影响是客观存在的。但我们需要关心的是，怎样创造条件使具有不同先天素质的人都得到尽可能充分的发展。

（三）遗传在人的发展中的作用是不能夸大的

遗传素质不能预定或决定人的发展，因此我们不能夸大遗传的作用。遗传决定论者把遗传看做是决定人发展的唯一因素，他们认为社会生活条件和教育的作用只在于延迟或加速遗传能力的实现。这种说法是有偏颇的。就遗传基因来说，"在基因组中的DNA决定了个体在生理上的、结构上的和行为上的潜在性能，但并非所有的潜在性能都必定可以在那个正在发育着的个体中获得实现"[①]。科学实验还证明，神经细胞中核糖核酸的含量与人在积极活动中所接受的感觉刺激有直接联系，刺激的数量和种类可以加速或延缓先天的生长因素。形态学的研究证明，视觉输入的刺激能在不同程度上影响大脑皮层的厚度、神经元的大小、树突分支的多少、视神经的粗细等。而生活经验则证明，长期进行某一方面的训练，可以使人脑的某一方面反应能力提高，如印染技工可以比一般人具有更强的颜色鉴别能力，酿酒老工人具有较敏锐的鉴别酒质的能力。人的遗传素质发展的过程，也因人的生活条件的不同而提前或推迟，如今日的青少年比父辈更高、更重，性成熟期也相对提前，智力的发展也有所提高。因此，我们可以说，遗传素质是具有可塑性的。那种把人的知识才能和道德品质的好坏说成是天生的遗传决定的说法，是非常荒谬的。

二、成熟对个体发展的影响

（一）成熟的概念

美国生理和心理学家格塞尔认为，胎儿的发育大部分是由基因制约的。这种由基因制约的发展过程的机制就是成熟。在教育学中，成熟是指儿童个体生长发育的一种状况，指个体的生理和心理机能与能力都达到比较完备的阶段，即已由儿童成长发育为成人。其主要标志是：生理方面具有生殖能力，心理方面具有独立自主的自我意识。

（二）成熟的意义

格塞尔认为，个体的生理和心理发展从一开始就受基因的控制，他把这种通过基因来控制发展过程的机制定义为成熟。他认为成熟是推动儿童发展的主要动力，学习本身并不能促进发展。

格塞尔认为，个体的生理和心理发展，都是按基因规定的顺序有规则地进行的。例如，在人类胚胎的发育过程中，首先形成并发生机能的器官是心脏，其次是中枢神经系统。其头部的发展先于四肢等都是按基因规定的顺序进行的。对于胎儿以及出生后的个体而言，其发展也主要是受基因控制。

---

① [美]E.J.加德纳.遗传学原理[M].杨纪柯,汪安琦,译.北京：科学出版社,1987：382.

格塞尔认为，成熟是从一种发展水平向另一种发展水平的突然转变。各水平之间的行为具有不连续性，这种不连续性表现为波峰和波谷周期性的变化。所谓波峰和波谷，也就是格塞尔所认为的发展质量较高的年龄段和发展质量较低的年龄段，它们是有序交替、周期变化的。但无论是波峰还是波谷，都受不同时期的成熟机制的影响。格塞尔提出，发展有五个原则：发展方向的原则（发展具有一定的方向性）、相互交织的原则（人类的身体结构是建立在左右两侧均等的基础之上的）、机能不对称的原则（对于人类而言，从一个角度面对世界可能更为有效，因而导致一只手、一只眼、一条腿比另一只手、另一只眼、另一条腿占优势的结果）、个体成熟的原则（个体的发展取决于成熟，而成熟的顺序取决于基因决定的时间表，儿童在成熟之前处于学习的准备状态）、自我调节的原则（自我调节是生命现象固有的能力，如婴儿能自我调节自己的吃、睡和觉醒的周期）。

人所具有的某种先天素质，是在发展过程中逐步成熟的。人的各种身体器官的构造和机能在出生时是很不完备的和脆弱无力的。个体的器官和整个系统的结构、功能都随年龄的增长而发展。人的机体的成熟程度制约着身心发展的程度和特点，它为一定年龄阶段身心特点的出现提供了可能和限制。有些早期运动机能的获得是直接建立在成熟的生理基础上的。成熟与教学的效果是契合的，一种技能的发展由成熟支配时，没有必要超前加以训练。在这方面，格塞尔的双生子爬楼梯的实验就说明了这一点。他以一对满 46 周的同卵双生子为测试对象，让其中一个孩子先做每天 10 分钟的爬梯训练，共 6 周，然后测量两个孩子爬同一楼梯所需的时间，结果是受训儿 26 秒，未受训儿 45 秒完成爬楼梯的任务。然后当这对双生子满 52 周时，再对他们同时进行为期两周的相同爬梯训练。测量结果是，他们只用了 10 秒钟就完成了爬梯任务。格塞尔据此提出了个体发展的成熟决定论。这虽然夸大了成熟的作用，但在教育中充分重视成熟的意义非常必要。成熟的作用在思维、情感、个性等高级心理活动中也同样有不可忽视的作用。如，我国的俗语"三翻、六坐、八爬叉、十个月会喊大大"，反映的就是儿童成熟的作用。如果让六个月的婴儿学走路，将是徒劳无益的。同样，让四岁的儿童学习高等数学，也是很难成功的。只有身体的发展具有一定的条件时，学习一定的知识技能才是可能的。

格塞尔的同事阿弥士（L. B. Ams）曾向父母们提出以下忠告：

1. 不要认为你的孩子成为怎样的人完全是你的责任，你不要抓紧每一分钟去"教育"他。

2. 学会欣赏孩子的成长，观察并享受每一周、每一月出现的发展新事实。

3. 尊重孩子的实际水平，在尚未成熟时，要耐心等待。

4. 不要老是去想"下一步应发展什么了"，应该让你和孩子一道充分体验每一个阶段的乐趣。

所有这些忠告都建立在一个基点上，即尊重有关成熟的客观规律。强调这一点，并不是否认环境的作用，也不是否认教育的价值，更不是对孩子放任自流，让他们为所欲为。

格塞尔认为，孩子在成长中当然要学会控制自己的冲动并使自己适应文化的要求。但只有当我们注意到儿童成熟的克制能力时，他们才是最能控制自己的。文化适应是必要的，但我们的第一个目标不是使儿童适应社会模式。每一个父母和儿童教育工作者应该在成熟的力量与文化适应之间求得合理的平衡。在文化适应过程中，通俗地讲，在教育过程中，教师、家长及一切成人不应该只强调文化目标而忽视儿童成长的客观规律。每一个教师都应该把自己的工作与儿童的准备状态和特殊能力配合起来。此外，格塞尔还明确地提出家长要与孩子一道成长。所谓与孩子一道成长，就是要求人们注意成人和儿童都有一个发展过程，都有"成长的烦恼"，他们之间是相互影响、相互作用、共同适应的。[①]

三、环境对个体发展的影响

环境泛指个体生活于其中的并影响个体身心发展的一切外部因素。

若按性质来分，环境可分为自然环境（包括自然条件与地理位置）和社会环境（包括政治、经济、文化以及与个体相关的其他社会关系）。其中社会环境是人的身心发展的外部的客观条件，对人的发展起着一定的制约作用。例如，19世纪初，德国巴登大公国王子卡斯·豪瑟出生后，争夺王位的宫廷阴谋家将他同普通的婴儿对换。在三四岁时，他被关进黑暗、低小的地牢里。他可以找到面包和水，但从未见过人。直到17岁时，他才被放出来。经检查，他的身高只有144厘米，膝盖已变形，走路如同婴儿学步，目光呆滞、怕光，暗视觉特别敏锐，黑夜能看到一百八十步以外的马匹，听觉、嗅觉比较灵敏，但不会谈话，智力如同幼儿。他在22岁时遇刺身亡。解剖发现，他的大脑特别小，没有覆盖住小脑。这一事实充分说明，人的身心发展是受后天环境影响和制约的，遗传素质仅仅为人的发展提供了可能性，没有一定的社会环境的影响，这种可能性绝不会转化为现实。

若按范围来分，环境可分为大环境（指个体所处的总体自然环境与社会环境，如某一国家、某一地区）和小环境（与个体直接发生联系的自然环境和社会环境，如一个家庭、一所学校）。在同一国家或地域内，人们的大环境通常相差不大，但小环境却千差万别。我们很难改变大环境，但小环境却随个体自身的活动和选择而改变，而且小环境对个体的影响更为直接，所以，教育者更多地把注意力集中在小环境上。但由于社会的变化不断加快，社会通讯、交往手段更加丰富和便利，大环境对人尤其是对青少年的影响也不容忽视。环境对个体的影响主要表现在如下几个方面：

（一）为个体的发展提供了多种可能，包括机遇、条件和对象

我国古代教育家荀子说："蓬生麻中，不扶而直；白沙在涅，与之俱黑。……故君子居必择乡，游必就士，所以防邪僻而近中正也。"[②]人生活在不同的小环境中，

[①] 王振宇.儿童心理发展理论[M].上海：华东师范大学出版社，2000：34-35.
[②] 《荀子·劝学篇》

这些环境所提供的条件并不相同，对个体发展的意义也不相同，因而不同环境中人的发展有很大区别。所以教育者要注意为受教育者的发展提供较有利的条件，营造良好的环境氛围。

（二）环境对个体发展的影响有积极和消极之分

在同一环境中，各种因素作用的方向、力量的大小是不相同的。对于教育者来说，分析和综合利用环境因素的积极作用，抵制其消极影响是极其重要的和困难的工作。教育者需要研究如何既保持校园小环境的有利条件，又积极加强与社会的联系，充分利用社会中的有利因素来加强教育。

（三）人在接受环境的影响和作用时，并不是消极、被动的

因为人具有主观能动性，人能改造环境，人在改造环境的实践中发展着自身。个体对环境的作用不是消极的，处在同一小环境中的个体，其发展水平也不会完全相同。个体对环境持积极态度，就会挖掘环境中有利于自身发展的因素，克服消极的阻力，从而扩大发展的天地。所以教育者不仅要注意为受教育者的发展提供较有利的条件，更要培养受教育者认识、利用和超越环境的意识和能力。因此，夸大环境对人的发展的作用，特别是主张环境决定论的观点，是错误的。

"环境决定论"认为人的发展完全是由环境决定的，否认人的主观能动性，把人看做是环境的消极产物。美国行为主义心理学家华生在《行为主义》一书中写道："给我一打健康的婴儿，一个由我支配的特殊的环境，让我在这个环境里养育他们，我可担保，任意选择一个，无论他父母的才干、倾向、爱好如何，他父母的职业及种族如何，我都可以按照我的意愿把他们训练成任何一个人物——医生、律师、艺术家、大商人，甚至乞丐或强盗。"[①]显然，"环境决定论"完全否定了遗传因素对人的作用，同时也完全否定了人的自觉能动性。

环境对人的发展虽然起着重大的影响和制约作用，但不能决定人的发展。人接受环境的影响并不是消极、被动的，而是积极、能动的。这种能动性一方面表现在人是通过实践活动接受环境的影响并获得发展的，人在实践过程中既接受环境的影响，也改造着环境，并在改造环境的过程中改造着自己；另一方面表现在人是凭借已有的知识、经验以及在这种知识、经验基础上所产生的需要和兴趣等来接受环境影响的。正因为如此，同样的环境在不同人身上可以产生不同的作用。

环境对人的影响是广泛的、潜移默化的。人的知识、兴趣、爱好、生活习惯以及性格特点无不与周围环境有关，但环境对人的影响也是自发的、零星的、无计划的、无目的、不系统的，有时甚至是相互矛盾的。环境影响的这种特点，往往使人的发展具有两面性：既可以使人向好的方向发展，也可以使人向不好的方向发展。因而在人的身心发展过程中，环境的作用是有限的。但环境影响可以被教育所利用，被教育所抵制和改变，所以，与环境影响相比，学校教育在人的发展中起着主导作用。

---

① 杨清.简明心理学辞典[M].长春:吉林人民出版社,1985:184.

四、学校教育对个体发展的特殊功能

教育是有目的、有计划地影响人的一种活动。教育在人的发展中的作用,曾得到历史上许多思想家、教育家的充分肯定。如荀子说:"干越夷貉之子,生而同声,长而异俗,教使之然也。"① 法国的启蒙思想家卢梭说:"植物的形成由于栽培,人的形成由于教育。"② 康德说:"人只有通过教育才能成为一个人。人是教育的产物。"③ 英国哲学家、教育家洛克说:"我敢说我们日常所见的人中,他们之所以或好或坏,或有用或无用,十之八九都是他们的教育所决定的。人类之所以千差万别,便是由于教育之故。"④ 以上这些说法,对我们理解教育对个体发展的影响作用是非常有益的。

学校教育是由承担教育责任的教师和接受教育的学生共同参与和进行的,学校教育的环境具有极大的人为性,具有明确的目的、特定的教育内容与活动计划以及系统化的组织和特殊的教育条件。学校弥漫着科学、文化和道德规范的气息。这些构成了学校教育环境的特殊性。从个体活动的角度看,学校中的个体活动与其他社会活动的区别在于,前者不仅有教师的指导,而且其活动的结果还要接受检查。这种特殊性使学校在影响人的发展方面具有独特的功能。

(一)学校教育具有明确的目的性和方向性

教育,特别是学校教育,具有明确的目的性和方向性,是专门培养人的活动。它能根据一定社会政治经济和生产力发展的需要,按照一定的方向,选择适当的内容,采取有效的方法,利用集中的时间,对人进行全面的教育和训练,使人获得比较系统的知识和技能,形成一定的世界观和道德品质。

(二)学校教育具有较强的计划性和系统性

学校教育是在各种规章制度的严格制约下进行的,它保证了教育、教学的良好秩序,把人的发展所需要的一切时间和空间全部纳入可控的程序之内,使教育、教学能顺利地进行。同时,学校教育又具有系统的学习内容,这些内容既考虑了社会发展对人才规格的需要,又考虑了知识的逻辑顺序、学生的年龄特点和接受能力。这些都保证了人才培养的高效率和高质量。

(三)学校教育具有高度的组织性

学校教育是通过专门的教育机关——学校进行的。学校是按照一定的教育目的组织起来的,它有比较完整的组织机构,又有经过教育和训练的专职教育工作者。把学生按照一定的教育要求组织在专门的教育过程内进行教育,因而,学校对人身心发展的作用,比其他任何影响人的条件都要有效。

---

① 干越,今江苏、浙江一带;夷貉,当时居住在东北和北方的少数民族。
② 张焕庭.西方资产阶级教育论著选[M].北京:人民教育出版社,1979:95.
③ [苏]阿尔森·古留加.康德传[M].贾泽林等,译.北京:商务印书馆,1981:86.
④ 洛克.教育漫话[M].北京:人民教育出版社,1979:4.

（四）学校教育可以激发和发展被教育者的潜能

教育可以根据个体的遗传素质，有意识地发挥其长处，弥补其不足，使其先天的遗传素质向有利于身心成长的方面发展。例如，某个儿童反应迟缓、胆怯、积极主动性差，教师可以通过有意识地鼓励他参加集体活动，经常让他回答课堂提问，培养他的自信心和积极性，来使他逐渐变得活泼、主动。

（五）学校教育能对各种环境加以有效的控制和利用

学校教育能按照预定的目的选择和提炼有利于学生身心发展的因素，克服和排除那些不利于学生发展的因素。例如，为了使学生不受社会上某种不良环境的影响，学校可把学生组织起来，开展有教育意义的集体活动，以利于他们的健康成长。

可见，学校教育在人的身心发展中起着十分重要的作用，正因为如此，有人提出了"教育万能论"，认为人的发展完全是由教育决定的。"教育万能论"对教育作用的高度评价对认识教育在人发展中的作用具有一定的意义。但把教育视为人发展的决定因素，就夸大了教育的作用。因为人的发展并不是单纯由教育决定的，而是各种条件综合作用和个体多方面实践的结果。如果没有遗传为个体提供相应的生物前提，没有环境的积极配合，没有社会发展作为物质基础，没有人的主观能动性的调动，教育要发挥它的主导作用是不可能的。教育既不能超越它所依存的社会条件，或超出社会去发挥它的能动作用，又不能违背儿童身心发展的客观规律及年龄阶段去任意地决定人的发展。它要求学校按照教育规律办事，并且积极协调各方面的影响。

五、个体主观能动性的巨大作用

环境和教育的影响只是个体身心发展的外因，它只有通过学生身心发展的活动——内因才能起作用。教育本质上是使学生掌握生产斗争经验和社会生活经验的一个过程，是把人类社会的精神财富转化为受教育者自己的财富的过程。这种转化过程不像用镜子来反映事物那样，它要求学生必须有自身的能动性。从直接意义上来说，如果学生没有学习的要求，厌恶学习、懒于思考、心不在焉、缺乏学习的动力，教师所讲授的知识是不会转变成学生的精神财富的，也不会促进学生的身心发展。在同样的环境和教育条件下，每个学生发展的特点和成就，主要取决于他自身的态度，取决于他在学习时所付出的精力。所以，学生个体的主观能动性是其身心发展的动力。随着人的自我意识的提高和社会经验的丰富，人的主观能动性将逐渐增强，人能有目的地去发展自身。这表现在人能对周围环境的事物作出有选择的反应——赞成或反对，积极行动或采取回避态度，从而控制自己的行动；还表现在人能为自身的发展预定出目标，并为实现预定的目标自觉地进行奋斗，这是人的主观能动性推动人的发展的高度体现。

个体在与环境之间相互作用的过程中所表现出来的个体主观能动性，是促进个体发展从潜在的可能状态转向现实状态的决定性因素。从过程结构的角度看，个体的主观能动性包括活动主体的需要与动机，活动的客体对象，活动的目的、内容、手段与工具，行为程序、结果及调控机制等基本要素。从活动水平的角度看，个体的主观能动性由生理、心理和社会三种不同层次和内容的活动构成。人的主观能动性是通过人的活动表现出来的，它如果离开人的活动，遗传素质、环境和教育所赋予的一切发展条件，便不可能成为人的发展的现实。每一层次的活动对个体身心发展都具有特殊的和整体性的影响。个体主观能动性的第一层次的活动是人作为生命体进行的生理活动。生理活动是人这一有机体与环境中的物质发生交换的过程，是为维持人的生命服务的，与人的身体发展直接相关，也是其他方面发展的基础。第二层次是个体的心理活动。心理活动的内容丰富多彩，它是人对外部世界能动的、带有个体性的反映，也包括人对自己的意识、态度与倾向，其中最基本的是认识活动。第三层次是社会实践活动。对个体来说，社会实践活动具有满足人的生存、发展和创造需要的意义，是人与环境之间最富有能动性的交换活动，是一种能量的交换。它具有鲜明的目的性、指向性和程序性，体现了人的主动选择。以上三类不同水平的个体活动及其作用，实际上是共时、交融的。人的生理活动和心理活动渗透在一切社会实践活动中，人的一切社会实践活动又受到它们的"支持"和影响。人的主观能动性从综合的意义上把主体与客体、个体与社会、人的内部世界与外部世界联系起来，成为推动人本身发展的决定性因素。因此，教育要非常重视对学生主观能动性的发挥。

最后还需要指出，影响人的发展的各种因素是相互作用、相互影响、共同作用于个体发展的，它们是一个整体系统。我们不能孤立、片面地分析每一个因素对人发展的作用。它们之间性质的差异、力量的强弱、不同的组合、不断的发展变化，致使人的发展具有不同的水平和特色，我们应该从动态的角度来研究和把握各因素与人的发展之间的关系。

第三节 教育的个人意义

人是人的最高价值，人是人存在的一切理由、一切目的。教育的根本价值就在于提升、形成、挖掘和引导人的价值。所以，个人的发展是教育价值的内在诉求和题中应有之义。

一、教育将个体"沉睡"的潜能激活，并进行潜能的充分开发

个体都蕴藏着极大的发展潜力，如果我们的教育方法得当，将会把个体"沉睡"的潜能激活，把一个渺小的个体放大，不仅为实现个体价值提供基础，更为社会发展创造良好的条件。从这个意义上讲，真正好的教育是一种把人从渺小引向伟大、从潜力引向实力、从黑暗引向光明的过程，是一种把人的灵魂唤醒的教育。诚如雅斯贝尔斯所言："所谓教育，不过是人对人的主体间灵肉交流的活动，包括知识内容的传授、生命内涵的领悟、意志行为的规范，并通过文化传递的功能，将文化遗产教给年轻一代，使他们自由地生成，并启迪其自由天性……教育是人的灵魂的教育，

而非理智知识的简单堆集。通过教育使具有天资的人,自己选择决定成为什么样的人以及自己把握安身立命之根。"①

二、教育促进个体全面、自由、和谐发展,为其一生的发展奠定基础

人的全面发展包括身体、智力、敏感性、审美意识、个人责任感、精神价值等多个方面。在最高层次上,教育就是要教人超越自我,超越功利和世俗,达到与自身、与他人、与社会、与自然的和谐境界。卢梭笔下的爱弥尔就属于这样的一个人:"他现在已经年过20,长得体态匀称,身心两健,肌肉结实,手脚灵巧;他富于感情、富于理智,心地是十分的仁慈和善良;他有很好的品德,有很好的审美能力,既爱美又乐于善;他摆脱了种种酷烈的欲念的支配和偏见的束缚,他一切都服从于理智的法则,他一切都倾听友谊的声音;他具有许多有用的本领,而且还通晓几种艺术;他把金钱不看在眼里,他谋生的手段就是他的一双胳膊,不管到什么地方去,都不愁没有面包。"② 卢梭所描述的这种理想的教育何以实现?首先,教育者应该遵循个体身心发展的顺序性和阶段性。"大自然希望儿童在成长以前就要像儿童的样子。如果我打乱了这次序,我们就会造成一些早熟的果实,它们长得既不丰满,也不甜美,而且很快就会腐烂,我们将造成一些年纪轻轻的博士和老态龙钟的儿童。"③ 其次,教育者必须充分尊重个体的主观能动性,倡导个体的自主发展。这里的"自主"有两个尺度:"第一个尺度描述个体的客观状况、生活环境,是指相对于外部强迫和外部控制的独立、自由、自决和自主支配生活的权利与可能。第二个尺度是对主观现实而言,是指能够合理地利用自己的选择权利,有明确目标,坚忍不拔和有进取心。自主的人能够认识并且善于确定自己的目标,不仅能够成功地控制外部环境,而且能够控制自己的冲动。"④ 再次,教育者应该帮助受教育者形成独立意识、自主意识和批判精神,提高其在人生各种不同情况下的判断能力。为此,教育者必须充分认识到知识之于智慧的启迪作用。知识之于教育的价值在于启迪个体生命的智慧,提升个体生命的意义。总之,真正和谐的教育不是为了所谓的成绩和分数,也不是为了一般的升学,而是要教给学生一生有用的东西,为其终身发展奠基。

三、教育基于个性差异,促进个性发展

人人生而不同,每个人都有其独特的个性,都作为无可替代的独立个体而存在。人之为人的本质规定就在于个体的丰富性、微妙性和多样性。现实生活中所有的人不可能也不应该都保持一模一样。社会学家米德指出:"每一个别的自我都有自己的独特个性,有自己唯一的模式;因为那种过程之内的每一个别的自我,虽然在它有

---

① [德]雅斯贝尔斯. 什么是教育[M]. 邹进,译. 生活·读书·新知三联书店,1991:3-4.
② 卢梭. 爱弥尔[M]. 李平沤,译. 北京:商务印书馆,1978:634.
③ 卢梭. 爱弥尔[M]. 李平沤,译. 北京:人民教育出版社,1981:91.
④ 科恩. 自我论[M]. 佟景韩等,译. 北京:生活·读书·新知三联书店,1986:407.

组织的结构中反映了作为整体的那种过程的行为方式，但也是从那种过程之内自我的独特与唯一角度来反映的。"① 其实，一个人只有拥有了自己的个性，而不是把自己雕塑为一种抽象的、普遍的社会符号，才能够正视人类的共同经验和真正拥有属于自己的生活。进一步来说，个体的差异性和独特性乃人类文化多姿多彩的重要源泉，乃人类社会文明不断进步的推动力。实践证明，越是高度个性化的社会，它的整体力量就越强；相反，越是缺乏个性的社会，其整体力量就越弱。蔡元培曾经强调："知教者，与其守成法，毋宁尚自然；与其求划一，毋宁展个性。"② 因此，教育教学活动不但要适应儿童身心发展的年龄特征，更要适应儿童的个别差异性。或者说，注重自我教育、自我决定、主动参与以及教育内容的个性化，培养人的丰富多彩的个性，应该成为当代教育的重要价值取向。"真正理想的教育应当是在充分认识和肯定个体生命独特性的基础上，给他创造一个良好的发展空间和舒适的人文氛围，引导他去充分地认识自我，张扬个性，完善人格，追求意义，提升精神，形成自己独特的生命风格，实现自己特有的生命价值，展现自己与众不同的人性光辉，书写自己独一无二的生命华章。"③ 培养人的个性并为其进入现实世界开辟道路，应该成为学校教育的重要使命和基本职责。

四、教育培养个体创新精神和实践能力，凸显个体核心素质

所谓创新精神，一般包括好奇心，探究兴趣，求知欲，对新异事物的敏感，对真知的执著追求以及对发现、发明、革新的强烈愿望等。所谓实践能力，则包括实验、动手、交往和社会适应能力等多个方面。创新精神是以实践为依托的，它是实践过程中勇于开拓、不断进取的内在力量。而教育的任务就在于不断开发蕴藏于个体生命之中的创新潜能，培养个体的创新精神，增强个体的实践能力。人是一种创造性的存在，探究与创新是人的精神属性的核心内容。美国思想家弗洛姆（Erich Fromm，1900—1980）说过："一个具有创造性的人可以赋予他所接触到的一切以生命。他赋予自己的能力以生命，也赋予别的人和物以生命。"④ 人与其他生命的不同之处在于，人不只是自然、自在的存在，更是自为、自由的存在。这种自为、自由的存在恰恰体现了人的创新精神。其实，创造性的生活是人的生命的基本特征，人的创造性从其本质上来讲是源于生命本身的，创造性是每个人与生俱来的权利和冲动。"生命就是运动，不间断的运动。一切静止就是死亡。但生命比单纯的持续运动更为丰富。生命乃是在此基础上不断产生新内容的创造性运动。生命的基本特点就是创造性……因为生命富有创造性的特点，它是不断喷涌的源泉，是始终产生新形态的力量所在。"⑤

---

① 转自：[英]史蒂文·卢克斯. 个人主义[M]. 阎克文，译. 南京：江苏人民出版社，2001：138.
② 蔡元培. 蔡元培教育文选[G]. 北京：人民教育出版社，1980：49.
③ 刘济良. 生命教育论[M]. 北京：中国社会科学出版社，2004：164.
④ [美]弗洛姆. 占有还是生存[M]. 关山，译. 北京：生活·读书·新知三联书店，1989：97-98.
⑤ [德]博尔诺夫. 教育人类学[M]. 李其龙，译. 上海：华东师范大学出版社，1999：3.

第四节　普通中等教育促进青少年发展的特殊任务

普通中学是学校教育系统中的一个阶段，分为初级中学与高级中学两段。初级中学的教育对象是13、14岁至16、17岁的少年，高级中学的教育对象是16、17岁至19、20岁的青年，他们分别处于人生的少年期和青年期。

格塞尔根据自己的研究结果，强调遗传和成熟的时间表以及发展的周期性。他认为年龄是生物变化的一个相当精确的指标，是发展的准确界标。其中，青少年期是儿童向成人过渡的时期，指的是从11岁到21岁这段时期，而11岁到16岁这五六年尤为重要。因为从11岁起，儿童的机体开始出现巨大变化，生理上的剧变、性机能的逐渐成熟，引起了心理上的一系列变化。比如，情绪不稳定、爱冲动、逆反、好与人争吵、开始对异性产生兴趣；然后他们会逐渐变得内向、爱沉思、爱做自我批评并以批评的眼光看待他人等；后来又逐渐变得外向、情感易外露、爱谈论"个性"等；最后外向又转为内向、独立性增强、自我控制、自我监督能力得到发展、情绪逐步稳定起来，等等。整个青少年期的更新、整合和均衡在不断循环、周而复始地进行着，并最终使个体的心理由不成熟走向成熟。

一、少年期的年龄特征与初中教育的个体发展任务

（一）少年期的年龄特征

按照皮亚杰的发生认识论的观点，由于智力的发展，处在少年期的儿童不仅能认识真实的客体，而且也能考虑非真实的、可能出现的事件。这种能超越时空的、对假设性因素的考虑，是思维发展中的一个很大的进步。此时的儿童能够进行假设—演绎思维，即不仅从逻辑考虑现实的情境，而且考虑可能的情境（假设的情境），也能运用符号进行抽象思维，同时还能进行系统思维，也就是在解决问题时，能分离出所有有关的变量和这些变量的组合。

艾里克森认为12至18岁的儿童正处在由儿童向青少年转变的时期，他们身体接近成熟并要求独立，于是他们开始关心自己的同一性。例如，"我是谁？""我将成为什么样的人？""人们把我看成什么人？"等问题，将不断地困扰着他们。而这个阶段青少年发展的目标在于建立自我同一性。13至17岁这四五年的时间属于个体发展中的少年期。但在人生的过程中，这是一个身心变化剧烈的时期。很多少年常常因为缺乏认识和准备，被突如其来的身心变化搞得惊慌失措。有些心理学家把少年期称为"危险期"或"心理断乳期"，意思是说，在这一时期，儿童将从心理上摆脱对成人的依赖，表现出追求独立的倾向。身体状态的剧变、内心世界的发现、自我意识的觉醒、独立精神的加强，是少年期所表现出的总体性阶段特征。这些个体自身的变化，同时也改变了少年与外部世界的关系，包括与成人的关系。他不再愿意做被动的适应者、服从者、模仿者、执行者，而是力求成为生活中主动的探索者、发现者与选择者。这是人生过程中由单纯地对外部生动形象的世界加以探究到关注内部精神世界变化的转折时期。

（二）初中教育的个体发展任务

少年期的年龄特征决定了初中教育在个体发展阶段的重要性和艰巨性。教师必须与对人生似懂非懂、渴求自主、力求摆脱成人束缚的少年打交道，如果没有正确的教育理论作引导，没有高度的教育艺术与机智，要出色地完成教育任务是困难的。

总的说来，初中教育在促进少年身心发展方面的任务，可形象地比喻为"帮助少年起飞"。教师要尊重少年追求独立的要求，引导少年丰富其内心世界，帮助少年形成正确的自我意识。在身体发展方面，初中阶段要进行保健和青春期教育，让少年懂得青春期生理变化的必然性和意义；在认知方面，应重视抽象思维和概括能力的培养；在情感方面，应着重培养学生的道德理想和深刻的情感体验；在自我教育能力方面，应帮助学生形成较正确的自我认识，使学生掌握评价自我的多维标准。

二、青年期的年龄特征与高中教育的个体发展任务

（一）青年期的年龄特征

青年期是个体身心两方面逐步走向成熟的时期。人的社会化在青年期也基本完成，青年将取得公民的资格，成为社会的正式成员。青年期结束时，大多数青年对世界、事业、人生和自己都可能有较清晰和深入的思考，形成相对系统和稳定的见解，并对自己的未来作出重要的选择。因而，"未来"是青年期最重要的概念。在青年的理想中，最诱人的是事业、友谊、爱情和人生价值的实现，这使青年期成为人生最富有浪漫情调和锐气的时期，也是人生的定向时期、个性的定型时期和个体从准备投入社会生活向正式投入社会生活转变的时期。青年期是个体内在力量充实的时期，随着心理的成熟，他们逐渐形成了对外部世界和自己内部世界的较清晰和较深入的认识，更重要的是在两种世界间建起了具有个人发展意义的桥梁。

（二）高中教育的个体发展任务

高中阶段是中学期间学习负担最重的时期，也是青年体质增强的时期，学校在保证学生身体健康和心理健康方面依然有重要的责任。为此，学校要注意提高学生自我调节生活状态和心理状态的能力。

帮助青年正确认识和处理个人与社会的关系，这是使学生对今后人生道路做出正确选择的重要条件。为此，要解决认识问题和价值问题，这是高中阶段思想政治教育中的一个特殊任务。从认识方面看，高中生可能出现两类极端问题，一类是过分欣赏自我和苛求社会；另一类是心理失衡，在认识上把社会理想化，对自己缺乏信心。从价值观方面看，青年也存在两种极端表现，一种是以个人利益为中心，缺乏社会责任感，只想索取，不思奉献；另一种是看不到自己的独特价值，只求生存适应，不求发展创造。青年时期是人生中的一个重要时期，学校教育应使青年认清时代的要求、个人命运与社会发展的关系，确立远大而又切实可行的奋斗目标，找到实现个人抱负的现实道路。

1. 简述人的身心发展的一般规律。
2. 简述影响人的身心发展的五个因素。
3. 简要评述"遗传决定论"、"环境决定论"、"教育万能论"。

主要参考文献

1. 教育部人事司,教育部考试中心.教育学考试大纲[M].北京:北京师范大学出版社,2002.
2. 柳海民.教育原理[M].北京:中国人民大学出版社,1999.
3. 成有信.教育学原理[M].郑州:大象出版社,1993.
4. 全国十二所重点师范大学联合编写.教育学基础[M].北京:教育科学出版社,2002.
5. 郑金洲.教育通论[M].上海:华东师范大学出版社,2000.
6. 王道俊,王汉澜.教育学[M].北京:人民教育出版社,1989.

第四章 教育目的

 学习评价

1. 识记教育目的、德育、智育、体育、美育、劳动技术教育等概念。
2. 理解我国教育目的的理论基础及我国现阶段教育目的的基本精神。
3. 以新课程的培养目标为导向,阐述新课程改革的意义。

第一节 教育目的概述

教育目的是教育理论中最具根本性的问题,是教育工作的核心,也是教育活动的出发点、依据和归宿,对教育工作具有全程性的指导作用。

教育作为培养人的社会活动,是一种在理性引导下的有目的的追求。任何一个参与到教育活动中的主体,大到国家、社会和团体,小到教师、学生和家长,对教育都会有各自的期望。为了实现这种期望,就必须保持教育活动的统一性、连贯性,就必须切实地把握教育活动的方向,而所有这一切的实现,又都有赖于自觉地确定教育活动的目的。

一、教育目的的含义

教育是人类依照自觉设定的目的所进行的一种对象性活动。

人区别于动物的一个重要特征是人具有自觉能动性,人类活动具有意识性和目的性,一部人类的历史就是人有意识地通过自己的有目的的对象性活动所创造的历史。马克思曾经以生动的譬喻揭示了人的自觉活动同动物的本能活动之间的区别:"蜘蛛的活动与织工的活动相似,蜜蜂建筑蜂房的本领使人间的许多建筑师感到惭愧。但是,最蹩脚的建筑师从一开始就比最灵巧的蜜蜂高明的地方,是他在用蜂蜡建筑蜂房以前,已经在自己的头脑中把它建成了。劳动过程结束时得到的结果,在这个过程开始时就已经在劳动者的表象中存在着,即已经观念地存在着。他不仅使自然物发生形式变化,同时他还在自然物中实现自己的目的,这个目的是他所知道的,是作为规律决定着他的活动的方式和方法的,他必须使他的意志服从这个目的。"[①] 马克思在这里指出了一个基本事实,即人的全部活动所表

---

① 马克思恩格斯全集(23)[M].北京:人民出版社,1979:202.

现出来的一个主要的和基本的特征就是：人在实践之前，对活动过程所要取得的结果，就已经在头脑中预先存在着了。人在观念中提出和设定目的，又通过实践活动来实现和达到目的。

教育是人类社会的重要活动之一，人类活动的意识性、目的性决定了教育活动的目的性。我国教育理论界对教育目的有着各种不同的界定。诸如：教育目的就是指"把受教育者培养成为一定社会需要的人的总要求"①；"所谓教育目的，是指社会对教育所要造就的社会个体的质量规格的总的设想或规定"②；教育目的是"培养人的总目标，关系到把受教育者培养成为什么样的社会角色和具有什么样素质的根本性质问题"③，等等。

我们认为，教育目的即教育要达到的预期结果，是社会和教育者对受教育者的一种价值预设，反映教育在人的培养规格标准、努力方向和社会倾向性等方面的要求。教育目的有狭义和广义之分，狭义的教育目的特指一定社会为所属各级各类教育人才培养所确立的总体要求。广义的教育目的是指人们对受教育者的期望，即人们希望受教育者通过教育在身心诸方面发生什么样的变化，或者产生怎样的结果。国家和社会的教育机构、学生的家长和亲友、学校的教师等，都对新一代寄予这样或那样的期望，这些期望都可以理解为广义的教育目的。

二、教育目的的层次结构

在教育学的理论中，跟教育目的有关的概念有：教育目标、培养目标、课程目标、教学目标等。它们的关系是：教育目标是种概念，教育目的、培养目标、课程目标、教学目标是属概念，都是教育目标的一种，是不同层次上不同类别的教育目标。

教育目的是培养人的总目标，是含有方向性的总体目标和最高目标，它反映的是一个国家总体的、终极的教育意图，它所要说明的是教育应满足什么样的社会需求和应培养人的哪些身心素质。教育目的一般在教育法或教育方针中规定，是一个国家教育工作的总目标和长期目标，它可以理解为一级教育目标，具有最高度的概括性，表现普遍的、总体的、终极的价值，是整个国家各级各类学校必须遵循的统一的质量要求。

培养目标是各级各类学校或各个学段的教育目标，是教育目的的具体化。新课程的培养目标即新课程总目标，就是基础教育学段（含幼儿教育、义务教育和普通高中教育）的培养目标。

课程目标广义为课程总目标（课程的培养目标），狭义为分科课程目标，即各领域、各学科的教育目标，是指从某一领域或某一学科的角度所规定的人才培养具体规格和质量要求（分科目标）。

---

① 中国教育大百科全书·教育[M].北京：中国大百科全书出版社,1985:172.
② 王道俊,王汉澜.教育学[M].北京：人民教育出版社,1989:95.
③ 顾明远.教育大辞典（增订合编本）[M].上海：上海教育出版社,1998:765.

课程（分科）目标，在新一轮课程改革中，通过各学科的课程标准或各领域的指导纲要体现出来，纵向分解为学段目标，横向分解为知识与技能，过程与方法，情感、态度与价值观。它的制定应以教育目的和培养目标为依据，并体现教育目的与培养目标的意图。

教学目标是具体教学过程的结果和学生的行为准则，它是学科课程目标与具体教学内容的结合和具体化。

课程目标的制订主要由教育行政部门完成，具有较强的规定性；教学目标主要由教师来制订，具有较强的灵活性。

我们可用图4-1表示教育目标的内在结构：

图 4-1 教育目标的内在结构

三、教育目的的功能

教育目的的功能是指教育目的对实际教育活动所具有的作用。教育目的对于教育任务的确定、教育制度的建立、教育内容的选择以及全部教育过程的组织和各层次的教育改革都起着指导作用。教育目的是教育活动的出发点和归宿，其层次的多样性，使它具有多方面的功能。

（一）定向功能

任何社会的教育活动，都是通过教育目的才得以定向的。教育目的的定向作用具体表现为：首先是对教育的社会性质的定向作用，即对教育"为谁培养人"具有明确的规定；其次是对人的培养的定向作用，也就是说，教育依赖这样的规定，不仅能改变人的自然盲目的发展，还能对人不符合教育目的要求的发展给予正确引导，使其按预定方向发展，符合教育目的的规定，产生社会需要的新品质；再次是对课程选择及其建设的定向作用，教育目的对选择什么样的教育内容、何种水平的教育内容、对内容如何进行取舍等具有决定作用；最后是对教师教学方向的定向作用，它既包括对培养学生能力和技能方向的教学定向，还包括对培养学生思想品德方向的价值定向。正因为教育目的具有定向功能，教育活动才有所依循，才能避免其社会性质和发展方向上的失误。任何社会为满足自身发展的需要总是首先确定相应的教育目的，引导教育发展的方向，以便从根本上确保教育的社会性质和人才培养的社会倾向性。

（二）调控功能

教育目的会依据社会发展的需要或人的发展需要对教育活动进行调节、控制。这种作用体现在：首先，通过确定教育价值的方式进行调控。教育的产生和发展既是社会的需要，同时也会受到社会的制约，社会在利用教育来满足自身或人的发展需要时，无不赋予教育以特定的价值取向。因此，教育目的总体现着一定的价值观，并成为衡量教育价值意义的内在根据，进而调控着实际的教育活动。其次，通过标准的方式进行调控。教育目的总是含有"培养什么样的人"的标准要求，这些标准对实际教育活动的影响是多方面的，是教育活动"培养什么样的人"的基本依据。再次，通过目标的方式进行调控。一定的教育目的必然要通过一系列的短期、中期和长期目标去实现。这些目标指出了教育行为的进程，具体调节着和控制着各种教育活动。

（三）评价功能

教育目的不仅是教育活动应遵循的根本指导原则，而且也是检查、评价教育活动的重要依据。一种能够实现的教育目的，总会有多层次的系列目标，这使得它对教育活动不仅具有宏观的衡量标准，而且具有微观的衡量标准。这些标准能够对教育活动的方向和质量等作出判断，对教育活动的得与失作出评价，它具体表现在两个方面：一是对价值变异情况的判断与评价。教育行为必然具有一定的价值取向，但社会中个人、群体、社会各层次之间存在的利益、需要、目的等方面的矛盾与冲突，常常导致教育现实与教育价值观之间的冲突。这使得教育活动总是面临着多种多样的教育价值观的影响和干扰，容易导致实践中教育活动的方向模糊不清，甚至被赋予了另外的价值取向。如果不坚持用所确立的教育目的的要求进行衡量评价，就不能意识到教育活动价值的变异，也难以使其得到有力的纠正。二是对教育效果的评价。教育目的中的层次目标，不仅指出了教育活动的途径，同时也是评价具体教育活动效果的直接依据。运用这样的标准来评价具体教育活动过程，可判断过程的得失、质量的高低、目标达到的程度等。要确保教育目的的实现，就应注意对教育目的进行不断分析，对教育过程的发展状况和结果进行及时评价，并适时做出恰当判断。只有注意发挥教育目的对教育活动的评价功能，才能更好地从根本上把握教育活动。

（四）指导功能

教育目的的指导功能体现在指导行政部门制定有关方针政策上。教育行政部门的方针政策多种多样，其中部分方针政策是关于提高教育质量、加速人才培养的。这类方针政策必须根据教育目的的要求来制定，如进行课程改革的方针政策。提倡课程改革，是因为现实的课程不利于学生德智体等方面素质的发展，故须采取更有效的举措，制定出更合理的方针政策。即使有些方针政策与提高教育质量没有直接关系，但制定者大都不会忘记教育目的的要求。只要检索近年来我们国家颁布的有关教育的法律或法规，便不难发现，其中大都提及教育目的或类似的问题，这说明培养什么样的人的问题是国家或有关管理部门制定方针政策时所不可忽视的问题。

教育目的的上述功能，是相互联系、综合体现的。每种功能的作用，都不是单一表现出来的。定向功能是伴随评价功能和调控功能而发挥的，没有评价和调控功能，定向功能就难以发挥更大的作用；而调控功能的发挥需要以定向功能和评价功能作为依据；评价功能的发挥也要以定向功能为基础；而指导功能的发挥是伴随评价和调控功能来实现的。在现实教育中，应重视和综合发挥教育目的的这些功能。要想合理地把握这些功能，就必须深刻和全面地理解教育目的。

第二节 我国的教育目的

新中国成立以来，教育目的始终是我国教育理论和实践中的一个令人关注的并有些敏感的问题。围绕培养具有什么社会属性和质量规格的受教育者，我国教育理论和实践经历了太多的风雨，经受了太多的磨难，有太多的问题值得思考。

一、我国教育目的的内容和精神

（一）新中国成立以来教育目的的各种表述

毛泽东1957年在《关于正确处理人民内部矛盾的问题》中提出："我们的教育方针，应该使受教育者在德育、智育、体育几方面都得到发展，成为有社会主义觉悟的有文化的劳动者。"这一教育目的在当时对我国教育事业的发展和人才培养起了非常大的指导作用，对以后的教育目的的演变产生了很大影响。

1978年，我国的教育目的在人大会议上通过的宪法中被表述为："我国的教育方针是教育必须为无产阶级政治服务，教育必须同生产劳动相结合，使受教育者在德育、智育、体育几方面都得到发展，成为有社会主义觉悟的有文化的劳动者。"

1981年《关于建国以来党的若干历史问题的决议》对教育目的有新的表述："坚持德智体全面发展、又红又专、知识分子和工人农民相结合、脑力劳动和体力劳动相结合的教育方针。"

1982年，第五届全国人民代表大会第五次会议通过了《中华人民共和国宪法》，《宪法》中规定："国家培养青年、少年、儿童在品德、智力、体质等方面全面发展。"

1985年，《中共中央关于教育体制改革的决定》提出：教育要为我国的经济和社会发展培养各级各类合格人才，"所有这些人才，都应该有理想、有道德、有文化、有纪律，热爱社会主义祖国和社会主义事业，具有为国家富强和人民富裕而艰苦奋斗的奉献精神，都应该不断追求新知，具有实事求是、独立思考、勇于创造的科学精神"。

1986年，《中华人民共和国义务教育法》规定："义务教育必须贯彻国家的教育方针，努力提高教育质量，使儿童、少年在品德、智力、体质等方面全面发展，为提高全民族素质，培养有理想、有道德、有文化、有纪律的社会主义的建设人才奠定基础。"这里首次把提高全民族素质纳入教育目的。

1990年《中共中央关于制定国民经济和社会发展十年规划和"八五"计划的建议》把教育方针和教育目的明确表述为:"教育必须为社会主义现代化建设服务,必须与生产劳动相结合,培养德、智、体全面发展的建设者和接班人。"

1993年《中国教育改革和发展纲要》提出:"教育改革和发展的根本目的是提高民族素质,多出人才,出好人才,各级各类学校要认真贯彻'教育为社会主义现代化建设服务,必须与生产劳动相结合,培养德、智、体全面发展的建设者和接班人'的方针,努力使教育质量在90年代上一个新台阶。"

1995年《中华人民共和国教育法》规定:"教育必须为社会主义现代化建设服务,必须与生产劳动相结合,培养德、智、体全面发展的社会主义事业的建设者和接班人。"

1999年6月的《中共中央国务院关于深化教育改革全面推进素质教育的决定》把教育目的表述为:"以培养学生的创新精神和实践能力为重点,造就有理想、有道德、有文化、有纪律的德、智、体等方面全面发展的社会主义建设者和接班人。"

2001年6月的《国务院关于基础教育改革与发展的决定》明确提出:"要高举邓小平理论伟大旗帜,以邓小平同志'教育要面向现代化,面向世界,面向未来'和江泽民同志'三个代表'的重要思想为指导,坚持教育必须为社会主义现代化建设服务,为人民服务,必须与生产劳动和社会实践相结合,培养德智体美全面发展的社会主义事业建设者和接班人。"

2006年6月第十届全国人民代表大会常务委员会第二十二次会议修订的《中华人民共和国义务教育法》规定:"义务教育必须贯彻国家的教育方针,实施素质教育,提高教育质量,使适龄儿童、少年在品德、智力、体质等方面全面发展,为培养有理想、有道德、有文化、有纪律的社会主义建设者和接班人奠定基础。"

(二)我国教育目的的基本精神

新中国成立以来不同历史时期教育目的的表述体现了我国教育目的的基本精神:

1. 我们要求培养的人是社会主义事业的建设者和接班人,因此要坚持政治思想道德素质与科学文化知识能力的统一。

2. 我们要求学生在德、智、体等方面全面发展,要求坚持脑力与体力两方面的和谐发展。

3. 适应时代要求,强调学生个性的发展,培养学生的创造精神和实践能力。

二、我国教育目的的理论基础

马克思主义关于人的全面发展学说是确定我国教育目的的理论基础,正确认识和理解这一学说,对制订教育目的有重要的指导意义。

马克思主义关于人的全面发展学说是建立在历史唯物主义和剩余价值学说的理论基础之上的,它把人的全面发展既看成是现代化大生产的客观要求,也是对共产主义新人的理想蓝图的描绘。马克思主义关于人的全面发展学说的基本理论有如下要点:

1. 人的全面发展是与人的片面发展相对而言的，全面发展的人是精神和身体、个体性和社会性得到普遍、充分而自由发展的人。

2. 人朝什么方向发展，怎样发展，发展到什么程度取决于社会条件。

3. 从历史发展的进程来看，人的发展受到社会分工的制约。

4. 现代大工业生产的高度发展必将对人类提出全面发展的要求，并提供全面发展的可能性。

5. 马克思预言，人类的全面发展只有在共产主义社会才能得以实现。

6. 教育与生产劳动相结合是实现人的全面发展的唯一方法。

马克思主义关于人的全面发展的学说确立了科学的人的发展观，指明了人的发展的必然规律，并为我们制订教育的目的提供了理论依据。我们只有正确地理解马克思主义关于人的全面发展的学说，并结合当前社会政治、经济、文化发展的实际情况，才能制订出科学的教育目的。

三、我国教育目的的基本构成

要培养全面发展的人，就必须建构起全面发展的教育。对全面发展的教育的认识仁者见仁，智者见智。国内学术界主要有下列几种观点："三育说"，即主张德育、智育和体育；"四育说"，即主张德育、智育、体育、美育；"五育说"，即主张德育、智育、体育、美育、劳动技术教育。此外还有"六育说"，即在五育基础上增加了"心育"。但一般认为我国现在的中小学的全面发展教育主要是五育。

（一）德育

德育是培养学生正确的人生观、世界观、价值观，使学生具有良好的道德品质和正确的政治观念，形成正确的思想方法的教育。普通中学在德育方面的要求是：① 帮助学生初步了解马克思主义的基本观点和具有中国特色的社会主义理论；② 热爱党，热爱人民，热爱祖国，热爱劳动，热爱科学；③ 建立民主和法制的意识，养成实事求是、追求真理、独立思考、勇于开拓的思维方法和科学精神；④ 形成社会主义的现代文明意识和道德观念；⑤ 养成适应不断改革开放形势的开放心态和应变能力。

（二）智育

智育是授予学生系统的科学文化知识、技能，发展他们的智力和与学习有关的非认知因素的教育。普通中学在智育方面的要求是：① 帮助学生在小学教育的基础上，进一步系统地学习科学文化基础知识，掌握相应的技能和技巧；② 发展学生的思维能力、想象能力和创造能力，养成良好的学习习惯和自学能力；③ 培养学生良好的学习兴趣、情感、意志和积极的心理品质。

（三）体育

体育是授予学生健康的知识、技能，发展他们的体力，增强他们的自我保健意识和体质，培养参加体育活动的需要和习惯，增强其意志力的教育。普通中学在体育方面的要求是：① 使学生掌握基本的运动知识和技能，养成坚持锻炼身体的良好习惯；② 培养学生的竞争意识、合作精神和坚强毅力；③ 培养学生良好的卫生习惯，了解科学营养知识。

（四）美育

美育是培养学生健康的审美观，发展他们鉴赏美、创造美的能力，培养他们的高尚情操与文明素养的教育。美育不等于艺术教育，也不仅仅是"美学"的学习，它的内容要比艺术教育和"美学"学习宽阔得多。普通中学在美育方面的要求是：① 提高学生感受美的能力，即对自然、社会中存在的现实美，对艺术作品的艺术美的感受能力。提高学生感受美的能力，从根本上说是提高人的整体性的精神素养。② 培养学生鉴赏美的能力，即具有美学的基础知识，具有分辨美与丑、文与野、优与劣的能力，具有区分美的程度和种类的能力，懂得各种类型美的特性与形态的丰富性，领悟美所表达的意蕴和意境，从而达到"物我同一"的审美境界，并使人格与性情得到陶冶。③ 形成学生创造美的能力，即能把自己独特的美感用各种不同的形式表达出来的能力。创造美的能力既包括艺术美的创造，也包括生活美的创造。形成学生创造美的能力是美育的最高层次的任务。

（五）劳动技术教育

劳动技术教育是引导学生掌握劳动技术知识和技能，形成劳动观点和习惯的教育。普通中学在劳动技术教育方面的要求是：① 通过科学技术知识的教学和劳动实践，使学生了解物质生产的基本技术知识，掌握一定的职业技术知识和技能，培养学生的动手能力，养成良好的劳动态度、劳动习惯和艰苦奋斗的精神；② 结合劳动技术教育，还可以授予学生一定的商品经济知识，使学生初步懂得商品的生产、经营和管理，了解当地的资源状况和经济发展规划，以及国家的经济政策、法律法规，具有一定的收集和利用商品信息的能力。

第三节 新课程的培养目标

新课程涵盖幼儿教育、义务教育和普通高中教育，新课程的培养目标就是我国当前基础教育阶段的培养目标。对于学校和教师来说，如何理解新课程的培养目标，如何在教育教学中落实新课程的培养目标，这是推进课程改革必须明确的首要问题。

一、新课程培养目标的要点

课程改革的根本任务在于促进每一个学生的发展，造就一代又一代的新型公民。新课程的培养目标实际上就是对新型公民形象和素质的刻画和描述：具有爱国主义、集体主义精神，热爱社会主义，继承和发扬中华民族的优良传统和革命传统；具有社会主义民主法制意识，遵守国家法律和社会公德；逐步形成正确的世界观、人生观、价值观；具有社会责任感，努力为人民服务；具有初步的创新精神、实践能力、科学和人文素养以及环境意识；具有适应终身学习的基础知识、基本技能和方法；具有强健的体魄和良好的心理素质，养成健康的审美情趣和生活方式，获得全面而有个性的发展，成为有理想、有道德、有文化、有纪律的一代新人。

为了理解的方便，我们把上述七条内容分为以下八个要点：① 公民意识；② 价值观念；③ 社会责任感；④ 创新精神和实践能力；⑤ 科学人文素养和环境意识；⑥ 终身学习的基础知识、基本技能和方法；⑦ 强健的体魄和良好的心理素质；⑧ 健康的审美情趣和生活方式。

二、新课程培养目标的特点

1. 着眼于学生个性的整体性发展

培养目标的七条内容是一个有机的整体，它旨在促进学生个性的全面和谐发展。21世纪是发展个性的世纪，那么个性是什么？新课程认为，每一个学生的个性既是具有独特性、自主性的存在，又是关系中的存在。新课程正是从以下三大关系来理解学生个性发展、规划课程目标的，即学生与社会的关系（前面四条内容基本上属于这一关系）、学生与自然的关系（五、六两条内容基本上属于这一关系）、学生与自我的关系（第七条属于这一关系）。这三大关系相辅相成，共同构成了学生个性相对完整的画面。用一种整体的观点来全面把握学生的个性发展并将其视为课程的根本目标，这使我国基础教育课程体系具有了新的起点。

2. 强调终身教育的基础性

基础性是基础教育及其培养目标的根本特性。但是，基础教育的"基础"究竟应当是什么？是为学科发展、专业建设打造基础，还是为人的发展、终身学习打造基础？不同的"基础"观反映了不同的教育价值观。终身教育，是21世纪全世界共同的教育价值取向，它大大深化了我们对基础教育的认识，使我们获得了审视基础教育的新的更加广阔的视野。新课程正是站在终身教育的高度上，强调基础教育的"基础"，即要求学生"具有适应终身学习的基础知识、基本技能和方法"，从而为学生的可持续发展打下坚实的基础。新课程不仅强调学习基础——学会学习，更强调做人基础——学会做人，尤其要求学生"逐步形成正确的世界观、人生观、价值观"。这与过去从学科角度强调"双基"——局限于强调基础知识和基本技能形成了鲜明的对比。

3. 突出素质教育的重点

《中共中央国务院关于深化教育改革 全面推进素质教育的决定》明确指出，实施素质教育要以培养学生的创新精神和实践能力为重点。江泽民同志多次强调："创新是一个民族进步的灵魂，是国家兴旺发达的不竭动力。"当前，科学技术迅猛发展，知识经济加速到来，国际竞争日趋激烈，创新精神和实践能力的培养被提到更加突出的位置上来。创新精神和实践能力的培养必须从小抓起，据此，新课程把"具有初步的创新精神和实践能力"作为重要的培养目标，注重培养学生独立思考、敢于怀疑、敢于批判、敢于超越的精神；积极进取、求实、求是、顽强的品质；理论联系实际的意识；乐于动手、勤于实践的习惯。

4. 体现对学生的人文关怀

在世间一切事物中，人是第一可宝贵的。教育的发展趋势正如有的学者所说，是"'人'字在教育中越来越大了"。正是在这样的背景下，关注每一个学生，为了每一个学生的发展,成为本次课程改革的核心理念和神圣使命,新课程明确指出,要使"学生具有强健的体魄和良好的心理素质,养成健康的审美情趣和生活方式"。实际上,这也是"健康第一"思想的体现。关注学生的健康,让学生富有情趣地生活,生动活泼地成长,这是新课程的追求。它不仅代表着国家对下一代的关心,也代表着我国社会的全面进步和整个教育界的觉醒。

以上特征赋予了新课程培养目标鲜明的时代特色。实际上,新课程培养目标的每一条都具有时代新内涵,我们也只有站在时代的高度,才能真正领悟新课程培养目标的精神实质。

阅读资料

普通高中教育是在九年义务教育基础上进一步提高国民素质、面向大众的基础教育。普通高中教育为学生的终身发展奠定基础。

普通高中教育应全面落实《国务院关于基础教育改革与发展的决定》所确定的基础教育培养目标,并特别强调使学生:

初步形成正确的世界观、人生观、价值观;

热爱社会主义祖国,热爱中国共产党,自觉维护国家尊严和利益,继承中华民族的优秀传统,弘扬民族精神,有为民族振兴和社会进步作贡献的志向与愿望;

具有民主与法制意识,遵守国家法律和社会公德,维护社会正义,自觉行使公民的权利,履行公民的义务,对自己的行为负责,具有社会责任感;

具有终身学习的愿望和能力,掌握适应时代发展需要的基础知识和基本技能,学会收集、判断和处理信息,具有初步的科学与人文素养、环境意识、创新精神与实践能力;

具有强健的体魄、顽强的意志,形成积极健康的生活方式和审美情趣,初步具有独立生活的能力、职业意识、创业精神和人生规划能力;

正确认识自己,尊重他人,学会交流与合作,具有团队精神,理解文化的多样性,初步具有面向世界的开放意识。

思考题

1. 教育目的、教育目标、培养目标、教学目标之间有何关系?
2. 简述教育目的的主要功能。
3. 我国教育目的的理论依据是什么?
4. 论述我国教育目的的主要内容和主要精神。
5. 论述新课程培养目标的主要内容和主要特点。

主要参考文献

1. 教育部人事司,教育部考试中心.教育学考试大纲[M].北京:北京师范大学出版社,2002.
2. 余文森.新课程背景下的公共教育学教程[M].北京:高等教育出版社,2004.
3. 顾明远.教育大辞典(增订合编本)[M].上海:上海教育出版社,1998.
4. 张荣伟,任海宾.教育基本原理[M].福州:福建教育出版社,2007.
5. 黄济,王策三.现代教育论[M].北京:人民教育出版社,1996.
6. 全国十二所重点师范大学联合编写.教育学基础[M].北京:教育科学出版社,2002.
7. 刘家丰.素质教育概论[M].北京:中国档案出版社,2001.
8. 谢祥清.素质教育导论[M].长沙:湖南师范大学出版社,2001.
9. 郑金洲.教育通论[M].上海:华东师范大学出版社,2000.

第五章 学生与教师

学习评价

1. 识记学生的基本权利、教师的法定权利、教师的内涵。
2. 理解并掌握学生的本质属性、教师的职业特点、教师的专业素养以及师生关系的主要特点、教育作用和构建策略。
3. 了解当代中学生的发展特点、教师的人格特征。
4. 运用正确的学生观、教师职业观分析教育现象。

第一节 学 生

教育活动是一种培养人的活动,学生是学习活动的主体,是学校教育活动的基本要素之一,也是教师工作的对象和关注的核心点。了解和研究学生的本质、发展特点、地位,并有效促进学生的成长,是教育活动的出发点和归宿。

一、学生的本质属性

学生首先是人,具有人的本质属性,是生活在一定的社会关系中、具有特定的社会属性的人。但学生作为学校教育中特定群体的人的称谓,又有其特殊的本质属性。

（一）学生处于人生阶段身心发展最迅速的时期

1. 学生具有发展的可能性与可塑性

学生是发展中的人,中学生是人的生理和心理发育和形成的关键期,是一个人从不成熟到基本成熟、从不定型到基本定型的成长发育期,也是一个人生长发育特别旺盛的时期。他们身心的各个方面都潜藏着极大的发展可能性,在他们身心发展过程中所展现出的各种特征都还处在变化之中,具有极大的可塑性。

2. 学生发展的可能性和可塑性转变为现实性的条件是个体与环境的相互作用

人是自然性与社会性的统一,个体的早期发展更多地体现了自然的属性,受自然属性的制约。推动个体由自然人向社会人转变的动力,是社会环境对个体的客观要求所引起的需要与个体发展水平之间的矛盾运动,这一矛盾运动是个体和客观现实之间相互作用的反映,是通过个体的社会实践活动实现的。在活动中,个体不断作用于客观现实，日益深入地反映客观事物的特性和关系，形成一定的发展水平。客观现实也不断作用于个体，对个体提出新的要求，这些要求反映在个体的头脑中，转变为个体的需要，而需要的满足，同样要通过个体自身的活动即与客观现实的相互作用实现。因此，没有活动，没有个体与环境的相互作用，也就没有个体的发展。学校作为为个体发展而有意识地安排的一种特殊环境，其要求、内容及各种活动能否引起并满足学生发展的需要，与教师对这种环境的安排有极大的关系。

（二）学生是学习的主体，是具有能动性的教育对象

学校教育是有计划、有目的、有组织地培养人的社会活动，由教育者按照一定的教育目的、具体的教育对象和特定的教育场景来选择教育内容，组织教材和教学活动，并采取一定的教育方法来对学生施加影响。与环境对个体自发的、零碎的、偶然的影响相比，学校教育对学生的成长起着主导作用。

在教育这种特定环境下，作为教育对象的学生是学习者，是受教育者，其主要任务是学习，通过学习获得身心的发展。由于相对教师来说，他们知识较少，经验贫乏，独立能力不强，加上传统教师权威的文化影响，学生具有依赖性和向师性，教师在学生心目中具有天然的权威性，这种权威性是教师进行教育工作的重要条件。但学生对教师的依赖性并不是对教师的完全盲从，因为学生是学习的主体，是具有主观能动性、具有不同特殊素质的人。这种主观能动性具体包括以下几个方面：

1. 独特性

每个学生都是一个独立的个体，每个人的生命都有自己不同的"样子"，拥有不同的爱好、兴趣和追求，有个人的独立意志，有自己独立的人格和精神世界。承认学生的独立性，也就意味着承认学生成长中的多样性和差异性。教师也只有尊重每一个学生的独特性，才能善待学生，让每一个学生在学习中获得成功的机会，体验生命成长的快乐。

2. 选择性

学生是教育的对象，但学生对教育教学所施加的影响并不是无条件的接受，而是有选择性的接受。学生会根据自身的条件如目标、能力等，选择符合自身需求的学习内容、学习方式，以及对学习的态度和努力的程度，调整自身的学习过程，终而影响着教育教学结果。因此，教师只有充分认识学生作为学习主体所拥有的选择性，才能尊重每一个孩子，激发学生内在的学习动力，充分调动学生学习的主动性和积极性，有效地促进学生的发展。

3. 创造性

这是学生作为学习主体的最高表现形式。学生的有效学习过程绝对不是一个简单的复制过程，而是一个有机的内化过程，在学习过程中，学生可以超越教师和时代的认识，提出不同的观点和看法，个性化地理解和掌握教育教学内容，实现超越。

二、学生的权利与义务

相对于具有社会正式成员地位的成年人来说，学生是不成熟的青少年和儿童，

是未进入正式成人社会的"边际人"。长期以来,学生在社会上处于从属和依附的地位,没有被看做是具有个性的独立存在的人。人们更多地从成人的视野关照孩子,以"为了孩子、关心孩子"的主观目的,把自己的价值观强加给儿童,忽视儿童的兴趣和需要,漠视青少年儿童作为独立的生命体存在的价值。至今,儿童的服从地位并没有得到彻底的改变,侵害儿童身心健康的现象屡见不鲜。

要确立儿童在社会中的主体地位,关键是要承认和切实保障青少年和儿童的合法权益。从观念的层面上讲,要正确认识学生的身份和法律地位,树立现代的学生观;从制度层面上讲,要懂得法律规定的学生的权利和义务,尊重学生的权利,确定恰当的学生管理制度,科学地教育和管理学生。

(一)学生的身份和法律地位

从道义上讲,青少年、儿童是社会的未来、人类的希望。从法制角度讲,学生是独立的社会个体,有着独立的法律地位,他们不仅享有一般公民的绝大多数权利,并且受到社会特别的保护。联合国1959年通过的《儿童权利宣言》,1989年通过的《儿童权利公约》都体现了这一精神。《儿童权利公约》明确指出:18岁以下的任何人都是积极和创造性的权利主体,拥有包括生存、发展和充分参与社会、文化、教育、生活以及他们个人成长与福利所必需的其他活动的权利。为了保护这些权利,应遵循儿童利益最佳原则、尊重儿童尊严原则、尊重儿童观念与意见原则、无歧视原则。

1. 学生的身份

20世纪80年代以来,随着我国有关法律的相继颁布,初步明确了教育领域中中小学生的身份和法律地位。从有关涉及学生的法律法规来看,对中小学生身份的定位是从三个层面进行的:第一个层面,中小学生是国家公民;第二个层面,中小学生是国家和社会未成年的公民;第三个层面,中小学生是接受教育的未成年公民。因此,中小学生是在国家法律认可的各级各类中等或初等学校或教育机构中接受教育的未成年公民。

2. 学生的法律地位

中小学生身份的确定为其法律地位的定位提供了前提。法律地位是由双方主体在法律关系中所享有的权利和履行的义务决定的。教育领域中,作为未成年公民,学生在与教师、校长或行政机关形成的关系中,享有未成年公民所享有的一切权利,如身心健康权、隐私权、受教育权等都应受到学校的特殊保护;作为学生,在教育过程中,学生享有受教育的平等权、公正评价权、物质帮助权等也必须受到特别保护。教师不能因为教育职责的履行而侵害学生的权利。

(二)学生享有的合法权利

学生是权利的主体,享有法律所规定的各项社会权利。国际社会及许多国家都对未成年学生所享有的权利作了具体的规定。我国是《儿童权利公约》的缔约国,在履行《公约》的同时,在一系列有关法律、法规和政策中也对青少年享有的权利作出了规定,如《中华人民共和国宪法》第四十九条规定:"父母有抚养教育未成年子女的义务。"新修订的《中华人民共和国义务教育法》第四条规定:"凡具有中华人民共和国国籍的适龄儿童、少年,不分性别、民族、种族、家庭财产状况、宗教信仰等,依法享有平等接受义务教育的权利,并履行接受义务教育的义务。"并规定了其他相关人员、组织、机构等在义务教育中的责任。此外,我国的《婚姻法》、《教育法》、《未成年人保护法》等法律对此都有相关的规定。在这些规定中,概括而言,未成年学生享有的权利主要有以下几种:

1. 人身权

人身权是公民权利中最基本、最重要、内涵最为丰富的一项权利。由于未成年学生正处于身心发育的关键期,人身权应受到特别的保护。同时,还应对未成年学生的身心健康权、人身自由权、人格尊严权、隐私权、名誉权、荣誉权等进行特殊保护。

(1)身心健康权。主要包括未成年学生的生命健康、人身安全、心理健康等内容,如合理安排学习时间和作业量、合理安排学生的体育锻炼、定期组织身体检查;不得使未成年学生在危及人身安全、健康的校舍和其他教育教学设施中活动;安排有利于学生身心健康的社会活动等。

(2)人身自由权。指未成年学生有支配自己人身自由和行动的自由,非经法定程序,不得非法拘禁、搜查和逮捕,如教师不得因为各种理由随意对学生进行搜查,不得对学生关禁闭。

(3)人格尊严权。指学生享有受他人尊重,保持良好形象及尊严的权利,如教师不得对学生进行谩骂、体罚、变相体罚或其他有辱学生人格尊严的行为。

(4)隐私权。指学生有权要求私人的、不愿或不便让他人获知或干涉的、与公共利益无关的信息或生活领域,如教师不得随意宣扬学生的缺点或隐私,不得随意私拆、毁弃学生的信件、日记等。

(5)名誉权和荣誉权。指学生有权享有大家根据自己日常生活行为、作风、观点和学习表现而形成的关于其道德品质、才干及其他方面形成的正常的社会评价,有权根据自己的优良行为而由特定社会组织授予积极评价或称号,他人不得歪曲、诽谤、诋毁和非法剥夺。

2. 受教育权

受教育权是学生最主要的权利,我国宪法及一系列法律都对此进行了规定。例如:《中华人民共和国宪法》规定:"中华人民共和国公民有受教育的权利和义务。"《中华人民共和国义务教育法》规定:"国家、社会、学校和家庭依法保障适龄儿童、少年接受义务教育的权利。"《中华人民共和国未成年人保护法》规定:"学校应当尊重未成年学生的受教育权,不得随意开除未成年学生。"

从我国有关法律法规来看,学校和国家在保证学生的受教育权方面负有重要责任。国家除了为所有学生提供正常的教育机会外,在义务教育阶段还要尤其关注贫困和残疾学生,使他们享受物质帮助权,如对贫困学生和残疾学生减免学杂费,设立帮困、帮残基金,实施奖学金、助学金、贷学金制度。对残疾学生国家还根据残疾人的特点为学生设立特殊的教育机构，给予特别的对待。学校无权因学生交不起学杂费或其他摊派费用，如建校费、校服费而让学生停学、退学或被变相开除。

（三）学生的义务

未成年学生作为法律的主体，在享有法律规定的各项权利的同时，也必须履行法律规定的各项义务。教师有责任教育学生了解自己的义务，履行自己的义务，如果学生在日常生活和教育活动中未尽义务或违反规定，由此造成的后果则应由学生自负。学生应尽的义务有：

1. 遵守法律、法规；
2. 遵守学生行为规范，尊敬师长，养成良好的思想品德和行为习惯；
3. 努力学习，完成规定的学习任务；
4. 遵守所在学校或者其他教育机构的管理制度。

学生的权利与义务是同时并存的，学生履行了自己应尽的义务，不仅为自己享受学生权利及自身的发展提供了保证，也为其他学生享受权利提供了条件。

三、当代中学生的发展特点

中学阶段是人发展最快速和最活跃的时期。由于中学生的发展具有强烈的时代特征，理解并关注中学生发展特点的时代特性，是做好中学教师教育教学工作的前提和必要条件。

（一）生理成熟期提前

目前对我国中学生的生理和心理发展的调查研究发现，学生的身高、体重有明显的增加，体内机能、神经系统特点和性发育成熟都有较大变化。因此，中学要及时地、有针对性地开展青春期教育。

（二）人生价值观趋向多元化

随着我国社会主义市场经济的发展，社会由同质的单一性向异质的多样性转化，中学生的人生价值观呈现出复杂、多元的特点。网络技术的迅猛发展，使得中学生有了丰富、便捷的接触不同文化、思想的机会和途径，他们不再盲目信从家长、老师的观点，对人生价值有了自己的观点和看法，并渴望拥有个性鲜明的人生。这要求学校德育要与时俱进，努力营造有利于当代中学生成长的学校环境，提高德育的实效性。

（三）喜欢独立思考，勇于自我表现

当代中学生具有鲜明的自我意识，敢于肯定自己，不迷信权威，对权威的观点勇于提出不同的见解，愿意争论，追求思维的独立性。同时，当代中学生的参与意识较强，并喜欢在竞争中展示自己，表现出较强的自信心。因此，如何充分发挥自我意识在中学生成长中的积极作用，是当前我国学校教育值得关注的问题。

（四）强烈的自尊需求

中学生独立意识的发展，相对富裕和宽松的生活条件，使得当代中学生的自尊心极为敏感和强烈，他们渴望得到别人的理解和尊重，希望在群体中能有自己的位置,并受到大家的重视。因此,他们的情绪尚不稳定,容易出现高度兴奋、激动,或极度愤怒、悲观等两级情绪状态,从而有可能导致极端行为的发生。因此,学校教育要有积极的引导措施,及时化解学生的心理矛盾,帮助中学生健康成长。

第二节 教 师

教师是人们所熟知的一个职业,要全面地理解和界定教师,就必须把教师作为一个集合体,从教师职业的产生与发展、教师的权利与义务、教师专业发展等方面进行考察。

一、教师职业认识

教师职业是人类社会发展史上一门古老的职业,它的产生、存在与发展同整个社会的发展息息相关。正确地认识教师职业及其发展,对做好教育教学工作具有重要意义。

(一)教师职业的产生与发展

在漫长的历史长河中,教师职业经历了一个从非专门化、经验化到专门化的漫长的发展过程。

1. 古代教师职业的非专门化阶段

在原始社会里,由于社会生产水平极其低下,在生产和生活中以"长者为师",即不存在专职的教师。随着独立形态学校的形成,也就有了教师这一职业。我国的春秋战国时期,在孔子首创的私学,历史上第一次出现了以教为业并以此谋生的专职教师。但是在古代社会,无论是我国还是西方,由于教师承担的主要职能是道德教化,因此,凡是掌控"道"的人都可以成为教师,如欧洲的神职人员、中国的官吏等,一般不需要专门的师资机构来培养,由此形成了长者为师、典范为师、以吏为师、以僧为师等古代教师的基本特色。

2. 近代教师专业化的初级阶段

随着资本主义的发展,教育普及程度不断提高,西方各国的学校教育发生了很大的变化,特别是教学内容、教学组织形式的变更,使得教学不再是一件容易的事,人们对教学的复杂性有了一定的认识,要求教师不仅要掌握所教学科的知识,同时还要具备相应的教学技能技巧和方法。教师的专业性逐渐凸显,对教师资格有了一定的要求,需要对教师进行专门化的训练,以适应学校教育发展的需求。1681年,拉萨尔在法国创立了世界上最早的师资培训学校,但是在早期的师资培训学校,培训以"学徒制"为主,教师的培训仅被视为一种职业训练而非专业训练。19世纪初期,法国开始实施初等教育教师考核和证书制度,教师职业开始向专业化方向发展。但是,由于受历史条件的限制,以及教育理论发展水平的制约,人们对教师职业还缺乏深入的认识,教师职业的自我意识还未觉醒,"智者为师"、"学者为师"是这一时期占主流的教师职业观,教师职业的发展仍处于较低水平。

3. 教师专业化的深入发展阶段

伴随现代科学技术和生产的迅速发展，教育与国家、人的发展关系日益密切，从政府到公众对教师职业有了更全面的认识和更高的要求，希望教师面对日趋复杂的教育问题时，能像医生、律师那样，提供成熟自主、公正自律、富有成效的教育服务，而不是凭直觉和经验开展教育工作。20世纪中叶以后，教师的专业化开始向纵深方向发展。1966年，联合国教科文组织在巴黎召开"关于教师地位的政府间特别会议"。会议通过的《关于教师地位的建议》明确提出："教育工作应被视为专门职业。这种职业是一种要求教员具备严格而持续不断的研究才能获得并维持专业知识及专门技能的公共业务；它要求对所辖学生的教育和福利具有个人的及共同的责任。"这是世界上第一次由国际间教育学者和政府人士共同讨论，给予教师以专业的确认和鼓励。1996年，联合国教科文组织召开的第45届国际教育大会，以《加强变化世界中教师的作用》为题，明确指出"专业化——作为一种改善教师地位和工作条件的策略"。

1986年6月21日，我国国家统计局和国家标准局发布的《中华人民共和国国家标准职业分类与代码》中，把各级各类教师列入了"专业、技术人员"这一类别。1993年10月，《中华人民共和国教师法》首次提出"国家实行教师资格制度"，并实行"教师职务制度"，逐步实行"教师聘任制度"。1995年，国务院颁布《教师资格条例》，2000年9月，教育部颁发《〈教师资格条例〉实施办法》，教师资格制度在我国正式启动。这一系列政策措施的相继出台，充分表明我国政府已经把实现教师职业的专业化摆上了议事日程。

（二）教师职业的特点

教师职业是人类最古老的职业之一，源远流长，教师的职业特点表达着教师职业的继承与变革，反映了时代变迁对教师的职业要求。当代的教师职业具有如下特点：

1. 教师职业形象的准公共性

教师的教育对象是处于成长中的学生，以培养人为根本职责，承担教书育人的重要任务，体现着社会对下一代的关怀和要求。教学过程是教师和学生相互交往的过程，教师的世界观、行为品质、生活态度等都会对学生产生直接或间接的影响，并具有示范作用。从一定意义上说，教师虽不是完全的公共性人物，但具有社会代言人的意味，从而其形象具有准公共性的特点。所以，社会对教师的职业形象的要求，历来是趋高不就低，教师要善于塑造并维护自己的社会形象，确保教育的效果。这既是社会对教师职业的基本要求，也是当代教师职业的一个重要特征。

2. 教师职业劳动的复杂性

教师职业劳动的复杂性表现在，教师所承担的教育任务是多方面的，所面对的学生是有着不同个性特征、来自不同家庭背景以及拥有不同遗传素质的活生生的人，他们具有主观能动性，对外界的影响是有选择地接受。教育过程就是教师面对不同的学生需求，推动教师、学生、教育内容和教育方法、手段等诸要素之间矛盾运动的过程。所有这些都需要教师创造性地完成教育任务,因此,教师劳动具有复杂性的特征。

3. 教师职业绩效的模糊性

影响学生成长的因素是多方面的,学生遗传素质的差异,家庭与所处的社会环境的不同,原有的学习兴趣、学习习惯、学习能力的不同,以及与同伴的关系等,都会对学生的学业成就和发展产生影响。因此,很难说某一学生的发展与教师的工作付出完全具有正相关,这使得对教师的评价难以完全量化。教师应自觉地投入教育工作,以平常心看待自己的工作结果,善待学生。

4. 教师职业价值的迟效性和深远性

教师职业价值的迟效性是由人才成长的长期性的特点决定的。所谓"十年树木,百年树人",学生的发展状态很难直接进行量化判断,有相当多的影响要等到学生成人后才能真正得到检验,这决定了教师的劳动必须面向未来。教师只有通过长期连续的教育工作,才能有效地促进学生的成长。虽然教师职业价值具有迟效性的特点,但教师的职业价值却是深远的,教师的工作影响着一个国家和社会的人才素质,直至影响国家的未来发展。同时,教师对学生的影响不会因教育过程的结束而消失,有时将会影响学生的终身。

(三)教师职业角色

角色是个人在一定的社会规范中履行一定社会职责的行为模式。每个人在社会生活中都同时扮演许多角色,但职业角色是相对单一的。一般而言,不同的职业性质,使不同职业所扮演的角色、承担的职责都表现出不同的特点。根据教师职业的工作性质,教师职业角色具有多样化的特点。

1. "传道者"角色

教师负有传递国家和社会赋予的传统道德、价值观念的使命,"道之所存,师之所存也"。在现代社会,虽然道德观、价值观呈现出多元化特点,但教育、教师的道德观、价值观总是代表着居于社会主导地位的道德观、价值观,并用这种观念引导学生,因而教师的教育教学不具有随意性。另外,教师对学生的"做人之道"、"为业之道"、"治学之道"等也有引导和示范的责任。

2. "授业、解惑者"角色

教师是社会各行各业建设人才的培养者,他们在掌握了人类经过长期的社会实践活动所获得的知识经验、技能的基础上,对其进行精心加工和整理,然后以特定的方式传授给年轻一代,并帮助他们解决学习中的困惑,启发他们的智慧,形成一定的知识结构和技能技巧,成为社会有用的建设者。

3. 示范者角色

学生具有向师性特点,教师作为成人世界的代表,其言论、行为、为人处世的态度对学生具有示范的作用,发生潜移默化的影响。正如夸美纽斯所说,教师的职务是用自己的榜样教育学生。

4. 管理者角色

教师是学校教育教学活动的组织者和管理者,需要肩负起教育教学管理的职责,包括确定目标、建立班集体、制定和贯彻规章制度、维持班级纪律、组织班级活动、协调人际关系等,并对教育教学活动进行控制、检查和评价。

5. 朋友角色

在某种程度上,学生往往愿意把教师当做他们的朋友,也期望教师能把他们当做朋友看待。学生希望得到教师在学习、生活、人生等多方面的指导,希望教师能与他们一起分担痛苦与忧伤,分享欢乐与幸福。

6. 研究者角色

教师的工作对象是充满生命力的、千差万别的活的个体,传授的内容是不断发展变化着的人文、科学知识,这就决定了教师要以一种变化发展的态度来对待自己的工作对象、工作内容,要不断学习、不断反思、不断创新。

教师职业的这些角色特点,决定了教师职业的重要意义和重大责任,决定了对教师的高素质要求。

二、教师的权利与义务

1993年10月颁布的《中华人民共和国教师法》的第三条对教师概念进行了界定:教师是履行教育教学职责的专业人员,承担教书育人、培养社会主义事业建设者和接班人、提高民族素质的使命。这一界定包含了两个方面的内容:一是教师职业是一种专门职业,教师是专业人员;二是教师是教育者,教师职业是促进个体社会化的职业。教师根据一定社会要求向年轻一代传授人类长期积累的知识经验,规范他们的行为品格,塑造他们的价值观念,引导他们把外在的社会要求内化为个体的素质,实现个体的社会化。

基于教师工作的特定意义,就必须从法律层面明确教师职业角色所拥有的权利和应履行的义务,以确保教育工作的顺利进行。作为教师或未来的教师,有必要了解自己享有的权利和应尽的义务,从而懂得维护自己的合法权益,更好地履行自己应尽的义务。

(一)教师的法定权利

所谓教师的权利,是指法律对教师在履行国家教育教学职责时,国家对教师在教育教学活动中可为与不可为的许可和保障,具有不可侵犯性。《中华人民共和国教师法》第七条规定,教师享有以下权利:

1. 教育教学权

教书育人是教师的根本职责,只要在聘教师没有违反国法校规,任何人都无权随意剥夺教师从事教育教学活动的权利。《中华人民共和国教师法》所规定的教师享有"进行教育教学活动"的权利,是教师履行教育教学职责必须具备的基本权利。具体而言,教师在教育教学工作中,可以根据教学计划、课程标准、学生的发展特点等要求,选择合适的教学方法,自主地组织课堂教学。需要说明的是,不具备教师资格的人不享有这项权利;虽取得教师资格但尚未被任用的,应待任用后才享有这一权利。

2. 科学研究权

即教师享有"从事科学研究、学术交流，参加专业的学术团体，在学术活动中充分发表意见"、"开展教育教学改革和实验"的权利，这是教师作为专业技术人员享有的基本权利之一。具体而言，教师在完成教育教学任务的同时，有权进行各项科学研究、技术开发、技术咨询、教育改革的研究与实验等等，并可以将研究成果形成论文、著书立说，可以自由参加依法成立的学术团体及其工作，可以自由参加学术交流活动并发表自己的观点，但不得发表任何有损受教育者的身心发展的个人看法。

3. 管理学生权

即教师享有"指导学生的学习和发展，评定学生的品行和学业成绩"的权利。这就肯定了教师在教育教学过程中的主导地位，教师可以根据学生的身心发展特点和发展需求，因材施教，对学生的成长过程从道德品质、公民素养、学习能力、交流与合作、审美与表现等方面给予客观、公正的评价，帮助并促进每一个学生得到应有的发展。教师在运用这一权利时，要注意防止主观、片面地看待学生，善于发现学生的潜力和能力，鼓励学生，使学生的个性和能力得到充分发展。

4. 获取报酬待遇权

即教师享有"按时获取工资报酬，享受国家规定的福利待遇以及寒暑假的带薪休假"的权利。这是教师所享有的一项重要权利，也是宪法规定的公民有劳动的权利和劳动者有休息的权利的具体化。要求教师所在学校及其主管部门，应根据国家法律、教师聘用合同的规定，按时、足额支付教师工资报酬。教师有权享受国家规定的福利待遇，包括医疗、住房、退休、寒暑假带薪休假等。任何一级政府或有关部门拖欠教师工资，学校及其他教育机构挪用、拖欠、克扣教师工资等，都是侵害教师合法权益的违法行为。

5. 民主管理权

即教师享有"对学校教育教学、管理工作和教育行政部门的工作提出意见和建议，通过教职工代表大会或者其他形式，参与学校的民主管理"的权利。宪法规定，公民对任何国家机关和国家工作人员，有提出批评和建议的权利。教师的这一权利正是宪法的公民政治权利的具体体现。因此，学校应疏通渠道，提供多种途径，让教师积极参与学校的民主管理，讨论学校改革、发展等重大问题，发挥教师对学校、教育行政部门的监督作用，推进学校的民主建设。

6. 进修培训权

即教师享有"参加进修或者其他方式的培训"的权利。同时，《中华人民共和国教师法》的第四章（第十八条至第二十一条）专门就教师的培养和培训做了明确规定，该法第四条还规定："各级人民政府应当采取措施，加强教师的思想政治教育和业务培训，改善教师的工作条件和生活条件，保障教师的合法权益，提高教师的社会地位。"当然，教师进修培训权的行使，应在完成本职工作的前提下进行，不得影响正常的教育教学工作秩序。

教师所享有的社会权利，尤其是专业权利的多少，不仅反映国家和社会对教师职业的重视和保护程度，而且直接影响教师的社会地位。

(二) 教师的法定义务

教师的权利和义务是统一的、不可分割的。教师在享有一定权利的同时，必须履行一定的义务。一般而言，当教师享有的权利越多时，对其素质的要求也就越高，相应的，他们必须承担的责任也会越重，履行的义务也会越多。所谓教师的义务，是指法律规定的对教师在教育教学活动中必须作出一定行为或不得作出一定行为的约束。《中华人民共和国教师法》第八条规定，教师必须履行以下义务：

1. 遵守宪法、法律和职业道德，为人师表；
2. 贯彻国家的教育方针，遵守规章制度，执行学校的教学计划，履行教师聘约，完成教育教学工作任务；
3. 对学生进行宪法所确定的基本原则的教育和爱国主义、民族团结的教育，法制教育以及思想品德、文化、科学技术教育，组织、带领学生开展有益的社会活动；
4. 关心、爱护全体学生，尊重学生人格，促进学生在品德、智力、体质等方面全面发展；
5. 制止有害于学生的行为或者其他侵犯学生合法权益的行为，批评和抵制有害于学生健康成长的现象；
6. 不断提高思想政治觉悟和教育教学业务水平。

《中华人民共和国教师法》所规定的权利和义务，是在教育教学活动中产生并由教育法律规范所设定的法律意义上的权利和义务，是一种职业特定的权利和义务。教师的权利和义务始于其取得教师资格并在学校或其他教育机构任职，终于解聘。

三、教师专业发展

实现教师专业发展是当代世界教师职业发展的共同目标，并日益成为社会和教育界关注的话题，它意味着教师不仅是一种职业，更是一种专业。教师专业发展包括教师职业专业发展和教师个体专业发展两个方面。

(一) 教师职业专业发展

有学者指出："社会职业有一条铁的规律，即只有专业化才有社会地位，才能受到社会的尊重。如果一个职业是人人可以担任的，则在社会上是没有地位的。教师如果没有社会地位，教师的职业不被社会尊重，那么这个社会的教育大厦就会倒塌，这个社会也不会进步。"[①] 因此，实现教师职业的专业发展有助于人们重新审视教师的职业性质，增强教师职业价值感，提升教师社会地位，促进教育事业的发展。

1. 教师职业专业发展的含义

教师职业专业发展是指教师职业不断成熟，逐渐达到专业标准，并获得相应的

---

① 顾明远语.转引自：刘微.教师专业化：世界教师教育发展的潮流[N].中国教育报，2002-01-03(4).

专业地位的过程。它既是教师个体专业发展的条件与保障，也是教师职业专业化的最终标志。

实现教师职业专业发展意味着教师职业不再是一种普通职业，而是一种专门职业。一般而言，从事专门职业的人们必须接受长期的专业训练，掌握系统的专业知识和技能，具有专业行为与专业判断，能够提供一种特有的、范围明确的、社会不可或缺的高质量的服务。因此，专业化领域一般具有较高的职业声望，从事专业化领域服务的专业人员常常以此为事业，并将其作为一种常态的生活方式，把个体与专业有机地融为一体。

2. 教师职业专业发展的条件

从教师职业发展角度而言，实现教师职业专业发展是一个渐进的过程，需要人们不断的努力和探索。一般而言，实现教师职业专业发展应具备以下几个条件：

（1）教育知识技能的体系化。教师是一个双专业的职业，它要求从业人员必须具备双专业的知识体系，即学科专业知识和教育专业知识两个体系。只有具备这两个知识体系，才能满足教师职业的专业发展要求。

（2）教师教育的专业化。即国家应有教师教育的专门实施机构和组织，系统化、科学化的教育内容，专业的教育手段和方法，能够为准备从业的人员和在职人员提供专门性的服务。教师教育包括职前教育和职后教育两个体系。

（3）教师资格的制度化。即实行教师资格制度。教师资格制度是国家对教师实行的特定的职业许可制度，是对从事教育教学的人员提出最基本的资格要求，主要包括国家对各级各类学校教师资格的学历标准要求，以及必要的教育知识、教育能力和职业道德的要求。教师资格也是公民获得教师职业的法定前提条件。

（4）教师活动的团体化。即形成社会公认的、教师信赖的教师专业团体，为教师群体之间的学科专业和教育专业知识的学术交流提供机会和空间，促进教师的专业成长。同时，也扩大教育专业在社会中的影响力和权威性，提升教师职业的专业地位和社会地位。

3. 教师专业素养

《中华人民共和国教师法》第十条规定："国家实行教师资格制度，中国公民凡遵守宪法和法律，具有良好的思想品德，具有本法所规定的学历或经国家教师资格考试合格，有教育能力，经认定合格的，可以取得教师资格。"这些要求在实践层面则通过教师的专业素养来体现，因此，教师的专业素养是当代教师质量的集中表达。

（1）教师的学科专业素养

教师的学科专业素养是教师胜任教学工作的基础性要求，与其他专业人员学习同样学科的要求有所不同。教师的学科专业素养包括以下几个方面：

① 精通所教学科的基础性知识和技能。教师应该对所教学科的基本知识能有广泛而准确的掌握，对基本的技能能熟练运用，对学科的基本结构能有深入的理解。

② 了解与该学科相关的知识，包括学科间的相关点、相关性质、逻辑关系等。

这不但有助于教师顺利开展所教学科的教学工作,而且使教师有可能与相关学科的教师在教学上取得协调,在组织学生开展综合性活动中相互配合。

③ 了解学科的发展脉络,包括了解学科发展的历史、学科发展的趋势和动向、学科研究的最新成果,了解推动学科发展的因素,该学科对人类社会发展的价值及在社会生活、生产实践中的表现形态。

④ 了解该学科领域的思维方式和方法论,包括领悟独特的认识世界的视角、域界、层次及思维的工具和方法,熟悉学科内科学家创造发明的过程及成功的原因,学习科学家身上展现出来的科学精神和人格力量。

(2) 教师的教育专业素养

教师的职责是教书育人,因此,教师不仅要有所教学科的专业素养,还要有教育专业素养,懂得教,教得有效。

教师的教育专业素养的养成从知识来说,主要由两个部分构成:一是一般教育学知识,包括教育基本理论、心理学基本理论、德育论、教学论、教育心理学、中外教育史、教育科学研究方法、学校管理学、现代教育技术知识,等等;二是学科教育学知识,包括学科教育学、学科课程论、教材教法等。它们是教师对教育学、心理学、学科知识、学生特征和学习背景的综合理解。通过教育专业知识的学习,教师应拥有以下素养:

① 具有先进的教育理念。教育理念是教师在对教育本职工作理解基础上形成的关于教育的理念和理性信念。

教师要具有符合时代特征的教育观、学生观。符合时代特征的教育观要求教师对教育功能有全面的认识,要求教师全面理解素质教育;符合时代特征的学生观要求教师全面理解学生的发展,理解学生全面发展与个性发展、全体发展与个体发展、现实发展与未来发展的关系。

② 具有良好的教育能力。教育能力是指教师完成一定的教育教学活动的本领,具体表现为完成一定的教育教学活动的方式、方法和效率。教师的教育能力是教师职业的特殊要求,比如语言表达能力。语言是教育工作者的重要工具,是传播知识和影响学生的重要手段。没有较强语言表达能力的教师,很难成为一名优秀教师。教师的语言首先要求准确、明了、有逻辑性;其次是要求富有感情,有感染力;再进一步的要求是富有个性,能够体现出一名教师的独特风采。教师不仅要善于独白,还需要掌握对话艺术。教师在对话过程中,要善于对学生的谈话作出迅速而有针对性的语言反应,鼓励学生发表意见,完整、准确地表达思想,形成活泼开朗的性格。

③ 具有一定的研究能力。研究能力是综合地、灵活地运用已有的知识进行创造性活动的能力,是对未知事物探索性的、发现性的心智、情感主动投入的过程。"纸上得来终觉浅,绝知此事要躬行",重视科研的教师,才能不停留于照本宣科,在教学过程中倾注自己的思想感情,激励学生的探索精神。比如一位语文教师指导学生写作文,分析文章的成败得失,如果自己没有一定的创作性活动,没有自己的亲身体验,就很难分析得入木三分,切中要害。教师在关注学科研究的同时,还要重视

开展教育研究，教师通过教育研究不断改进自己的教育教学工作，促进学生的更大发展。教师的教育研究应本着改善实践的宗旨，着重于对自己实践行为的研究，即为行动而研究，在行动中研究。

(3) 教师的人文素养

教育活动从本质而言，是人与人之间相互交往和影响的过程，也是教育者和受教育者作为具有独立人格个体的对话过程，是浸透着人文精神的创造性活动。它要求教师具有丰富的人文知识和深厚的文化底蕴，以及对历史、社会、文化的深刻洞察力。同时，面对科学技术的飞速发展，学科之间的交叉渗透，学校综合课程的开设，以及青少年获取信息途径的丰富和便捷，教师还应该成为知识视野宽广的人。大量事实表明，现代学生喜欢学识渊博、兴趣广泛、多才多艺的教师。因此，广博的科学文化知识、深切的人文关怀、严谨的科学精神是现代教师的基本素质。

(二) 教师个体专业发展

教师是履行教育教学职责的专业人员，专业人员的显著特征是具有专长，是在教育领域具有专业知识和能力的人。因此，教师个体专业发展就是指教师作为专业人员，在整个职业生涯中，通过终身专业训练，从专业思想到专业知识、专业能力、专业心理品质等方面由不成熟到比较成熟的发展过程，也就是一个人从"普通人"变成"教育者"的专业发展过程。

1. 教师个体专业发展的内容

作为专业人员的教师，拥有教育专业的知识和能力，能够有效地思考和解决教育领域的问题，表现出良好的专业行为。因此，教师个体专业发展主要包括以下内容：

(1) 教师的专业理想

教师的专业理想是教师基于教育教学工作的体验和认识的基础上所形成的教育信念，是教师对教育教学工作的向往和追求。拥有专业理想的教师，对教师工作有明确的奋斗目标，能形成一定的教育理念，有强烈的职业认同感，爱护专业的荣誉，自觉反思教育教学行为，把自己的人生与教育事业相融。因此，教师专业理想是教师个体专业发展的精神内核，也是推动教师专业发展的巨大动力。

(2) 教师的专业人格

教师的专业人格是教师在教育教学工作中所必须具有的道德品质方面的自我修养，诚实正直、善良宽容、公正严格是教师专业人格的重要内容。诚实正直是做人的根本，善良宽容是教师对学生的爱，公正严格则是出于教师的责任。学高为师，身正为范，"有人格作背景"的教师才能赢得学生的信任和尊重，使学生心悦诚服，在潜移默化中影响学生的成长。

(3) 教师的专业知识

教师的专业知识主要包括学科专业知识、教育学科知识、实践性知识。学科专业知识是教师所教特定学科的专业知识，如物理知识、数学知识等，它是教学活动的基础。教育学科知识是教师成功进行教育教学所必备的知识，主要包括一般的教育学知识和学科教育学知识，如教育学原理、教育心理学、课程与教学论、教育科学研究方法、学科教育学、教材教法等。实践性知识是教师个体在自身的教育教学实践中，通过不断的感悟、反思而形成的知识，体现教师个人的教育教学智慧和风格。

(4) 教师的专业技能

教师的专业技能主要包括教师的教学技巧和教育教学能力两个方面。教师常用的教学技巧主要有：导入的技巧、提问的技巧、强化的技巧、变化刺激的技巧、沟通的技巧、教学手段运用的技巧、结束的技巧等。教师教育教学能力主要包括：设计教育教学活动的能力、教学实施的能力、教学组织管理能力、语言表达能力、学生评价能力、课程开发与建设能力、自我反思与教育教学研究能力等。

2. 教师个体专业发展的途径

教育教学是一种专业活动，教师个体教育教学专长的形成和发展，是一个持续和长期的过程，渗透在教师职业生涯的始终。从实践层面而言，主要包括职前教育、新教师的入职教育、教师的在职教育、教师的自我教育。

(1) 职前教育

这是指对准备担任教师的人员所进行的教师教育，传统上主要由师范教育完成。职前教育主要包括学科专业知识的学习、教育专业知识的学习以及教育实践三个方面，目标是逐步形成一定的教育专业思想与职业意识，获取专业知识与技能，认同教师职业规范。它是教师个体专业发展的起点和基础。

(2) 新教师的入职教育

这是对已经获得教师资格并被聘用的人员实施的入职教育，一般时间不长，属于短期的系统培训，采用集中和分散相结合的形式，由经验丰富的一线教师担任导师，注重教育教学的现场指导，其主要目的是转变角色，尽快适应教师角色及其工作岗位，把教育的专业知识有效地转化为教育教学技能，较好地融入学校教育中。

(3) 教师的在职教育

教师的在职教育主要是为了满足教师个体专业发展的提高要求，或为了适应教育改革和发展的需要，提供的不同发展需求的教师教育。其主要对象为现任的在职教师，一般有学历教育和非学历教育两种类型，可以是业余进修，也可以是校本培训。主张采用研究性学习方式，重在对教育问题的探究和教育教学水平的提高。这是促进教师个体专业发展的重要渠道。

(4) 教师的自我教育

如果说教师的职前教育、入职教育、在职教育是他设的，教师的自我教育则是自设的，是教师自我的专业化建构。教师的教育教学工作是一项个性化极强的工作，需要教师通过自身的尝试和经验积累来完成，是一个不可替代的过程。因此，教师自觉地对自己的教育教学过程进行系统的反思，是教师个体专业发展中最直接和最普遍的途径，也是教师个体专业发展中的关键。

3. 教师的人格特征

教师的人格特征是指教师的个性、情绪、健康以及处理人际关系的品质等。教

师职业由于其工作对象、工作手段、工作环境的特殊性，因此，对教师的个性素质也有特定的要求。

（1）教师优良的个性品质

教师优良的个性品质或者说适合于教师工作的个性品质包括了很多内容，如热情慷慨、善于交际、乐于助人、有责任心、仁慈友善、合群合作、公平客观、耐心周到、有幽默感等。

据调查，我国学生喜欢的教师前五种品质是：热爱、同情、尊重学生；知识广博、肯教人；耐心温和、容易接近；对学生实事求是、严格要求；教学方法好。

（2）教师不良的个性品质

教师不良的个性品质有：冷漠孤僻、木讷呆滞、悲观丧气、主观偏心、过分挑剔、嘲讽学生、无耐心、对学生有敌意、训斥学生等。

据调查，我国学生不喜欢的教师前五种品质是：经常骂人、讨厌学生；对学生没有同情心、把人看死；上课拖延时间、下课不理学生；偏爱、不公正；教学方法枯燥无味。

第三节 师生关系

师生关系是指教师和学生在教育教学的共同活动过程中所结成的相互关系，包括彼此所处的地位、作用和相互对待的态度等，是人与人的关系在教育领域中的反映。

一、师生关系的教育作用

学校的一切教育活动都是教师和学生双方共同的活动，是在教师与学生的持续交往中完成的，良好的师生关系是有效教育教学活动的必要保证。

（一）良好的师生关系是教育教学活动顺利进行的必要条件

在教育教学过程中，教师的教必须通过学生的学来实现，而学生都是具有独立人格和具有主观能动性的学习主体，他们有思想、有感情，对于教师的教不是无条件的接受，而是有选择的吸收，学生是否愿意接受教师的教育影响，直接影响着教学效果。因此，良好的师生关系有助于使学生乐于接受教师的教育和影响，以积极主动的心态面对教育教学过程，学生良好的学习心态也易于激发教师的教学热情，使教师与学生双方在愉悦的教育教学环境中完成教学任务。

（二）良好的师生关系是影响教师和学生学校生活质量的重要因素

教师和学生是学校中最基本也是最重要的人际关系，师生关系也是教师和学生在学校生活中生存方式的具体表达，师生关系的交往方式和活动形态的不同，表达着教师和学生对生命的不同理解。教师和学生在双方的持续交往中，体验着人生的价值和幸福，感受着人格的尊严，以及人与人之间的亲密关系，影响着学生和教师的人生态度和行为选择，终而影响着教师和学生的学校生活质量。

(三) 良好的师生关系本身具有直接的教育意义

师生关系是在教育教学实践中,通过教师与学生的持续交往而形成的。良好的师生关系不仅对提高教育教学活动质量具有重要的意义,而且,其关系本身也在生成着教育资源,并对学生的人际交往、信任感、民主平等的意识和行为、尊重他人等方面产生直接或间接的影响。因此,良好的师生关系是校园人文环境的重要组成部分,对学生的健康成长具有直接的教育意义。

二、师生关系的主要特点

师生关系是一种特殊的社会关系和人际关系,由于他们各自的身份独特和之间的地位复杂,使得师生关系表现出多性质、多层次的关系体系。

(一) 师生关系在教育内容的教学上是授受关系

在教育内容的教学上,教师与学生的关系是一种授受关系,教师处于教育和教学的主导地位。作为处于主导地位的教师,能否正确地处理这种授受关系,在相当大的程度上决定了教育的水准和质量。

1. 从教育内容的角度说,教师是传授者,学生是接受者

在知识上,教师是知之较多者,学生是知之较少者;在社会生活经验上,教师是较丰富者,学生是欠丰富者。教师和学生相比有明显的优势。教师的任务是发挥这种优势,帮助学生迅速掌握知识,发展智力,丰富社会经验。但是,这一过程并不是单向传输过程,它需要有学生积极的、富有创造性的参与,需要发挥学生的主体性。

2. 学生主体性的形成,既是教育的目的,也是教育成功的条件

我们的教育所要培养的生动活泼主动发展的个体,是具有主人翁精神的全面发展的人,而不是消极被动、缺乏主动性和责任心的下一代;要培养主动发展的人,就必须充分调动个体的主动性,不能想象,消极被动的教育能够培养出主动积极发展的人来。但同时个体身心的发展并不是简单地由外在因素通过学生内在因素起作用的结果。没有个体主动积极的参与,没有师生之间的互动,没有学生在活动过程中的积极内化,学生的主动发展是难以实现的。

3. 对学生指导、引导的目的是促进学生的自主发展

教师的责任是帮助学生由知之不多到知之较多,由不成熟到成熟,最终是要促成学生能够不再依赖于教师,学会学习,学会判断,学会选择,而不是永远牵着老师的手。社会是在不断发展变化的,学习的标准,道德的准则,价值的取向也是不断变化的,整个世界发展的基本特点之一就是多元化。我们不可能期望在学校里教授的东西使学生受用终身。我们不仅要认可而且要鼓励学生善于根据变化着的实际情况有所判断、有所选择、有所发挥。

(二) 师生关系在人格上是民主平等的关系

教育工作的最大特点在于它的工作对象都是有思想、有感情的活动着的个体,师生关系是教育活动中的基本关系,反映着不同的社会发展水平,也对教育工作者提出了不同的素质要求。

1. 学生作为一个独立的社会个体，在人格上与教师是平等的

学生是具有独立的社会地位和法律地位的人，享有宪法、民法所赋予的一切权利，同时还享有《未成年人保护法》等赋予的权利。他们有自己独立的人格和精神世界，在人格上与教师处于平等的地位，是以独立的个体与教师共同完成教育活动。因此，教师与学生在教育活动中应是人与人之间相互尊重和理解的关系。教师也只有充分认识到学生是一个具有自主性和发展需求的人，才能真正与学生进行平等的交流与对话，满足学生的发展需求，促进学生的发展。

2. 严格要求的民主的师生关系，是一种朋友式的友好帮助的关系

传统的"师道尊严"的师生关系，在管理上则表现为"以教师为中心"的专制型的师生关系，这种关系的基础是等级主义，其必然结果是导致学生的被动性和消极态度，造成师生关系紧张。作为对这种专制型师生关系的反抗，19世纪末以后，出现了以强调"儿童为中心"的师生关系模式，在哲学上它强调学生的主体地位，强调儿童的积极性和创造性，这对改变传统的师生对立状态起到了明显的促进作用，但在管理上却出现了一种放任主义的倾向，这对于学生活动的积极性和形成良好的师生关系同样是不利的。所以，严格要求的民主的师生关系，是一种朋友式的友好帮助的关系。在这种关系下，不仅师生关系和谐，而且学习效率高。

（三）师生关系在社会道德上是相互促进的关系

1. 师生关系在本质上是一种人与人的关系

师生关系在本质上是一种人与人的关系，但这种关系在一些学校教育中被异化为人与物的关系，使师生关系变得机械而毫无生气；有些西方学者把教育活动等同于一般的经济活动，把教师职业看做是一种出卖知识的职业，把师生关系看做是一种买卖关系，这种观点把对教育活动和师生关系的理解引入误区，使师生关系失去了道德上的规范。从教学的角度看，师生关系是一种教与学的关系，是教师角色与学生角色的互动关系；从社会的角度看，师生关系在更深刻的意义上是师生之间思想交流、情感沟通、人格碰撞的社会互动关系。儿童、青少年将成长为怎样一个人，与家长、教师以及其他教育成员有着非常密切的关系。

2. 教师对学生的影响不仅仅是知识上的、智力上的影响，更是思想上的、人格上的影响

教师的根本任务是教书育人。教师劳动最重要的工具是教师本人，是凝结在教师个体身上的素质，包括教师的知识、能力和品德素养等方面，在教学过程中，通过师生的交往、互动，对学生产生影响。教学永远具有教育性，这是教学活动的一条基本规律。教师对学生不仅仅是知识和智力上的影响，更是思想和人格上的影响。因此，高尚的教师人格对于成长中的学生有着特别的意义，同时，教学的教育性也对教师的人格提出了更高的要求。因为，课堂不仅是教师传递学科知识的殿堂，更是育人的圣殿。

三、构建良好师生关系的基本策略

尊师爱生、民主平等、和谐亲密、教学相长是理想师生关系的基本特征,也是教育工作者的共同追求,它是在教师与学生的交往中经过不断的调整和优化而生成的。教师是建立良好师生关系的关键,在师生关系的建立与发展中具有主导作用。因此,要建立良好的师生关系,教师应做好以下工作:

(一)了解和研究学生

了解和研究学生是建立良好师生关系的前提条件。从教育社会学角度看,教师与学生是属于学校中泾渭分明的两种成员,教师是社会文化的代表者与文化传递者,属于"规范性文化";学生则是社会未成熟者与文化学习者,属于"需求性文化",而且教师与学生一般存在年龄差异。因此,教师要与学生有共同语言,就必须换位思考,学会理解,从学生的角度了解其思想、兴趣、需要、知识水平、个性特点、身体状况等,深入学生的内心世界,真正地理解学生,尊重学生,认同学生,信任学生,做一名知心教师。

(二)尊重学生,公平对待学生

在教育教学活动中,教师与学生承担的任务不同,扮演的角色不同,享有的权利不同,但他们的地位是平等的,都具有独立的人格,拥有平等对话的权利。许多调查表明,现代的中学生都喜欢朋友式的教师,有才、乐观、宽容、公正是他们所认同的教师品质。因为,每一个学生都是活生生的有思想、有情感的人,需要尊重、需要平等对待,这不仅仅是教育教学活动的需要,更是学生成长的需要,在尊重、平等、公正的师生关系中,学生学会了做人。

(三)善于与学生交往

任何一种人际关系的建立,都需要积极的沟通过程,师生关系也不例外。从某种意义上说,由于教师与学生关系的多层次性,使得他们之间的沟通更加复杂,容易因理解问题产生冲突。因此,教师需要掌握沟通的技巧和交往策略,主动与学生谈话,采用多种沟通渠道,如电话、网络、书信、组织活动等,密切与学生的关系,真正走进学生的生活世界。

(四)提高自我修养,健全人格

教师的人格是影响师生关系的核心因素,要构建良好的师生关系,教师就必须不断提高自身素养,富有人格魅力。具体而言:① 教师要能真诚地对待学生,坦率地表达自己的真实思想和情感,言行一致,才能赢得学生的尊重和信赖;② 爱学生是教师最宝贵的人格品质,也是开启学生心智的钥匙,使学生亲近教师,乐于接受教师的教诲;③ 教师要严于自律,做到"慎独",使自己的行为符合教师职业道德规范。

思考题

1. 你是如何认识作为教育对象的学生的?
2. 试析学生的法律地位。
3. 结合你的成长经历,谈谈应如何认识当代中学生的发展特点。
4. 试从教师的职业特点角度,谈谈教师的专业发展问题。
5. 联系实际谈谈在教师的权利与义务的认识与实践上是否存在误区,为什么?
6. 试述师生关系的教育价值。
7. 举例说明师生关系的主要特点。
8. 你认为教师应如何与学生建立良好的师生关系?

主要参考文献

1. 教育部人事司,教育部考试中心.教育学考试大纲[M].北京:北京师范大学出版社,2002.
2. 全国十二所重点师范大学联合编写.教育学基础(第2版)[M].北京:教育科学出版社,2008.
3. 余文森.新课程背景下的公共教育学教程[M].北京:高等教育出版社,2004.
4. 余文森,连榕.教师专业发展[M].福州:福建教育出版社,2007.
5. 周金浪.教育学[M].上海:上海教育出版社,2006.
6. 袁振国.当代教育学[M].北京:教育科学出版社,1999.
7. 吴康宁.教育社会学[M].北京:人民教育出版社,1998.
8. 叶澜,白益民,王枬,陶志琼.教师角色与教师发展新探[M].北京:教育科学出版社,2001.

第六章 课 程

 学习评价

1. 识记课程内涵的几种界说、课程的类型、制订课程目标的依据以及课程评价的几种模式等。
2. 理解我国义务教育阶段及高中课程结构、国家课程标准的意义以及发展性课程评价的基本理念。
3. 运用课程的相关理论正确看待和分析我国的课程改革现状。

第一节 课程概述

理解和把握课程的内涵及其意义,有助于形成正确的课程意识和科学的课程观。不过,要给"课程"下一个精确且被广泛认同的定义是一件十分困难的事情,因为课程是教育领域中含义最复杂、歧义最多的概念之一。人们在日常生活中虽然经常使用"课程"这一概念,但使用的方式和内涵所指常常不尽一致。对教师而言,重要的是了解每种定义背后所隐含的特定的价值取向、哲学假设以及对教育实践的意义,从而对课程概念有较为全面的理解,并在此基础上形成自己的判断和见解。

一、课程内涵的几种界说

课程一词在我国最早大约出现于唐宋年间。唐代孔颖达在《五经正义》里首次使用了"课程"一词。宋代朱熹在《朱子全书·论学》中亦多处使用课程一词,如"宽着限期,紧着课程","小立课程,大作工夫"等[①]。其意思是指所分担的工作程度和学习内容的范围、时限和进程。

英文中,"课程"(curriculum)一词源自拉丁语,原意为"跑道"(race-course)。据此,课程常被理解为"学习的进程"(course of study)或"学习的路线",即"学程",既可以指一门学程,也可以指学校提供的所有学程。较早使用"课程"一词的是英国实证主义哲学家斯宾塞(H. Spencer)。在著名的《什么知识最有价值?》一文中,斯宾塞把课程理解为知识或学科。1949年泰勒(Ralph Tyler)出版的《课程与教学的

---

① 转引自:钟启泉.现代课程论[M].上海:上海教育出版社,2003:227.

基本原理》一书奠定了现代课程研究领域的理论构架。现代课程理论形成之后，随着教育理论的发展和实践的深入，人们对课程的理解也不断发生变化，产生了诸多有关课程定义或内涵的不同见解。

（一）课程即知识

这种观点认为课程的主要使命在于使学生获得知识，而知识是按学科分类的。因此，这种观点的另一种表述就是"课程即学科（科目）"。把课程看成知识是一种比较传统的观点，也是比较有代表性和普遍性的观点。

从历史发展角度看，这种课程观有进步的一面。但从信息化社会对人的素质的要求来看，这种课程观具有明显的局限性。随着社会的进步和学校教育的发展，课程概念所涉内涵远比知识和学科要广泛得多，单纯强调课程就是知识或学科过于简单化，无法包容学校教育中丰富多彩的活动，也不利于学生全面和富有个性的发展。

（二）课程即经验

这种观点认为只有个体亲身的经历才称得上是学习，强调只有经过个体亲身经历，才能将外在的知识转化为学习者自身所有的经验。课程就是让学习者体验各种各样的经历，在这样的过程中，将学习对象——包括知识但不仅限于知识，转化为自身的经验，并且实现自身的变化发展。

"课程即经验"的观点有助于恢复兴趣、直觉、情感、体验等在学生学习活动中的合法身份和目的性价值，使机械刻板的学习成为充满生命激情和心灵感悟的求知活动，在很大程度上可以弥补课程即知识或学科观点的不足。当然，这种观点也存在不足：它过于强调个体的、直接的经验，在实践中往往过于迁就儿童兴趣和个体感受，忽视系统知识的学习；而且在现有的社会条件下，学校和教师也很难完全实现课程即经验这一理念。

（三）课程即目标或计划

这种观点把课程视为教学过程要达到的目标、教学的预期结果或教学的预先计划。这是一种预设性的课程观，它揭示了课程的目标性和计划性，认为课程总是指向一定的目标，并通过有计划的实施而进行的。

这种课程观的不足是把课程看做是由某种预定的、现成的知识及进程安排所构成的，认为课程是在正式的教学活动发生之前已经编制好的固定的东西。

（四）课程即活动或进程

把课程界定为活动或进程是一种生成性的课程观，这种观点认为课程不是静止的"跑道"，也不仅仅是需要贯彻的课程计划或需要遵循的教学指南，而是个体生活经验的改造和建构。

把课程视为活动或进程，意味着课程观应当发生如下变化：课程不再只是特定知识的载体，而是师生共同探索新知的过程；课程发展的过程不再是完全预定的和不可更改的，而是具有开放性和灵活性；课程不再是控制教学行为和学习活动的工具和手段，而是能有效地弥合个体与课程之间的断裂，成为师生追求意义和价值、获得解放与自由的过程；课程形态不再是在教育情境之外固定的、物化的、静态的知识文本，而是在教育情境中师生共同创生的一系列"事件"，是师生开放的、动态的、生成的生命体验。

由于注重开放、动态和生成，这就对教师的能力和素养提出了更高的要求。在实践中，如果把握不好，活动有可能沦为无序躁动和粗浅的体验，过程也可能意味着美好时光的白白流逝。

通过以上对各种课程定义的考察可以发现：每一种有代表性的课程定义都有一定的指向性，都是指向当时特定社会历史条件下课程所出现的问题，所以都有某种合理性，但同时也存在着某些局限性；而且，每一种课程定义都隐含着定义者的哲学假设和价值取向。因此，对于教育工作者而言，重要的不是选择何种课程定义，而是要意识到各种课程定义所要解决的问题以及由之可能带来的新问题，以便根据课程实践的要求，做出明智的决策。

二、课程目标

（一）课程目标概述

课程目标是对课程所要达到的结果的规定。它在课程设计、实施、评价等各个环节起着导向作用，不仅为课程设计提供指导准则，而且为课程内容的选择和组织规定基本方向，并为课程的实施和评价提供基本依据。

课程目标和教育目的以及培养目标有着密切的联系，它是教育目的和培养目标的具体化。教育目的或培养目标是对受教育者质量规格的总体要求，而教育目的或培养目标的实现总是要以课程为中介的。因此课程也可以被理解为达到教育目的或培养目标的手段。把教育目的或培养目标转化为课程目标，进而用来指导课程编制工作，这是课程编制不可缺少的重要环节。

课程目标在课程设计中具有重要的基础性作用，是课程设计的出发点和归宿。课程目标一旦确定，将直接影响着课程的各个方面，包括学制年限的确定，课程门类、顺序、时间的设置，各学科课程标准、教材的编写以及教学方法的选用等。

（二）制订课程目标的依据

制订课程目标的基本依据包含三项主要内容：学习者的需要、当代社会生活的需求和学科的发展。妥善处理好这三者的关系在制订课程目标中十分重要。总的来说，在对这三者关系的处理上既要相互协调，又要避免平均用力，应根据实际情况适当地突出重点。

1. 学习者的需要

任何课程的最终目标都应指向学习者的身心发展。促进学习者身心发展是课程的基本职能，因此学习者的需要是确定课程目标的重要依据之一。学习者的需要是十分复杂的。从个体看，学习者作为完整的人，其需要是多样而丰富的；从群体看，不同学习者具有不同的需要；作为学习者的儿童，其身心发展的需要不仅有个体间的差异性，还具有年龄阶段的差异性，是在动态中变化发展着的。

确定学习者需要的过程本质上是尊重学习者的个性、体现学习者意志的过程，或者说，是学习者自由选择的过程，而不是不顾儿童的选择而强加成人意志的过程，要充分考虑到儿童身心发展的年龄阶段差异和个体的差异。

在课程目标的确定过程中如果将重点放在满足学习者的需要方面，以学习者的需要为基点，以促进儿童身心发展为直接目的时，这种课程便具有"经验课程"或"儿童本位课程"的特点。"经验课程"并非不要课程目标的其他来源（如当代社会生活的需求、学科的发展），而是强调学习者的需要和身心发展的优先性、根本性。[①]

2. 社会的需求

在任何一个国家，学校总是社会生活的一部分，学生也是社会群体的一部分，教育作为培养人的活动总是存在于一定的现实社会之中的。学校教育的一个主要任务就是使学生逐渐社会化，因此在制订课程目标时必须将社会需求作为重要依据之一。

社会需求具有多方面的内涵。从空间维度看，社会需求包括从学习者所在社区到一个民族、一个国家乃至整个人类的发展需求；从时间维度看，它不仅指社会的当下现实需要，而且也包含社会的未来发展的需求。

将社会需求转化为课程目标是一项复杂的工作，要真正做好这项工作需要注意以下问题：

第一，要对"学校课程能够满足的社会需求"和"学校课程只有通过社会上其他各种机构的合力才能完成的社会需求"做出明确区分。学校课程的功能是有限的，人的发展除受学校课程的影响外，还受多种其他因素的影响。例如在良好的公民道德素养的形成过程中，学校课程是一个重要的影响因素，但形成良好的公民道德素养仍需社区、家庭等诸多因素的共同影响。因此应当对学校课程的功能有正确的判断，过于夸大学校课程的功能会造成课程目标的虚化。

第二，确定课程目标时除了应该关注对现存社会需求的研究外，还应对未来社会的需求进行研究。教育是一项"为一个尚未存在的社会培养着新人"的事业。在信息化时代，社会生活的变化是极为迅速的，对社会需求的把握也要与时俱进，不能停留于现实生活，而忽视对未来社会需求的关注。在确定学生的生活需要时，应将可以预测到的未来社会需求反映到学校课程目标中来。

第三，社会需求是包罗万象的，课程目标除要全面考虑与教育相关的社会生活之外，还应当突出重点，把关注的焦点放在当代社会生活中最重要的方面。在确立课程目标时明白哪些才是课程目标需要重点反映的社会需求，形成重点突出、层次分明的需求系列层级，并在课程目标中体现出来。

第四，在将社会需求确定为课程目标的过程中，还应注意考察社会需求背后所隐藏的深层次问题。这些问题包括需求究竟是谁的、是社会弱势阶层的需求还是社

---

① 张华.论课程目标的确定[J].外国教育资料，2000（1）：17.

会优势阶层的需求等。作为课程目标的社会需求应体现社会民主和社会公平，这在随着社会发展的加速而导致的社会分层加剧的社会尤其需要得到关注。

3. 学科的发展

学科知识及其发展也是确定课程目标的重要依据之一。学科知识包含基本概念和基本原理、探究方式、学科的发展趋势、与相关学科的关系等内容。典型的学科知识包括数学、计算机科学、自然科学（如物理学、化学、生物学等）；哲学和社会科学（如语言学、历史学、地理学、经济学、教育学、人类学等）；文学艺术等。

与确定课程目标联系最紧密的是学科功能。一般而言，学科知识具有两方面的功能：一是造就学科专家的功能，也称学科本身的特殊功能，为满足这种功能，学科知识必须以某种特定的内容和方式展示出来；二是满足个人生活和社会生活需要方面的功能，即一门学科对那些不会成为这个领域专家的人所具有的教育功用，也就是学科的一般功能。课程目标既应包括学科的特殊功能，也应包括其一般功能。

根据学科知识及其发展确定课程目标应注重采用学科专家的建议。这不仅是因为学科专家对自己本学科领域内的基本概念、逻辑结构、探究方式和发展趋势有着比较清楚的了解，更为重要的是，学科专家了解本学科的一般功能和特殊功能，可以为确定课程目标提供较为可靠的学科信息。在研究学科专家对目标的建议时，应注意以下问题：

首先，不能将学科专家的建议当做教育目标的唯一来源，而应当将这些建议与对学生和社会生活的研究综合起来作为目标来源。

其次，应避免课程目标过于注重学科特殊功能而忽视一般功能的倾向。学科专家所提出的教育目标经常过于专门化。所以在征求学科专家建议时，必须考虑这门学科对于一般公民有何贡献。

三、课程类型

课程类型是课程的基本要素。每一种课程类型都有其特殊的教育价值，也有其自身难以克服的局限性。探究课程的类型及各课程类型之间的内在联系，准确把握各种课程类型在教育中的优势与不足，是确定课程结构的重要环节。从不同的角度出发，可将课程分为多种类型。

（一）学科课程与经验课程

根据课程内容所固有的属性可以将课程分为学科课程与经验课程两种类型。

1. 学科课程

学科课程是指以文化知识（科学、道德、艺术）为基础，按照一定的价值标准，从不同的知识领域或学术领域选择一定的内容，根据知识的逻辑体系，将所选出的知识组织为学科的课程类型。它是最古老、使用范围最广的课程类型。其主导价值在于传承人类文明，强调使学生掌握、传递和发展人类积累下来的文化遗产。

学科课程具有四个方面的优势：第一，学科课程按照学科自身的逻辑体系组织课程内容，系统完整地展示某一学科领域中的知识系统和逻辑顺序性，有助于人类文化遗产的系统传承；第二，学科课程注重完整的学科知识结构和严密的逻辑性，强调对学生的系统训练以及教学的连续性和科学性，有助于学生全面、准确地了解该领域的发展状况，实现智力的充分发展；第三，学科课程的教学活动容易组织，也容易评价，便于提高教学效率；第四，学科课程体现了学科的学术性、结构性和专门性，在保证尖端人才的培养和促进国家科学技术的发展方面具有不可替代的基础性作用。

学科课程也有三个方面的局限性：第一，由于学科课程是以知识的逻辑体系为核心组织起来的，容易脱离学生的现实生活世界以及在生活中所获得的直接经验，难以解决学生的个别差异问题，在具体的教学实践中，很容易导致轻视学生的兴趣爱好、忽略学生个性发展的不良后果；第二，学科课程拥有相对独立和稳定的逻辑系统，这使得学科课程与现实生活存在较远的距离，缺乏活力，造成学习内容的凝固化；第三，学科课程在教学实践中很容易导致偏重知识授受的倾向，表现为教学方法过于注重讲授，这对实现学生的全面和富有个性的发展十分不利。

2. 经验课程

经验课程亦称"活动课程"，是指围绕着学生的需要和兴趣、以活动为组织方式的课程形态，即以学生的主体性活动的经验为中心组织的课程。经验课程以开发与培育主体内在的、内发的价值为目标，旨在培养具有丰富个性的主体。学生的兴趣、动机、经验是经验课程的基本内容。其主导价值在于使学生获得关于现实世界的直接经验和真切体验。

经验课程的优点是显而易见的：第一，经验课程强调学习者当下的直接经验的价值，把学习者的经验及其生长需要作为课程目标的基本来源，充分满足学习者的需要、动机、兴趣，有助于使学习者真正成为学习的主体；第二，经验课程把人类文化遗产以学生的经验为核心整合起来，要求把学科知识转化为学生当下活生生的经验，强调教材的心理组织，有利于学生在与文化、与学科知识交互作用的过程中实现个性的发展；第三，经验课程的主题和内容源自于现实生活，容易激发学生的学习兴趣，有助于发展学生的实践和创新能力。我国新课程改革设置的综合实践活动课程，就是典型的经验课程。

当然，经验课程也存在其自身难以克服的局限性：第一，经验课程以学习者的经验为中心来组织，容易导致学科知识的支离破碎，学生难以掌握完整系统的学科知识的体系；第二，经验课程以学习者的活动为中心，但学习者的活动具有多种性质，并非所有的活动都有教育价值，也并非所有的活动都能带来同样的教育价值，因此在实施中容易导致"活动主义"，为活动而活动，如果把握不当，会极大地影响教学效率和教育质量；第三，经验课程在课程实施中对教师的教学组织能力以及相关教学设施提出了较高要求，它要求教师具有相当高的专业素养和教育艺术素养，在师资条件不具备的情况下，经验课程的实施具有一定的风险性。

（二）分科课程与综合课程

根据课程内容的组织方式可以将课程分为分科课程与综合课程两种类型。

1. 分科课程

分科课程是一种单学科的课程组织模式，它强调不同学科门类之间的相对独立性，强调学科逻辑体系的完整性。其主导价值在于使学生获得体系严密、逻辑清晰的学科知识。从课程开发来说，分科课程坚持以学科知识及其发展为基点，强调学科知识的优先性。从课程组织来说，分科课程坚持以学科知识的逻辑体系为线索，强调学科自成一体。分科课程的优点在于有利于学生在较短时间内快速、便捷地了解学科的基本内容，同时也便于组织教学与评价，有助于教学效率的提高。

分科课程的缺点是：第一，分科课程的完整性和独立性使得各学科之间界限分明，各学科间知识的内在联系被人为地割裂了，从而限制了学生的视野，束缚了学生思维的广度，不利于学生形成对客观世界全面、完整的认识；第二，不同的分科课程分别从其自身的视角对问题进行诠释，尽管其结论是合理独到的，但从其他学科角度看则可能具有一定片面性，这是分科课程体系自身的封闭性决定的；第三，分科课程以科学分类为基础，但随着现代科学技术的发展，科学研究的综合化日渐明显，同时在原有学科的基础上又出现了大量的分支学科，这必然会导致分科数量的无限膨胀。

2. 综合课程

综合课程是指将源于两种或两种以上学科的课程内容以一定的方式与一个主题、问题或源于真实世界的情境联系起来的课程。其主导价值在于使学生掌握综合性知识并形成解决问题的能力。

综合课程具有以下几个方面的优势：

第一，打破了分科课程固有的界限，实现了课程内容以及教育价值的有机整合，体现了学科知识间相互作用、彼此关联的发展需求。

第二，能够增进课程内容与现实生活的联系。过于强调分科课程易导致的一个弊端是使学生的学习与当代社会生活剥离，导致学生对学习的不满、冷淡，最终导致学生学习的失败。解决这个问题的办法是鼓励学生在与真实的世界的际遇中进行学习，这就需要将学校课程以问题和观点为核心组织起来。

第三，实现学生的心理的整体发展。学生心理发展的整体性必然要求学校课程具有综合性。而且综合课程能够为学习者提供更多潜在的机会，以使其发展和完善有意义的知识和技能，从而增强学习者的自我效能感和学习动机，提高学习者的兴趣。

综合课程的不足之处在于：难以向学生提供系统完整的专业理论知识，不利于高级专业化人才的培养；在课程内容的组织中，容易形成"大拼盘"的现象；在课程实施中对教师自身的专业素养提出了较高的要求，课程实施的难度增大。

(三) 必修课程与选修课程

根据课程计划中对课程实施的要求不同可以将课程分为必修课程和选修课程两种类型。

1. 必修课程

必修课程是某一教育系统或教育机构规定学生必须学习的课程种类。在我国基础教育领域，主要是指同一年级的所有学生都必须修习的公共课程，是为保证所有学生的基本学力而开发的课程。必修课程还可分为国定必修课程、地方规定必修课程和校定必修课程等。其主导价值在于培养和发展学生的共性。

必修课程的根本特征是强制性，它是社会或机构权威在课程中的体现，具有多方面的功能，例如：选择传递主流文化；帮助学生掌握系统化知识，形成特定的技能、能力和态度；促进社会政治、经济、科技的发展等。

必修课程的优势主要有：能够全面反映课程目标的要求，是实现既定教育任务的主要途径；使学生养成作为未来社会公民和个体生活所必需的基本素养；有助于组织课程实施和课程管理与评价。

必修课程的不足之处在于：过分注重学生的共性发展，而忽视了学生的个性发展；容易走向极端的社会本位倾向，淡化或放弃了学生的个体发展。

2. 选修课程

选修课程是指某一教育系统或教育机构中，学生可以按照一定规则自由地选择学习的课程种类。它依据不同学生的特点与发展方向，允许个人选择，是为适应学生的个性差异而开发的课程。其主导价值在于满足学生的兴趣、爱好，培养和发展学生的个性。

选修课程一般分为限定选修课程与任意选修课程两类。限定选修课程是指在规定的范围内学生按一定的规则选择学习的课程，如学生必须在若干组课程中选修一定组数的课程，或在若干门课程中选修一定门数的课程。任意选修课程则是不加限制，由学生自由选择学习的课程。

选修课程具有以下几个方面的优势：

第一，能适应地区间经济文化的差异，具有一定的变通性。我国幅员辽阔，各地发展水平存在较大差异，不同水平的发展需要不同文化知识结构的人才，因此应当允许各地根据本地社会发展的现实需要选择相应的课程，以适应这种经济和社会差异。从文化程度看，我国是多民族国家，不同民族对本民族的文化有强烈的认同感和归属感，选修课程有利于不同地区根据自身的需要做出选择，设置适合地区需要的课程。

第二，能适应不同学校的特点。课程计划取得成功在于发挥学校和教师的主体性。学校的主体性集中体现在通过选择并设置能够创造和形成本校文化特色的课程。不论国家课程还是地方课程，在课程门类及其关系方面都应适应每一所学校的文化特殊性，学校有必要也有能力根据本校的教育宗旨对国家课程和地方课程进行选择和再开发，创造性地实施国家课程和地方课程，选修课程无疑为之提供了可能。

第三，能适应学生的个性差异。教育面对的是一个个具有独特个性的学生，教育的根本目的和内在价值是促进每一个人的个性发展。选修课程有助于适应学习者的差异性，包括文化背景差异、发展水平差异、兴趣爱好差异等，满足学生个性发展的需要。

第四，在人类进入知识爆炸时代，而学校学习时间又是相对有限的情况下，选修课程能够为教学内容的选择和组织提供一种较为灵活的方式。

(四)国家课程、地方课程与校本课程

根据课程设计、开发和管理的主体不同可以将课程分为国家课程、地方课程与校本课程三种类型。

1. 国家课程

国家课程是指由国家统一组织开发并在全国范围内实施的课程。它具有统一规定性和强制性的特征,其主导价值在于通过课程体现国家的教育意志。国家课程是一个国家基础教育课程方案的主体部分,它面向全国,保证所有学生都享有在一定领域内的学习权利,都享有获得知识、发展智力的权利,使公民获得实现自我价值和自身发展所必需的技能等。国家课程明确规定学生在接受学校教育期间应达到的标准,从总体上规定了不同学段的教育目标,体现了国家对学生发展的基本要求和共同的质量标准,是教育评价的重要依据,也是不同学校、不同地区甚至不同国家之间进行教育质量比较的重要依据。它是决定一个国家基础教育质量的主要因素,对于基础教育的发展,特别是人才培养的质量和规格具有决定性作用。因此,在我国,国家课程在基础教育课程体系中占有绝对数量的比重。

国家课程采用"自上而下"的课程开发机制,教育行政管理人员、教育理论工作者和学科专家是课程的规划者和设计者,学校和教师是课程的实施者,且课程实施过程中应尽可能反映课程规划者和设计者的意图,以便能达到预期的课程目标。在国家课程实施过程中,也需要对课程作出必要的调整或修改,当然,这种改动只是在课程计划框架之内进行的微调,其最终目的是为了更好地实现既定的课程目标。

2. 地方课程

地方课程是指由地方组织开发并在本地实施的课程,即由地方根据国家教育方针、课程管理政策和课程计划,在关注学生共同发展的同时,结合本地的优势和传统,充分利用本地的课程资源,直接反映地方社会、经济、文化发展的需求,自主开发并实施、管理的课程。它的主导价值在于通过课程满足地方社会发展的现实需要,其目的主要有以下几个方面:地方课程开发以合理利用和开发地方丰富的课程资源为基础,强调因地制宜,具有鲜明的地域性特征,具有较强的针对性,可弥补国家课程所没有涵盖、不能满足或无法考虑周全的内容空缺,促进国家课程的有效实施;地方课程可调动地方参与课程改革与课程实施的积极性,使地方能紧密结合本地的社会、经济和文化发展现状,充分利用本地的课程资源,促进地方社会、经济和文化的发展;地方课程也有利于培养地方的课程开发能力,从而促进课程改革的可持续发展。

3. 校本课程

校本课程是指由学校根据本校实际自主开发并在本校实施的课程。其主导价值在于体现学校办学特色,提升学校的办学水平,促进学生的个性发展。校本课程的多样性和灵活性可以照顾学生的个别差异,满足学生多样化的需要。校本课程的开发也要求教师成为课程与教学的领导者,使其在充分了解学生的发展特点和现实需要基础上参与课程改革。这对促进教师的专业发展具有十分重要的意义,是实现教师持续的专业发展的有效途径。

第二节 课程设计

课程设计是指人们根据一定的价值取向，按照一定的课程理念，以特定的方式组织安排课程的各种要素或各种成分，从而形成课程结构的过程及其产物。

一、课程计划

课程计划是课程设计的整体规划，是国家根据教育目的和培养目标制订的有关学校教育教学工作的指导性文件。它包括：课程设置、课程开设顺序以及课时分配等。

（一）课程计划的构成

课程设置：即根据教育目的和各级各类学校的任务、培养目标和修业年限，确定学校应设置的课程。

课程开设顺序：即依据规定年限、各门课程的内容、课程之间的衔接、学生的发展水平，确定各门课程开设的顺序。

课时分配：即根据课程的性质、作用、教材的分量和难易程度分配各门课程的授课时数，包括各门课程授课的总时数，各学年（或学期）的授课时数和周学时等。

学年编制和学周安排：即学年阶段的划分、各学期的教学周数、学生参加生产劳动的时间、假期和节日的规定等。

课程计划的核心内容是课程设置。我国基础教育的课程设置通常是由国家教育主管部门制订的。随着我国课程改革的发展，它在统一要求的前提下也呈现出多元灵活的特征。

（二）编制课程计划的基本要求

目的性：要求编制课程计划时先确定教育目的并具体化为各级各类教育的培养目标，围绕目标编制课程计划。

科学性：要求编制课程计划时要正确地反映各门学科的特点，课程的内容符合科学体系要求，重视各学科、各门课程之间的内在联系。

发展性：指课程计划的编制与青少年儿童身心发展的规律性相一致。课程设置要充分考虑不同阶段学生的身心发展规律和发展水平，有区别地进行科学设置。

（三）我国义务教育阶段课程结构

1. 义务教育阶段课程设置特点

义务教育的课程设置应体现义务教育的基本性质，遵循学生身心发展规律，适应社会进步、经济发展和科学技术发展的要求，为学生的全面发展和终身发展奠定基础。我国《基础教育课程改革纲要》第三条明确规定："整体设置九年一贯的义务教育课程。"

"整体"指将各类课程按横向关系组织起来,通过课程的横向组织,使各门课程在差异得以尊重的前提下互相整合起来,消除以往学科本位所造成的学科之间彼此孤立甚至壁垒森严的对立局面,使各门课程、各个学科产生合力,使学习者的学习产生整体效应,从而促进学生人格整体发展。

"一贯"指将各类课程按纵向的发展序列组织起来。就一门课程而言,要强调"连续性",使课程内容在循环中加深、拓展,并不断得到强化、巩固;就各门课程关系而言,要强调"顺序性",使不同课程有序地开设,前后相互连贯,同时使课程门类由低年级到高年级逐渐增加。从而使学习者的学习产生累积效应,促进学生可持续发展。

2. 具体设置

基于"整体"和"一贯"而设置的九年义务教育新课程方案如表 6-1、表 6-2 所示。

表 6-1 义务教育课程设置表

课程门类	年级								
	一	二	三	四	五	六	七	八	九
	品德与生活		品德与社会				思想品德	思想品德	思想品德
							历史与社会(或选择历史、地理)		
			科学				科学(或选择生物、物理、化学)		
	语文	语文	语文	语文	语文	语文	语文	语文	语文
	数学	数学	数学	数学	数学	数学	数学	数学	数学
			外语	外语	外语	外语	外语	外语	外语
	体育	体育	体育	体育	体育	体育	体育与健康	体育与健康	体育与健康
	艺术(或选择音乐、美术)								
	综合实践活动								
	地方与学校课程								

表 6-2 义务教育课程设置及比例

课程门类	年级									九年课时总计(比例)
	一	二	三	四	五	六	七	八	九	
	品德与生活	品德与生活	品德与社会	品德与社会	品德与社会	品德与社会	思想品德	思想品德	思想品德	7%~9%
							历史与社会(或选择历史、地理)			3%~4%
			科学	科学	科学	科学	科学(或选择生物、物理、化学)			7%~9%
	语文	语文	语文	语文	语文	语文	语文	语文	语文	20%~22%
	数学	数学	数学	数学	数学	数学	数学	数学	数学	13%~15%
			外语	外语	外语	外语	外语	外语	外语	6%~8%
	体育	体育	体育	体育	体育	体育	体育与健康	体育与健康	体育与健康	10%~11%
	艺术(或选择音乐、美术)									9%~11%
	综合实践活动									16%~20%
	地方与学校课程									

续表

周课时数（节）	26	26	30	30	30	30	34	34	34	274
学年总课时数（节）	910	910	1050	1050	1050	1050	1190	1190	1122	9522

注：1. 表格内纵向为各个年级的周课时数，九年总课时按每学年35周上课时间计算；横向为各门课程占九年总课时的比例。

2. 综合实践活动主要包括信息技术教育、研究性学习、社区服务与社会实践以及劳动与技术教育。

表6-1为义务教育阶段一至九年级的课程设置，表6-2为义务教育阶段各年级周课时数、学年总课时数、九年总课时数和各门课程课时比例，每门课的课时比例有一定弹性幅度。地方与学校课程的课时和综合实践活动的课时共占总课时的16%～20%。

省级教育行政部门可根据本省（自治区、直辖市）不同地区社会、经济、文化发展的实际情况，制订不同的课程计划；学年课时总数和周课时数应控制在国家所规定的范围内；根据教育部关于地方课程、学校课程管理与开发的指导意见，提出本省（自治区、直辖市）地方课程、学校课程管理与开发的具体要求，报教育部备案。民族学校、复式教学点、简易小学等学校的课程设置，由省级教育行政部门自主决定。

3. 具体要求

（1）每学年上课时间35周。学校机动时间2周，由学校视具体情况自行安排，如学校传统活动、文化节、运动会、远足等。复习考试时间2周（初中最后一年的第二学期毕业复习考试时间增加2周）。寒暑假、国家法定节假日共13周。

（2）晨会、班队会、科技文体活动等，由学校自主安排。

（3）综合实践活动是国家规定的必修课，其具体内容由地方和学校根据教育部的有关要求自主开发或选用。综合实践活动的课时可与地方、学校自主使用的课时结合在一起使用，可以分散安排，也可以集中安排。

（4）为培养学生的创新精神和实践能力，各门课程普遍增加了实践活动。学校在做学年教学安排时，应根据活动的性质和内容，合理统筹安排。

（5）初中阶段的学校在选择分科与综合相结合的课程时，若选择科学、历史、地理，可相应减少自然地理的内容；若选择历史与社会、生物、物理、化学，则应参照相关课程标准安排自然地理的内容。

（6）各门课程均应结合本学科特点，有机地进行思想道德教育。环境、健康、国防、安全等教育也应渗透在相应课程中进行。

（7）一至六年级设体育课，七至九年级设体育与健康课，均应贯彻"健康第一"的原则。七至九年级体育与健康课程标准中要求的健康知识，应在学生进行相关体育活动时，使学生了解，但不得组织笔试。

（8）小学开设英语课程的起始年级一般为三年级。各省级教育行政部门可结合实际，确定本地区小学开设英语课程的工作目标和步骤。初中阶段开设外语课程的语种，可在英语、日语、俄语等语种中任选一种。外国语学校或其他有条件的学校可开设第二外语。民族地区的中小学校，外语课程的设置由省级教育行政部门决定。

（四）我国普通高中课程结构

我国基础教育课程结构是一个有机的整体，普通高中教育阶段的自身特点和所承担的任务，又使得它在课程结构的具体设置层面与义务教育阶段的课程有所区别。

1. 高中课程结构层次

根据《普通高中课程方案（实验）》，新的高中课程以分科为主，课程结构分三个层次：最上层为学习领域；学习领域下设科目；科目下设模块。学习领域、科目和模块构成了新的高中课程的基础结构。高中课程由语言与文学、数学、人文与社会、科学、技术、体育与健康、艺术和综合实践活动八个学习领域所构成。除综合实践活动这一特殊领域外，其余七个学习领域均由若干科目构成，每一科目又包括若干模块。

（1）学习领域。普通高中的八个学习领域是基于学生的经验和发展需要以及学科群的发展趋势而规划的。设置学习领域的根本目的就在于加强科目之间的整合，避免以彼此孤立的单科的逻辑体系为中心组织课程，既关注学科群的内在联系，又关注学生的经验和发展需要，以更好地反映现代科学综合化的趋势。

学习领域的设置有利于在学习领域的视野下指导教师教学；有利于整体规划课程内容，提高学生的综合素养，体现对高中学生全面发展的要求；同时，要求学生每学年在所有学习领域都获得一定学分，可防止学生过早偏科，避免所学科目过多，有利于学生全面发展。

（2）科目。科目即学科，在普通高中新课程中它是学习领域的构成单位，性质相同或相近的若干科目构成一个学习领域。八个学习领域共包括语文、数学、外语（英语、日语、俄语等）、思想政治、历史、地理、物理、化学、生物、艺术（或音乐、美术）、体育与健康、技术等12~13门科目。其中技术、艺术是新增设的科目，艺术与音乐、美术并行设置，供学校选择。有条件的学校还可开设两种或多种外语。在学习领域统摄下的各个科目不再局限于单科的逻辑体系，而是强调彼此间的关联，而且每一门学科都强调向学生的经验与生活回归。

（3）模块。模块是基于教育目标，围绕某一特定内容，整合学生经验和相关内容，所构成的相对完整的学习单元。每一科目由若干模块组成。模块之间既相互独立，又反映学科内容的逻辑联系。每一模块都有明确的教育目标，并围绕某一特定内容，整合学生经验和相关内容，构成相对完整的学习单元。每一模块都对教师教学行为和学生学习方式提出要求与建议。图6-1展示了学习领域、科目、模块之间的具体构成与关系。

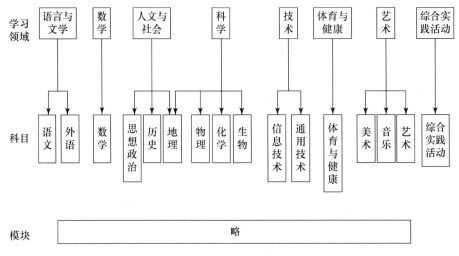

图 6-1 学习领域、科目、模块之间的具体构成与关系图

2. 具体设置

普通高中学制为三年。课程由必修和选修两部分构成,并通过学分描述学生的课程修习状况。具体设置如表 6-3 所示。

表 6-3 普通高中教育课程设置表

学习领域	科目	必修学分 (共计116学分)	选修学分Ⅰ	选修学分Ⅱ
语言与文学	语文	10	根据社会对人才多样化的需求,适应学生不同潜能和发展的需要,在共同必修的基础上,各科课程标准分类别、分层次设置若干选修模块,供学生选择。	学校根据当地社会、经济、科技、文化发展的需要和学生的兴趣,开设若干选修模块,供学生选择。
语言与文学	外语	10		
数学	数学	10		
人文与社会	思想政治	8		
人文与社会	历史	6		
人文与社会	地理	6		
科学	物理	6		
科学	化学	6		
科学	生物	6		
技术	技术(含信息技术和通用技术)	8		
艺术	艺术或音乐、美术	6		
体育与健康	体育与健康	11		
综合实践活动	研究性学习活动	15		
综合实践活动	社区服务	2		
综合实践活动	社会实践	6		

3. 具体要求

具体而言，在普通高中新课程中要求做到：

（1）每学年 52 周，其中教学时间 40 周，社会实践 1 周，假期（包括寒暑假、节假日和农忙假）11 周。

（2）每学期分两段安排课程，每段 10 周，其中 9 周授课，1 周复习考试。每个模块通常为 36 学时，一般按每周 4 学时安排，可在一个学段内完成。

（3）学生学习一个模块并通过考核，可获得 2 学分（其中体育与健康、艺术、音乐、美术每个模块原则上为 18 学时，相当于 1 学分），学分由学校认定。技术的 8 个必修学分中，信息技术和通用技术各 4 学分。

（4）研究性学习活动是每个学生的必修课程，三年共计 15 学分。设置研究性学习活动旨在引导学生关注社会、经济、科技和生活中的问题，通过自主探究、亲身实践的过程综合地运用已有知识和经验解决问题，学会学习，培养学生的人文精神和科学素养。

此外，学生每学年必须参加 1 周的社会实践，获得 2 学分。三年中学生必须参加不少于 10 个工作日的社区服务，获得 2 学分。

（5）学生毕业的学分要求：学生每学年在每个学习领域都必须获得一定学分，三年中获得 116 个必修学分（包括研究性学习活动 15 学分，社区服务 2 学分，社会实践 6 学分），在选修Ⅱ中至少获得 6 学分，总学分达到 144 学分方可毕业。

另外，综合实践活动作为一个学习领域，是每个学生的必修课程，包括研究性学习活动、社区服务与社会实践。其中：研究性学习三年共计 15 学分；社会实践活动 6 学分，即学生每学年必须参加 1 周的社会实践，获得 2 学分；社区服务 2 学分，三年中学生必须参加不少于 10 个工作日的社区服务以获得 2 学分。信息技术作为综合实践活动的手段，注重的是在活动中的应用，而不在于修得学分。因此，在普通高中新课程中，综合实践活动作为一门必修课程的总学分数高达 23 学分，在高中所有必修学分中所占的比重近 20%，是所有学习领域中必修学分最高的。

二、课程标准

课程标准是国家管理教育和评价教育质量的基础性文件，它根据未来国民素质的目标要求，规定了国家对不同阶段的学生在知识与技能、过程与方法、情感态度与价值观等方面的基本要求；规定了各门课程的性质、目标以及内容框架，并针对课程实施中的重要问题提出了建议，是教材编写、教学评估、考试命题的基本依据。

（一）国家课程标准的基本结构

我国国家课程标准主要包括五个部分：

（1）前言：根据本课程门类的特点和要求，阐述课程的性质、课程的基本理念、总体设计思路。

（2）课程目标：从知识与技能、过程与方法、情感态度与价值观三个维度确定本课程门类的总目标和学段目标。

（3）内容标准：在大致划定本课程门类的内容范围和框架的基础上，用明确的行为动词表述学习目标和学习结果。

（4）实施建议：为确保达到课程目标和内容标准而提出的课程实施建议，包括教与学的建议、评价建议、课程资源开发与利用、教材编写建议等。

（5）附录：本课程门类的有关附件，如教学活动案例、行为动词用法一览表等。

（二）国家课程标准的特点

作为课程设置与管理的纲要性文件，国家课程标准与传统教学大纲在核心理念、基本结构、表述方式等方面存在明显的差异。表6-4与表6-5是国家课程标准与传统教学大纲的比较。

表6-4 国家课程标准与传统教学大纲的文本结构差异比较

项目	课程标准		教学大纲
前言	课程性质		学科性质
	基本理念		
	设计思路		
目标	课程目标	情感、态度、价值观	教学目的
		知识与技能	
		过程与方法	
内容	内容标准	按学习领域划分	教学内容和要求
		按学习主题划分	
		按目标要素划分	
		高中阶段按必修选修划分	
建议	教学建议		课时安排，教学原则，教学应注意的问题，考试与评价，教学设备等
	评价建议		
	教材编写建议		
	资源开发与利用建议		
附录	术语解释、案例等		补充说明或具体说明

表6-5 国家课程标准与传统教学大纲的内容比较

课程标准	教学大纲
针对学生，明确某一学段应达到的共同的、统一的基本要求。	针对学科，规定了教学的具体内容、顺序及其要求。
更多地关注学生通过课程内容的学习在知识与技能、过程与方法、情感态度与价值观等方面的发展。	更多地关注学生在学科的知识、技能方面应该达到的要求。
既关注教师的教学，更关注学生的学习。	更多地关注教师的教学行为。
内容的表述方式更多地体现了指导性、启发性、弹性。	内容的表述方式更多地体现了原则性、规定性、刚性。

通过以上对国家课程标准与传统教学大纲的比较，我们可以发现国家课程标准具有以下几个特点：① 课程标准主要是对学生在经过某一学段之后的学习结果的行为描述，而不是对教学内容的具体规定；② 它是国家制定的某一学段共同的、统一的基本要求，而不是最高要求；③ 学生学习结果行为的描述应该尽可能是可理解的、可达到的、可评估的，而不是模糊不清的、可望而不可即的；④ 它隐含着教师不是教科书的执行者，而是教学方案（课程）的开发者，即教师是"用教科书教，而不是教教科书"；⑤ 课程标准的范围应该涉及作为一个完整个体发展的三个领域，即认知、情感与动作技能，而不仅仅是知识方面的要求。

(三) 国家课程标准的意义

课程标准是课程实施和教学工作的指针，是国家对基础教育课程的基本规范和要求，也是评价学校、教师、学生的重要依据。具体而言，国家课程标准的意义体现在以下几个方面：

1. 在国家层面上，它标志着公民素养有了明确的质量标准

课程标准充分体现了国家意志，围绕着基础教育阶段的培养目标，明确规定各课程门类所要达到的公民素质的基本要求。国家课程标准是由国家统一制订、统一颁布的，任何地方、组织、部门、个人都没有私自制订、颁布国家课程标准的权力。由于国家课程标准体现的是一种国家意志，因此国家课程标准就具有统一性、普遍性和强制性。所谓统一性，是指国家课程标准中所规定的公民素质的基本要求，是一种对未来公民素质的统一要求；所谓普遍性，是指这种标准适用于基础教育阶段就学的所有学生，适用于我国范围内基础教育阶段所有开设这门课程的学校；所谓强制性，是指执行义务教育阶段的国家课程标准，必须达到课程标准所规定的公民素质的基本要求。

2. 在学校教育层面上，它标志着素质教育的落实有了根本依托

课程是实施培养目标的蓝图，是学校组织教育教学活动的最主要的依据。素质教育的精神如果没有体现在课程标准和教科书中，那么就只是一句没有现实意义的口号，这也是多年来素质教育未能取得实质性进展的主要原因。为了改变这种状况，国家新课程标准从课程理念、目标、内容、实施等多方面全方位地凸显素质教育的基本精神，使课程与教学成为稳固的、连续的、制度化的推进素质教育的重要载体。

3. 在教材层面上，它标志着教科书走向多元化有了可能

传统教学大纲为教科书的编写提供了基本的依据，提供了统一性的要求、规定和规格，具有具体、明确、可操作性强的特点。但统一性的要求过多，创造性的空间较小，刚性过强，弹性不够。由于教学大纲的刚性约束，使教科书的多元化变得没有意义也没有可能。相反，课程标准则为教科书编写提供一种弹性空间。既有基本的、统一的规范和要求，以便为教科书的编制提供基本依据，又有充分的收缩与扩展、预制与生成、再造与创造的余地。课程标准为教科书编写者所提供的"弹性空间"为教科书的真正多元化发展提供了可能，也使编写具有特色的教科书成为可能。

4. 在教学层面上，它标志着教师专业自主权的确立有了保障

课程标准把"怎么教"的权力还给了教师，从而为教师创造性地进行教学，施展自己的专业才能提供了可能。传统教学大纲提供的是一种"刚性约束"，因此所形成的就必然是一种标准化、齐步走、大一统的教学。在长期的教学实践中，由于教学大纲和教科书不断地被神圣化，因此忠实地执行教学大纲和传递教科书就成为教师教学工作的基本价值取向。这种教学体系不仅剥夺了教师的专业自主权，也窒息和压抑着有生命力、有原创性、有个性的教师教学活动。与此相反，课程标准不仅在理念上确立了教师专业的自主权，强调教师不再是课本知识的解释者、忠实执行者，而是与专家、学生等一起构建新课程的合作者；而且在实践上，强调通过提供建议和提供典型案例使教师准确理解标准，进而增强其课程意识和能力，降低教师对教材的过分依赖。

三、教科书

教科书又称课本，是依据课程标准和学生接受能力编写的、系统反映学科内容的教学用书。教科书的内容一般包括目录、课文、习题、实验、图表、注释、附录等部分。

(一) 教科书的作用

(1) 教科书是学生在学校获得系统知识、进行学习的主要材料，它可以帮助学生掌握教师讲授的内容，便于学生预习、复习、完成作业，进一步扩大学生的知识领域。

(2) 教科书也是教师进行教学的主要依据，它为教师的备课、上课、布置作业、学生学习情况的评定等提供了基本材料。熟练地掌握教科书的内容是教师顺利完成教学任务的重要条件。

(二) 编写教科书的基本要求

(1) 教科书的编排形式要有利于学生的学习，要符合卫生学、教育学、心理学和美学的要求。教科书的内容阐述要层次分明；文字表述要简练、精确、生动、流畅；篇幅要详略得当；标题和结论要用不同的字体或符号标出，使之鲜明、醒目。

(2) 教科书的编写在内容上要体现出科学性与思想性。科学性是基础，思想性寓于科学性之中。

(3) 教科书编写的形式要多样化。教科书要突破以语言文字符号编制"书"的局限性，利用现代化教育技术创造全新的教科书，如录音、录像、软件、多媒体等。这些教科书正成为教学的重要选择或重要补充。

(4) 教科书编写由"教程"式向"学程"式发展，不仅关心教师教的需要，更注重学生学的需要。

第三节 课程实施

课程实施是指将编制好的课程方案付诸实际的过程,是实现预期的课程理想,达到预期课程目标的基本途径。

一、课程实施取向

课程实施的取向是指对课程实施过程本质的不同认识以及支配这些认识的相应的课程价值观。课程实施的取向集中表现在对课程变革计划与课程实施过程之关系的不同认识方面。辛德等人(Snyder, Bolin & Zumwalt)将课程实施或研究课程实施的取向分为三种:忠实取向(fidelity orientation)、相互适应取向(mutual adaptation orientation)、课程创生取向(curriculum enactment orientation)。

(一)忠实取向

忠实取向把课程实施过程看成是忠实地执行课程方案的过程,追求最大程度地依据课程方案的意图去实施课程。这种取向的基本观点是:课程是既定的课程文件或产品,课程方案在设计上是完善的;课程实施是一个直线的过程,教师在实施课程时越接近既定的课程方案,那么课程实施越成功。在这种取向下,课程设计者扮演着专家的角色,他们预先将课程完善地设计好,并为教师的课程实施提出建议和指导。教师则扮演着忠实使用者的角色,他们无需对课程方案作出改变,只要忠实地落实既定的课程方案、实现专家设计的课程意图即可。忠实取向的课程实施曾备受推崇,因为通过控制教师的课程行为、监视课程实施的成效,可以在学生的学习结果和课程方案之间建立联系,有利于评价最初的课程方案的优劣,从而提供反馈、改进课程方案。但实践证明,这种取向的课程实施并不能按专家设计的意图成功地运行。因为教师总是有意或无意地对课程作出增删和调适,完全忠实地"复制"课程内容的实施在实践中是不存在的;对教师行为的控制实际上消解了教师作为专业人员的课程自主权,不利于教师能动地创造性地实施课程。

(二)相互适应取向

相互适应取向认为教师在课程实施中可以根据具体教育情境对课程方案作出适当的调适。在这种取向下,教师可以不按照既定的课程方案去实施课程,因为既定的课程方案更多考虑的是学校教育的共性,而不同学校、不同班级以及不同教师的课程实施都是个性化的,为了更好地实现课程意义,需要对课程作出相应的调适。这就要求课程本身一定要有灵活性,留出空间让教师对课程目标、课程内容、课程的组织方式和评价方式等作出调整。这种取向的课程实施认为,要成功地落实课程方案的意图,必须在课程和教师的实施之间作出相互的调适;课程实施的关键就在于调适,而不是标准化的课程行为。在这种取向下,教师成为积极的协调者和课程的共同决定者,教师的课程角色和课程功能受到重视,有利于发挥教师的积极作用,创造性地实施课程方案。

(三)课程创生取向

课程创生取向认为课程不是既定的计划或产品,而是教师和学生经验的总和,官方的课程纲要、课程文件和教材等不是需要教师忠实推行的学习材料,而只是协助教师和学生创造课程的一些工具。在这种取向下,教师实施课程的过程也是教师和学生创生课程的过程。因此,这种取向的课程实施消解了专家的权威角色,使教师和学生成为课程创生的主体,老师不再需要忠实于专家的意见,而是扮演着课程开发者的角色。

二、课程实施的影响因素

影响课程实施的因素可以归纳为课程方案本身、课程实施的主体、课程实施的背景三个方面。

(一)课程方案

成功的课程实施来自于切实的课程方案。设计课程方案要考虑到各方面的实际情况和实施课程所需资源。课程方案本身的特点对课程实施有着重要的影响,具体来说有以下六个方面:① 合理性,课程方案本身要合乎逻辑,其理念、目标和手段在实施层面上应适合课程实施地区、学校的实际,是该地区、学校经过努力能够达成的;② 相对优越性,相对于原有的课程方案而言,新的课程方案应具有自己的长处或优势,如理念的时代性、目标的完善性、手段的多样性、评价的科学性等;③ 需要程度,课程方案应让家长、学生、教师和社会各方切实感受到其实施的必要性和迫切性;④ 推广度,一般而言,课程方案推广的范围小,其实施起来相对较为容易,如果推广的范围广,而教师队伍的整体素养和数量不能很快适应,课程实施就会困难重重;⑤ 可操作性,课程改革应是普通教师能够操作和实施的,如果课程方案让教师感到非常复杂,含糊不清,则教师可能回避方案要求而采取其他容易的对策;⑥ 课程材料的质量,课程材料及其组合方式应该反映一种新的教学观念,具有一定的理论基础,有新意,而且能够达到课程设计的目标。

(二)课程实施的主体

课程实施的主体,主要指教师、学生和校长,此外也包括各级教育行政部门、社会人士和其他专业人员。

1. 教师

教师作为直接的课程实施者,其参与课程实施的积极性与主动性对课程实施的成败起着重要作用。课程方案只有经过教师的充分理解和转化,才能被合理有效地运用于实践,体现其理论与实践价值。教师对于课程实施的影响主要包括教师对课程实施的态度、教师实施课程的能力、教师与其他实施主体之间的交流。

2. 学生

学生对于课程实施的影响不仅表现在对待课程方案的态度上,也表现在对课程实施的配合与反馈上。当学生主动参与课程实施时,一方面,他们能够积极了解课程内容和学习方式,并积极配合教师或学校实施各种课程方案的内容、形式和方法;

另一方面，他们作为课程实施最为直接的感受者，能够提供最有价值的反馈信息，这些都将影响到课程实施的效果。

3. 校长

校长作为学校层面课程实施的领导者，其影响涉及课程实施的各个方面：根据新的课程方案，协调国家课程、地方课程和校本课程，规划学校具体实施的课程方案；选择或自主开发实施的课程内容（教材）；课程实施规章制度的制定，如教师的任课情况、课时安排，课程的实施步骤等；提供思想与物质方面的支持；处理好有争议的课程问题；组织学校文化建设等。

(三) 课程实施的背景

课程实施的背景一般指课程方案的社会环境和时代特征、人们对课程方案的价值判断以及学校和社区的历史文化等。

成功的课程实施应对社会环境有敏锐的把握，充分了解社会的结构、传统和权力关系，为课程方案争取有利的政治和经济支持。这部分因素包括国家和地方政策的变化、财政拨款、技术支援、舆论支持等。课程方案的顺利实施需要得到教育系统之外的各方力量的支持。

人们对课程方案的价值判断将对课程实施造成间接影响。理想的课程实施要争取到最多的舆论支持，消除人们对于课程方案的疑虑，并通过交流和改进课程方案来提高课程实施的成效。

学校和社区的历史文化对课程实施的影响也很重要。课程实施顺利与否，与其所在学校的历史文化背景密切相关，因此要推进课程实施，必须研究学校既有的历史文化背景，分清有利和不利因素，有针对性地加以控制和利用。

第四节 课程资源

课程资源是课程实施的条件和基础，它对于转变课程功能和学习方式具有重要意义。课程资源的丰富性和适应性影响着课程目标的实现范围，其开发和利用水平决定着课程实施的程度。

一、课程资源的定义

课程资源是课程设计、编制、实施过程中可资利用的一切人力、物力以及自然资源的总和。课程资源可从广义和狭义两个角度理解：广义的课程资源泛指有利于实现课程目标的一切因素，如生态环境、人文景观、国际互联网络、教师的知识等；狭义的课程资源仅指形成教学内容的直接来源，典型的如教材、学科知识等。

课程资源不仅是课程开发的条件，也是课程的来源和构成要素，还是课程得以形成和发展的基本前提。

课程资源为课程目标的实现提供了资源上的保证，为课程意义和教育意义的充分展现提供了背景和基础。

二、课程资源的特点

课程资源既不同于一般社会资源,也不是现实的课程成分或运作条件,它具有多样性、潜在性、多质性和动态性的特点。

(一)多样性

教材无疑是重要的课程资源,但课程资源绝不仅仅是教材,也不限于学校内部。课程资源涉及学生学习与生活环境中一切有利于达成课程目标的资源,它弥散于学校内外的方方面面,因而课程资源具有广泛多样的特点。

(二)潜在性

课程资源是一种"自然"因素,在未被课程实施主体开发之前,并没有显示出其教育功用,只有经过课程实施主体自觉能动地加以利用,才能转化为现实的课程成分和相关条件,发挥其课程作用和教育价值。也就是说,只有那些真正与教育教学活动联系起来的资源,才是现实的课程资源。因此课程资源无论其存在形态、结构,还是其功能和价值,都具有"潜在性"或者"待开发性"。对于不同的课程目标而言,潜在课程资源的开发条件、价值和效益不尽一致。在实践中,人们往往根据课程目标的要求选择具有较大价值且易于开发的资源。

(三)多质性

多质性是指同一资源对于不同课程具有不同的用途和价值。例如,动植物资源可以成为学生学习生物学知识的资源,也可以成为学习环境学、生态学知识的资源,还可以成为学生调查、统计的资源。又如学校附近的山,既可以用于体育课程中的体育锻炼,也可以用于劳动技术教育中的植树绿化。课程资源的这一特点要求教师独具慧眼,善于挖掘课程资源的多种利用价值。

(四)动态性

与自然资源相比,课程资源具有"动态性"的特点。生物资源、矿物资源等自然资源在很大程度上是以资源本身的客观属性来分类界定的,因此比较稳定。而课程资源需经主体的意义筛选,不仅涉及资源的客观性层面,而且还包含着主体的主观意向性层面,因此表现出多个方面的动态特性。

三、课程资源的类型

为了更好地认识、开发和利用课程资源,必须按照一定的标准把课程资源加以区分,下面主要介绍几种常见的分类。

(一)校内课程资源和校外课程资源

根据资源的空间来源,课程资源可分为校内课程资源和校外课程资源。

校内课程资源包括校内的各种场所和设施、校内人力人文资源、与教育教学密切相关的各种活动。校内课程资源是实现课程目标,促进学生全面发展的最基本、最便利的资源。课程资源的开发与利用首先要着眼于校内课程资源。

校外课程资源包括学生家庭、社区乃至整个社会中各种可用于教育教学活动的设施和条件以及丰富的自然资源。校外课程资源可以弥补校内课程资源的不足，充分开发与利用校外课程资源能为教师转变教育教学方式，适应新课程提供有力的支持和保证。

（二）文字课程资源、实物课程资源、活动课程资源和信息化课程资源

根据资源的物理特性和呈现方式，课程资源可分为文字课程资源、实物课程资源、活动课程资源和信息化课程资源。

文字的产生，纸张和印刷术的发明促进了人类文化的传播和教育教学活动的发展，以教材为主的印刷品记录着人们的思想，蕴涵着人类的智慧，保存着人类的文化，延续着人类的文明，直到今天仍然是最重要的课程资源。

实物课程资源表现为多种形式：一类是自然物质，如动植物、矿石等；一类是人类生产生活过程中创造出来的物质，如建筑、机械、服饰等；一类是为教育教学活动专门制作的物品，如笔墨纸砚、模型、标本、挂图、仪器等。实物形式的课程资源具有直观、形象、具体的特点，是常用的课程资源。

活动课程资源内容广泛，包括教师的言语活动和体态语言、班级集体和学生社团的活动、各种集会和文艺演出、社会调查和实践活动以及师生之间、学生之间的交往等。充分开发与利用活动课程资源，有利于打破单一的课堂教学模式，使学生在掌握知识的过程中，增进社会适应能力和社会交往技能，养成健全的人格。

以计算机网络为代表的信息化课程资源具有信息容量大、智能化、虚拟化、网络化和多媒体的特点，对于延伸感官、扩大教育教学规模和提高教育教学效果有着重要的作用，是其他课程资源所无法替代的。随着教育现代化进程的不断推进，信息化课程资源的开发与利用已势在必行，它将是最富有开发与利用前景的课程资源类型。

（三）素材性课程资源和条件性课程资源

根据资源的功能特点，课程资源可分为素材性课程资源和条件性课程资源。

素材性课程资源包括知识、技能、经验、活动方式与方法、情感态度和价值观等方面的因素。其特点是作用于课程，并且能够成为课程的素材或来源。

条件性课程资源包括直接决定课程实施范围和水平的人力、物力、财力、时间、场地、媒介、设备、设施和环境以及对于课程的认识状况等因素。其特点是作用于课程却并不是形成课程本身的直接来源。

素材性课程资源与条件性课程资源之间并没有绝对的界线。现实中的许多课程资源如图书馆、博物馆、实验室、互联网络、人力和环境等往往既是素材性课程资源，又是条件性课程资源。

（四）内生性课程资源、物化形态课程资源和情景性课程资源

根据资源的载体形态，课程资源可分为内生性课程资源、物化形态课程资源和情景性课程资源。

内生性课程资源是指以人为载体的资源，它包括具有较高的思想道德素质、丰富的生活经验和广博的专业知识的各类人员。其最大特点是他们可以直接参与课程实施，并对其他资源进行深度加工。

物化形态课程资源是指以物为载体的资源，即以历史、现实和将来存在的物为载体的资源。这类资源较多，只要是附载信息的物都有可能成为此类课程资源关键是要根据需要而灵活选用。

情景性课程资源是指以活动为载体的资源，即活动或特定的情景所蕴含的丰富资源，表现为特定的机会或情景。这类资源有着艺术化的功效，具有动态性、随机性、即时性等特点，只在特定的时空条件下存在，是不能完全复制的。

（五）国家课程资源、地方课程资源和学校课程资源

根据三级课程管理政策，课程资源可分为国家课程资源、地方课程资源和学校课程资源。

国家课程资源，是指关系到国家教育发展和国家课程开发的课程资源，主要包括：保证国家组织安全和发展的政治思想以及制度化的法律法规；保证培养增强国家竞争实力的人力资源所需要的科学技术知识和创新能力的资源；保证民族文化延续和发展的民族文化课程资源。

地方课程资源，是指地方所拥有的课程资源。由于各地在政治、经济、文化、风俗习惯、自然环境等方面存在着巨大的差异，因此在课程资源方面也形成了各自的独特性。地方课程资源不仅是地方课程设置的必要前提，而且是地方课程生长发展的动力。

学校课程资源，是指学校所拥有的各类课程资源，具体包括：教师经验课程资源，即教师的思想观念、知识结构、教育教学的能力与素养等；学生经验课程资源，即学生的心智发展状况、知识程度、学习习惯、个性品质等；教材，即教科书和相关的学习材料等；学校设施，即保证课程实施的各项必要的设备与条件，如教学场所、图书、仪器等；教学时间资源，即教师与学生进行课程活动可以利用的时间。

四、课程资源的开发与利用

课程资源的开发和利用是指课程开发主体认识课程资源系统，利用课程资源为课程实施服务的过程。课程资源的开发与利用是课程建设的重要组成部分，没有课程资源支持的课程实施必然会受到一定程度的限制和阻碍。

（一）开发与利用课程资源应遵循的基本原则

课程资源的开发与利用并不是随意把某些资源用于课堂教学，而是要遵循一定的基本原则的。只有遵循了这些原则，才能更有效地挖掘并合理利用那些具有开发和利用价值的课程资源，才能促进学生、教师和学校的发展。以下是开发与利用课程资源应遵循的基本原则：[1]

1. 共享性原则

信息时代，任何一个人所了解的信息都是有限的。资源只有共享，其价值才能得到更加充分的发挥。有形的资源共享固然重要，无形的资源如经验、智慧如果能

---

[1] 教育部基础教育司,教育部师范教育司.课程资源的开发与利用[M].北京：高等教育出版社,2004:52,68.

够共享，则更具有价值。随着信息社会的来临，快速发展的网络技术已经使更多课程资源在更广范围内的共享成为可能，这也为课程资源的共享原则提供了来自技术层面的支撑。

2. 经济性原则

课程资源的开发与利用要尽可能用最少的开支和精力，达到最理想的效果，具体包括开支的经济性、时间的经济性、空间的经济性和学习的经济性。开支的经济性，是指用最节省的经费开支取得最佳效果，尽可能开发与利用那些不需要多少经费开支的课程资源，不应借口开发与利用课程资源而大兴土木，盲目引进硬件设备，不计高昂的经济代价。时间的经济性，是指尽可能开发与利用那些对当前教育教学有现实意义的课程资源，而不能一味等待更好的条件或时机，否则就会影响新课程的实施。空间的经济性，是指课程资源的开发与利用要尽可能就地取材，不应舍近求远，好高骛远。校内有的不求诸校外，本地有的不求诸外地。学习的经济性，是指尽可能开发与利用能激发学生学习兴趣的课程资源。如果引入教育教学活动的课程资源意图不明确、晦涩难懂，不仅达不到预期的目的，反而还可能加重学生的学习负担。

3. 实效性原则

课程资源的开发与利用必须在可能的课程资源范围内和在充分考虑成本的前提下突出重点，针对不同的课程目标，精选那些对学生终身发展具有决定意义的课程资源。一般来说，每一种课程资源对于特定的课程目标具有不同的作用和功能，不同的课程目标就需要开发与利用不同的课程资源。但是由于课程资源本身的多质性，同一的课程资源又可以服务于不同的课程目标。所以课程资源的开发与利用就必须在明确课程目标的前提下，认真分析与课程目标相关的各种各类课程资源，认识和掌握其各自的性质和特点，这样才能保证开发与利用的针对性和实效性。

4. 因地制宜原则

尽管课程资源多种多样，但是相对于不同的地区、学校、学科、教师和学生，可资开发与利用的课程资源具有极大的差异性。因此，课程资源的开发与利用不应强求一律，而应从实际情况出发，发挥地域优势；强化学校特色，区分学科特性，展示教师风格，扬长避短，因地制宜、因人制宜地开发与利用课程资源。

(二) 课程资源开发与利用的途径

由于课程资源具有多样性和多质性特点，课程资源开发与利用具有广泛的选择路径和灵活性；同时，课程资源的潜在性和动态性特征，决定着课程资源的开发与利用必须充分发挥课程实施者的能动作用。这里主要从教师、学生、学校和社会四个层面，阐述课程资源开发与利用的途径。

1. 教师层面的课程资源开发与利用

在课程实施过程中，课程资源的开发离不开教师的介入。教师是最重要的课程资源，不仅影响着课程资源的鉴别、开发、利用和积累，是素材性课程资源的主要载体，而且还是课程实施的首要的基本条件资源。只有把教师的智力资源开发出来，通过教师发挥作用，才能最有效地开发课程资源。因此，对教师资源的开发和利用是课程资源开发与利用的最重要的途径之一。

具体来说，教师作为课程资源，其自身的知识结构、能力素质、价值取向在课程实施过程中发挥着无可替代的特殊作用。教育教学过程中其他资源能否被充分地加以开发利用，在很大程度上取决于教师的智慧。教师层面的课程资源开发，就是要使教师树立课程资源理念，成为教学过程的研究者与学习者，成为超前于课程与学生的发展者，并在这一过程中，形成课程资源开发所需的素养，获得开发课程资源的能力。这意味着教师应在了解校内外课程资源存在方式的基础上进行创造性的工作，充分发挥自己的潜能，为实现一定的课程目标而运用自己的智慧；教师之间也要发展互助与合作的关系，每一位教师都应成为合作者与促进者，在交流经验、共享课程资源的过程中，积累、开发、利用各级各类课程资源。

此外，教师在教材的"二次开发"过程中也起着重要的作用。所谓教材的"二次开发"，就是教材的再开发、多次开发，就是将那些与教材内容相关的、对学生学习有意义的材料，经过教师的努力在教学过程中呈现给学生。教材本身就是经过筛选了的课程资源。对教材的再次开发和利用，可使课程内容能更为紧密地与学生的经验和生活实际结合起来，从而能够真正实现"用教材教而非教教材"的先进理念。教师是教材"二次开发"的当然主体，鼓励教师进行教材的"二次开发"，对有效实现课程目标和实现教师的专业发展都有着重要的意义。①

教师在教学过程中充分开发与利用课程资源应当把握好以下关键点：积极调查研究学生的兴趣类型、活动方式和手段，激发学生的学习动机；确定学生的现有发展基础和差异；积极开展课外实践活动，创造学生学习知识、增长经验的机会；各门课程的教材要取舍得当；把学生学习的结果及时反馈给学生；制订参考性的技能清单；总结和反思教学活动。

2. 学生层面的课程资源开发与利用

学生既是课程资源的消费者，又是课程资源的开发者。尤其是在现代信息技术广泛运用到教学与人们生活各个方面的背景下，学生获取知识与信息的途径多元化，学生之间的相互交流与学习显得越来越频繁和重要，学生本身成了特殊的课程资源的开发者。同时，由于学生的学习方式也发生了根本的变革，学生在合作学习、探究学习、自主学习的过程中，相互之间都形成了丰富多彩的课程资源。

学生开发与利用课程资源不仅形式上灵活多样，而且还具有多渠道、多层次、多类型等特点，对学生兴趣的培养、能力的锻炼、合作精神的形成都有积极作用。学生搜集的课程资源在教师的指导下，还可以通过进一步的加工与筛选，形成一些具有典型性与代表性的课程资源库。学生作为课程资源的开发者，本身就可以成为课程资源的活动载体。他们可以把课外的课程资源带入校内，成为校内的课程资源，他们还可以将零碎的课程资源整合成体系较为完整的课程资源。开发与利用课程资

---

① 王鉴.课程资源开发与利用的多元化模式[J].教育评论，2003(2)：36.

源的过程本身,就是学生学习的过程,而且这种学习过程还可以影响到其他学生的学习过程。

3. 学校层面的课程资源开发与利用

由于各个学校在办学条件、师资水平、生源质量等方面存在着很大的差异,因此学校层面的课程资源开发与利用要根据本地区、本学校的实际情况,因地制宜地对本校课程资源进行开发与利用。结合校本课程的建设进行校本课程资源的开发与利用是当前学校层面课程资源开发与利用最值得关注的途径。学校在课程资源开发与利用方面应当注意以下几个方面:

首先,学校在校本课程建设的过程中,应摆脱那种将开发校本课程视为编写教材的误区,强调依据学校的背景和条件以及对国家教育方针的理解,充分利用学校已有的课程资源来建设校本课程。

其次,要加强对校内课程资源场所的建设,把校内课程资源与校园文化建设、校园隐蔽课程等结合起来,为教师和学生能够顺利地开发与利用课程资源创造条件。

再次,学校要主动与社区、部队、工厂、农村、家庭等联系,把校外课程资源与校内课程资源有机地结合起来,并使校外课程资源成为校内课程资源不竭的源泉。

4. 社会层面的课程资源开发与利用

社会层面可资利用的课程资源范围极为广泛,包括社会上的图书馆、科技馆、博物馆、展览厅、青少年活动中心、工厂、农村、部队、政府机关、企事业单位、高等院校和科研院所,以及广阔的网络资源、乡土资源、社区资源和环境资源等。上述资源中有不少也含有丰富的人力资源因素,如社区内可开发的人力资源又包括社区的管理者、企业界人士、专家学者、离退休干部、学生家长、社会各界的先进人物以及具有各种专业特点或专长的居民等。就我国目前课程资源开发与利用的现实而言,上述课程资源还远远没有被开发和利用,其功能与价值远未被发挥出来。面对社会层面存在的丰富的课程资源,学校、教师以及各层次的课程开发和实施者都要有意识地加以开发和利用,为课程资源库存容量的增加添砖加瓦。

社会层面课程资源的开发主要有两种方式:一是以利用为主,即利用现成的资源直接服务于教育,如图书馆、科技馆等;二是以挖掘为主,即挖掘出课程资源所隐含的教育价值,如社区内的人生价值取向、道德风尚、民情风俗、典型人物思想观念等,要善于将其转化为教育因素,运用于教育过程。

第五节 课 程 评 价

课程评价是教育领域中教师、教育管理工作者或其他有关人员经常进行的一种价值认识活动,其目的在于保证课程设计与实施的合理性,当代课程评价尤其强调其对学生发展的作用。

一、课程评价的概念

课程评价就是运用一定的方法和手段,通过系统地收集、分析、整理信息和资料,考查课程目标的达成程度或对课程研制过程、课程方案及实施效果作出价值判断的过程。课程评价的本质是对课程的价值判断。

要正确理解课程评价的概念,需明确以下两点:一是课程评价是一种价值判断活动,其结论要受到评价者教育价值观的影响,树立正确的教育价值观是有效开展课程评价、使课程评价对教育实践发挥正确的导向作用的必备前提;二是课程评价对象的范围很广,涉及教育的各个方面,包括受教育者的发展变化以及构成其变化的诸种因素。

二、课程评价的主要模式

(一)目标达成模式

目标达成模式旨在确定课程方案达成目标的程度,由美国课程评价专家泰勒倡导。泰勒认为,教育的目的在于改变学生的行为,评价就是要衡量学生行为实际发生变化的程度。

目标达成模式的评价程序包括如下步骤:① 拟定一般目标或具体目标;② 将目标加以分类;③ 用行为术语界定目标;④ 确定应用目标的情境;⑤ 发展或选择测量目标的技术;⑥ 收集学生的行为表现资料;⑦ 将收集到的资料与行为目标比较。

目标达成模式是一种较客观并有一定效率的评价模式,它的提供是评价领域技术上的一次进步。该模式极大地影响了许多教育学者的评价研究,后来课程评价模式的发展都与这一模式有关。

目标达成模式的优点是:它把评价与测验作了区分,提出课程评价的目的不仅仅是评价学生的优劣,还在于改进课程开发,这一观点揭示了评价的本质;这一模式结构紧凑、操作性强,也是它在课程评价理论中占有重要地位的重要原因。不过,该模式亦有一定的局限性,由于受到预定目标的束缚,使得评价忽略了未预期的目标,更忽略了丰富的互动的课程教学历程。

(二)目标游离评价模式

目标游离评价模式形成于20世纪60年代,以美国学者斯克里文(M. Scriven)为代表,它是针对目标达成模式的弊病提出来的。斯克里文认为,实际进行的教育活动除了产生预期效果之外,还会产生各种非预期的效果(或副效果),这种副效果的影响有时是很大的。为了能全面地评价教育活动的效果,为了使评价者不受预期课程目标的影响,他主张不把预定的评价目标告诉评价者,以利于评价者搜集全部有关方案和计划信息,从而对教育活动作出全面的评价。

但是,该评价模式也存在不少问题:如果在评价中把目标搁置在一边去寻找各种实际效果,可能顾此失彼,背离评价的主要目标;完全目标游离的评价是不存在的,因为评价者总有一定的评价准则,游离了课程编制者的目的,评价者很可能用自己的目标取而代之。

（三）背景—输入—过程—成果模式（CIPP 模式）

背景—输入—过程—成果模式（CIPP 模式）是美国教育评价学家斯塔夫尔比姆（D. L. Stufflebeam）于 20 世纪 60 年代后期倡导的课程评价模式。斯塔夫尔比姆认为，课程评价不应局限在评价目标达到的程度，课程评价应该是一种过程，旨在描述、取得及提供有用资料，为判断各种课程计划、课程方案服务。这一模式将课程评价分为背景评价（context evaluation）、输入评价（input evaluation）、过程评价（process evaluation）、成果评价（product evaluation）四个环节。

背景评价即确定课程计划实施机构的背景的评价，采用的方法主要是系统分析、调查、文献评论、倾听意见、会谈和诊断性测验等；输入评价旨在确定如何运用资源以达成目标，采取的方法主要是文献调研、访问、试点试验等；过程评价主要是通过描述实际过程来确定或预测课程计划本身或实施过程中存在的问题，为计划的设计和实施者提供定期的反馈，在方法上可以有多种选择；成果评价即测量、解释和评判课程结果的评价，旨在帮助课程决策者决定课程计划是否应该终止、修正或继续执行。[①]

CIPP 模式是一种力图摆脱传统的局限于目标的评价模式，其重点不在引导一项个别研究的进行，而在为决策者提供信息。其目的不在证明而在改良，以更好地反映社会对评价提出的新的要求。但是这种模式实施过程比较复杂，所需要的投入相对也高，操作起来有一定的困难。

三、发展性课程评价

针对我国现行课程评价存在的问题与不足，我国新一轮课程改革倡导发展性评价。发展性评价体现了当前课程评价发展的新趋势与先进的评价思想，对于推进我国基础教育课程改革意义深远。

发展性课程评价认为评价的根本目的在于促进学生、教师和学校的发展，淡化传统评价的甄别与选拔功能，关注学生、教师和学校在课程发展中的需要，突出评价的激励与调控功能，激发学生、教师、学校和课程的内在发展动力，促进其不断进步，实现各主体自身的价值。发展性课程评价代表着未来课程评价的发展方向，它的基本内涵有以下几个方面：

（1）强调评价的根本目的在于促进发展。淡化原有的甄别与选拔的功能，突出评价的激励与调控的功能，关注学生、教师、学校和课程发展中的需要，激发学生、教师、学校和课程的内在发展动力，促进其不断进步，实现自身价值。

（2）关注人的发展。强调评价的民主化和人性化的发展，重视被评价者的主体性与评价对个体发展的建构作用。

（3）关注发展过程。将形成性评价与终结性评价有机地结合起来，使学生、教

[①] 施良方.课程理论——课程的基础、原理与问题[M].北京:教育科学出版社,1996:158.

师、学校和课程的发展过程成为评价的组成部分；而终结性的评价结果随着改进计划的确定亦成为下一次评价的起点，进入被评价者发展的进程之中。

（4）评价内容综合化。重视知识以外的综合素质的发展，尤其是创新、探究、合作与实践等能力的发展，以适应人才发展多样化的要求；评价标准分层化，关注被评价者之间的差异性和发展的不同需求，促进其在原有水平上的提高和发展的独特性。

（5）评价方式多样化。将量化评价方法与质性评价方法相结合，适应综合评价的需要，丰富评价与考试的方法，如成长记录袋、学习日记、情景测验、行为观察和开放性考试等，追求科学性、实效性和可操作性。

（6）评价主体多元化。从单向转为多向，增强评价主体间的互动，强调被评价者成为评价主体中的一员，建立学生、教师、家长、管理者、社区和专家等共同参与、交互作用的评价制度，以多渠道的反馈信息促进被评价者的发展。

1. 如何看待课程内涵的四种界说？
2. 制订课程目标的依据有哪些？
3. 课程计划的基本构成有哪些？
4. 课程标准编制主要涉及哪些问题？
5. 如何理解我国国家课程标准的意义？
6. 课程有哪些主要的分类？
7. 应如何进行课程资源的开发与利用？
8. 发展性课程评价的基本内涵是什么？

主要参考文献

1. 教育部人事司,教育部考试中心.教育学考试大纲[M].北京：北京师范大学出版社,2002.
2. 朱慕菊.走进新课程——与课程实施者对话[M].北京：北京师范大学出版社,2002.
3. 钟启泉.现代课程论[M].上海：上海教育出版社,1989.
4. 余文森.新课程背景下的公共教育学教程[M].北京：高等教育出版社,2004.
5. 钟启泉等.基础教育课程改革纲要（试行）解读[M].上海：华东师范大学出版社,2001.
6. 张华.课程与教学论[M].上海：上海教育出版社,2000.
7. 丛立新.课程论问题[M].北京：科学教育出版社,2000.
8. 王斌华.校本课程论[M].上海：上海教育出版社,2000.
9. 郭元祥.综合实践活动——设计与实施[M].北京：首都师范大学出版社,2001.
10. [美]泰勒.课程与教学的基本原理[M].施良方,译.北京：人民教育出版社,1994.
11. 钟启泉等.普通高中新课程方案导读[M].上海：华东师范大学出版社,2003.
12. 刘家访,余文森,洪明.现代课程论基础教程[M].长春：东北师范大学出版社,2007.
13. 施良方.课程理论——课程的基础、原理与问题[M].北京：教育科学出版社,1996.

第七章 教学（上）

学习评价

1. 识记教学、教学规律、教学原则等概念。
2. 了解教学的地位、教学的一般任务。
3. 理解并掌握教学与相关概念的关系、教学规律与教学原则的关系、教学的四条基本规律。
4. 运用教学原则分析教学现象。

第一节 教学的概念和任务

一、教学的概念

（一）教学的一般概念

与"教育"概念相对应，教学也有广义和狭义之分。在广义上，凡是以一定文化为对象，有教有学、教与学统一的活动，都可以称为教学。在这里，我们主要从狭义的角度来理解教学。狭义的教学是指学校教学，即在教育目的规范下，教师的教与学生的学共同组成的一种活动。学生在教师有目的、有计划的指导下，积极主动地掌握系统的科学文化基础知识和基本技能，发展能力，增强体质，陶冶品德、美感，形成全面发展的个性。具体而言，教学包含以下几个方面的含义：

1. 教学以促进学生的全面发展为目的

教学是学校进行全面发展教育的基本途径。学校教学既要使学生掌握一定的基础知识和基本技能，同时在此过程中还要发展学生的智力，增强学生的体质，培养学生科学的世界观、良好的道德品质和健全的个性，即促进学生各方面的健康发展。

2. 教学是教师的教和学生的学相统一的活动

教学是师生双方的共同活动，教学双方在活动中相互作用，辩证统一。首先，教不同于学。在学校教学情境中，教主要是一种外化过程，学主要是一种内化过程；教主要是教师的行为，学主要是学生的行为。其次，教和学相互依存，相辅相成，是同一教学活动的两个方面。教学永远包括教和学，既不存在没有教的学，也不存在没有学的教,"教之于学就如同卖之于买"①。但教学并不是教和学的简单相加,而是有机地结合或辩证地统一。只有教或只有学的片面活动,或者只有这二者的简单相加而没有真正"结合"或"统一",都不是真正意义上的教学活动。

3. 教学活动主要是以教学内容(特定的文化)为中介,通过传授和学习教学内容来进行的

教学内容把教与学连接起来,并成为教与学的依据及其成效的检验标准。教学对学生产生影响的最重要的特点,就是在教学中,学生德、智、体、美诸方面的发展变化。而这些发展变化都是紧密结合科学知识的传授和学习进行的,并在一个统一的过程中实现的。

4. 教学具有多种形态,是共性与多样性的统一

教学作为学校进行全面发展教育的一个基本途径,具有课内、课外、班级、小组、个别化等多种形态。教师和学生共同进行的课前准备、上课、作业、练习、辅导、评定等都属于教学活动。随着社会的发展,教学既可以通过师生间、学生间的各种交往进行,也可以通过网络、广播、电视、录音、录像等远距离教学手段开展。教学作为一种活动、一个过程,是共性与多样性的统一。

(二)教学与相关概念的关系

教学是教育科学体系中的一个重要概念,它与教育、智育以及自学等几个邻近概念关系密切,通过与这几个概念的比较,可以帮助我们更好地理解教学。

1. 教学与教育

教学与教育既相互联系又相互区别,两者是部分与整体的关系。教育包括教学,教学是学校实施全面发展教育的一个基本途径。除教学活动外,学校还通过课外活动、生产劳动、社会实践等途径向学生进行教育。教学工作是学校教育工作的一个组成部分,是学校教育的中心工作。除教学工作外,学校教育还包括其他教育和管理工作,如德育工作、体育卫生工作、后勤工作等。

2. 教学与智育

人们往往把教学和智育两个概念混同起来,其实教学与智育是两个既有联系但又不同的概念。智育是指向学生传授系统的科学文化知识和技能,专门发展学生智力的教育活动,它是学校全面发展教育内容的一个重要组成部分。教学是智育的主要途径,但不是唯一途径,智育还需要通过课外活动等途径才能全面实现。教学要完成智育任务,但智育却不是教学的唯一任务,教学还要完成德育、体育、美育、劳动技术教育的任务。实际上,讲教学,突出的是它是一种特殊的教育活动,是实施学校教育的基本途径;讲智育,突出的是它是学校教育内容的一个重要方面。将教学与智育等同起来是非常有害的,它容易导致对智育的途径和教学的功能产生狭隘化甚至唯一化的片面认识,阻碍教学作用的全面发挥,影响全面发展的教育目的的实现。

---

① 中央教育科学研究所比较教育研究室.简明国际教育百科全书·教育(下)[M].北京:教育科学出版社,1999:233-240.

3. 教学与自学

教学与自学也是既有联系又有区别。教学由教与学两方面组成。其中，学既包括教师直接教授下的学，也包括学生围绕教学而进行的预习、复习与独立作业等学习活动。教的最终目的是为了不教，即要不断提高学生的自学能力，达到能独立自主的学习。但是，教学与学生在教学之外独立进行的自学有一定的区别。自学是学生独立自主进行的学习，不同于教学中的预习、复习和作业。

二、教学的地位

教学是学校教育中最基本的活动，在学校中居于中心地位，发挥着核心作用。首先，从教育途径来看，学校教育的途径有教学、体育活动、劳动、社会实践、党团活动和社群活动等，但无论从时间、空间还是设施看，全都主要为教学所占据。这是因为，教学对学生发展的影响是最全面、最深刻的。教学不仅是智育的主要途径，也是德育、体育、美育的基本途径，教学对学生德、智、体、美等方面产生全面的影响，而学校其他活动的作用则只是单方面的。其次，从工作类型来看，学校的工作包括教学工作、党务工作、行政工作和总务工作等，后三种工作都是为教学工作服务的。总之，以教学为主是由学校的性质决定的，是学校与其他部门相互区别的一个本质特点，抓住了教学也就抓住了学校的根本任务。当前学校实施素质教育也必须以教学为主渠道。

需要指出的是，学校坚持以教学为主不等于可以忽视其他的教育途径和教育工作，更不等于教学唯一。这是因为，首先，教学虽然能使学生较为便捷地获得全面发展所需要的科学文化知识和技能，为其身心发展提供良好的条件，但教学又容易脱离生活实践，具有一定的局限性。这就需要把教学与生产劳动、社会实践等教育活动结合起来，共同发挥对学生的影响作用。其次，学校是一个多项工作、多个部门和多种人员相互联系、相互组合的整体，没有其他方面工作的密切配合，教学工作的正常发展及其质量就会受到影响。因此，学校坚持以教学为主，还必须树立全局观念，统筹安排，做到以教学为主全面安排学校的各项工作。

三、教学的一般任务

教学任务指明教学应该干什么。教学任务的决定受教育目的的规范，从根本上说，教学与其他教育形式一样，都是要促进学生德、智、体、美等方面全面发展。但教学在实现促进学生全面发展的总目标时，又有自己不同于其他教育活动的工作内容和工作方式，因此，教学任务是教育目的与教学具体实践相结合的产物。教学的一般任务，它指明的是各教育阶段、各科教学共同应实现的目标要求。在我国，教学的一般任务有以下几个方面：

（一）引导学生掌握系统的科学文化基础知识和基本技能

教学的首要任务是引导学生掌握系统的科学文化基础知识和基本技能，教学的其他任务都是在引导学生掌握知识和技能的过程中和基础上实现的。中学教育是在小学教育的基础上，为学生进一步接受高一级教育和整个人生打基础的阶段，中学教学必须重视向学生传授基础知识和基本技能。

所谓知识，是人们在认识世界和改造世界的过程中所获得的经验，是人类在长期的实践过程中取得的关于客观世界的认识成果，是关于客观世界的经验的概括和总结。科学的知识反映了客观世界的本质和规律，是人们关于客观世界的正确认识。教学所要传递的基础知识，是指构成各门科学的基本事实、相应的基本概念、原理和公式及其系统。它是组成一门学科知识的基本结构，揭示了学科研究对象的本质及发生变化的规律性，是进一步学习和研究该学科的基础。所谓技能，是指通过练习形成的能够运用所掌握的知识解决问题，完成实际任务的能力。教学所要形成的基本技能，则是指各门学科中掌握复杂技能所必须具备的最主要、最常用的起始性技能，如语文和外语的阅读、写作技能，数学的运算技能，理、化、生学科的实验技能等。技能通过反复练习，可以发展成技巧。一般来说，知识的掌握是形成技能、技巧的基础，而技能、技巧的形成又有助于进一步理解和掌握知识。

教学的重要任务是将贮存在书本或其他信息载体中的物化知识作为学生认识的客体，经过有指导的学习活动，将人类总体的知识转化为学生个体的内在的知识结构。在普通中学中，教学必须把现代自然科学和社会科学中的基础知识和基本技能系统地传授给学生，其具体指标是：① 能促进学生德、智、体、美等全面发展，使他们具有一个现代人所应具有的素质；② 能为他们参加现代生产劳动和政治、文化生活创造必要的条件；③ 能为他们进一步学习各种专门知识和从事科学研究、进行创造发明奠定初步的基础。

（二）发展学生的智力、体力，培养学生的创造才能

发展学生的智力、体力，培养学生的创造才能，既是顺利、高质量地进行教学的重要条件，也是培养全面发展人才的基本要求。

所谓智力，一般指人的认识能力，即认识客观事物的基本能力，是认识活动中表现出来的那些稳定的心理特征。它主要包括注意力、观察力、记忆力、想象力和思维力，其中思维力是智力的核心。体力，主要指身体的正常发育成长与身体各个器官的活动能力。学生的创造才能主要指他们运用已有的知识和智能去探索、发现和掌握未知晓的知识的能力。它是学生个人的求知欲望、进取心和首创精神、意志力与自我实现信心的综合体现。

教学不仅要使学生掌握知识，而且要发展以思维为核心的认识能力；不仅发展学生智力，而且要发展学生的体力，注意教学卫生，保护学生视力，增强学生体质，养成自觉锻炼的习惯，有规律、有节律地学习与生活。特别是要通过发展性教学，启发诱导学生进行推理、证明、探索和发现，教会学生学习，培养学生独立学习和分析、解决问题的能力，从而培养学生的创造才能，以适应科学技术发展的时代要求。

（三）培养学生高尚的审美情趣，养成良好的思想品德和行为习惯，为形成科学的世界观打下基础

高尚的审美情趣、良好的思想品德和行为习惯，是青少年健康成长的需要，也是教学的重要任务。

世界观是对世界的总的看法和态度。青少年正处在品德、审美情趣和世界观急速发展和逐步形成的重要时期，教学在使学生形成科学的世界观、培养良好的道德品质和审美情趣方面起着重要作用。除专门的德育课和美育课外，学生在教学中进行的学习和交往，也是他们在生活中认识世界和进行社会交往的组成部分。学生在掌握自然科学、社会科学知识和联系实际中，将提高自己的道德修养和审美情趣；他们在班级的集体活动中，将依据一定的规范和要求来调节自己的思想和行为。教师应自觉地结合各科教学的特点，挖掘渗透其中的思想内容，对学生进行思想品德教育，为其健康成长奠定良好的基础。

（四）关注学生个性发展

现代教学关注学生个性的发展。关注学生个性发展，就是要协调好学生知识、智力、兴趣、情感、意志、性格等各方面的因素。从心理发展的角度看，一方面，教学的作用表现为促进学生认知智慧的发展，包括使学生掌握一定知识，形成一定技能，发展一定能力；另一方面，教学在促进学生认知发展的同时，也在影响学生情感智慧的发展。情感智慧涉及人的需要、兴趣、动机、情感、理想、信念等个性心理倾向和注意力、意志力、气质、性格等个性心理品质，认知智慧是非常重要的，而情感智慧对于人工作的成功和生活的幸福更重要。为此，通过教学，不仅要引导学生的智力活动，还要注意促进学生情感智慧的发展，培养学生良好的个性心理品质，如发展学生的主体能动性、塑造学生坚强的意志、发展学生的自我情绪管理能力等。

上述教学的四项任务，本身具有内在的一致性。知识、智力、思想、观点与态度以及个性发展，都交织在一个人的学习活动之中。而各门学科由于在教学实践中所承担任务的不同，又各有自己的重点。

第二节 教学规律

任何事物都有其客观规律，遵循规律办事才能取得成功。要搞好教学工作，提高教学质量，就必须研究、分析教学过程，揭示其本质规律。

教学规律是教学现象和教学过程中客观存在的、必然的、本质的、稳定的联系。认识教学规律必须把握两点：一是必然性。只要有教学现象和教学过程存在，就有教学规律存在。规律是教学要素间必然的而不是或然的联系。二是客观性。规律不以人的主观意志为转移，规律既不能人为地制订和创造，也不能人为地废除和消灭。所谓教学的基本规律，就是对教学过程的性质、方向和结果具有决定作用的那些本质联系。以个重点介绍四条教学的基本规律。

一、教学认识过程的简约性规律

教学过程是学生认识与发展相统一的过程。在教学过程中，一方面，学生在教师的引导下，把从人类文化中选取的知识经验内化为自身的知识和经验，实现着对客观世界的认识；另一方面，学生在学习掌握知识经验的同时，实现着自身认知、情意、技能和能力的全面发展。与人类一般认识过程相比，教学的认识过程既要遵循人类认识的普遍规律，又具有简约性，这种简约性主要体现在认识的对象和条件上。

（一）学生的认识以学习间接经验为主

所谓间接经验，既包括他人的经验，也包括人类的经验（种的经验）——人类在文明史的演进历程中所积累起来的一切经验，而主要是种的经验。所以，间接经验主要体现为自然科学、社会科学和文学艺术等文化成果。这种经验一般以理性认识的形式出现，通过书本来传递，通常又把间接经验叫做书本知识。

在教学过程中，学生以学习间接经验为主，其原因在于：间接经验是前人经过无数次实践总结，并被实践所证明是正确的、概括化、理论化的知识体系，学生以学习间接经验为主，可以大大缩短他们对客观世界的认识过程，体现出认识的经济性、高效性和简约性。学生所学的书本知识是根据社会发展的需要，按照人类认识规律和学生身心发展规律的要求，精心编排的最基本的理论，在一定程度上是人类文化发展史的缩影。学生以它为认识对象而发展自己的认识，可以使学生个体打破时间和空间的限制，在较短的时间内掌握前人需要很长时间实践探索才能获得的认识，使他们的认识迅速提高到人类社会已有的水平上来，站在人类已有的认识基础上开拓新的认识领域。例如，人类对机械运动的认识，从古希腊的亚里士多德，到17世纪牛顿继承了伽利略、开普勒等人的研究成果，建立了牛顿三大定律和万有引力定律为止，其间经历了两千多年的漫长岁月。而今天，学生在学习这些认识成果时，只需用几十个小时甚至十几个小时就可以掌握牛顿力学。

（二）学生学习间接经验要以直接经验为基础

所谓直接经验，是指个体通过亲自参加实践活动所获得的经验，这是个人的经验。在教学过程中，要使人类的知识经验转化为学生真正理解掌握的知识，必须以个人以往积累的或现时获得的感性经验为基础，原因在于学生学习的书本知识是以抽象的文字符号表示的，是前人生产实践和社会实践的认识和概括，而不是来自学生的实践和经验。陶行知有句话："接知如接枝"，间接经验好比新嫁接上去的枝条，直接经验好比树干，间接经验只有根植于直接经验这个树干，才能存活并具有生命力。学生学习的间接经验是基于直接经验并为了其直接经验的，这与成人完全相同。任何缺少必要的感性认识或体验的理性认识，对学生而言都是抽象的教条，是不可能变成学生认识世界的工具的。

（三）教师的指导是实现认识简约性发展的有利条件

精心编排的书本知识，只为学生认识简约性的发展提供了可能。鉴于学生认识的局限，要使这种可能转化为现实，教师的积极启发与诱导是重要条件。它可以避免学生认识的盲目性，保证学生在有利的条件下，最大限度地获取知识，发展自己的能力，实现教学认识过程的简约性。

二、教学与发展相互制约与促进的规律

这里的发展具有两方面的含义:一是指身体方面的发展,包括机体的正常发育和体质的增强;二是指心理方面的发展,包括认知因素和非认知因素的发展,即知识、能力和技能技巧、情感、兴趣、态度、意志、性格等方面的发展。这两方面的发展都和教学有着紧密的联系。可以存在没有教学(指学校教学)的发展,但是并不存在不包含发展因素的教学。进行教学活动,一方面受一定发展水平的制约,另一方面又对发展产生极大的影响。

(一)教学受制于学生的发展水平

进行中学教育要以学生身心发展达到一定水平为条件,没有这些条件,就没有进行中学教育的基础。对于各级教育来说都是如此。这是因为,人的身心发展具有阶段性和连续性、加速期和关键期。这些特点是就一般而言,即就学生在不同时期的发展共性而言。学生的发展除共性外还有个性,也就是我们常说的个性差异。不管是就身心发展的共性还是个性来说,都要求教学工作必须与之适应。否则,这种工作将是低效的、无效的,甚至还会产生阻碍学生身心发展的不良影响。

(二)教学与发展可以相互促进

教学受制于学生的发展水平,意思是说教学要以学生的生理和心理的成熟程度及特点作为基础,并与之适应。但这只是问题的一个方面,问题的另一个非常重要的方面是,教学不只是消极地去适应发展,它还可以积极地促进学生各个方面的发展。教学可以促进学生发展的机制在于:第一,人类的知识经验实际上是人类发展成果的外化,人在发展过程中创造着知识经验;第二,从人类知识经验中选取"少而精"部分而组织成的教学内容,实际上也是人类发展成果的外化,其内核凝结着作为人的发展成果的"认知、情感、技能和能力等";第三,通过教学过程,学生一方面把教学内容中的知识经验内化为自身的东西,另一方面,把凝结在知识经验中的人类"认知、情感、技能和能力等"内化为自身的发展成果,从而同时实现了发展。这样,教学与发展内在地统一在一起。

然而,教学只有恰当地处理与发展的关系,才能充分促进学生的发展,对学生的发展产生巨大的推动作用。苏联心理学家维果茨基认为,每个学生都存在着两种发展水平,一是现有水平,二是潜在水平,他们之间的区域称为"最近发展区"。教学就是从这两种水平的个体差异出发,把"最近发展区"转化为现有发展水平,并不断地创造更高水平的"最近发展区"。苏联教育家赞科夫关于"教学与发展"的理论的核心思想是"以尽可能大的教学效果来促进学生的一般发展"。许多生理学家对于人的大脑所具有的巨大潜力的研究,也都说明了教学工作如果处理得当,对学生的一般发展是可以产生巨大的推动作用的。

三、教与学相互影响与作用的规律

教学是教师的教和学生的学组成的双边活动。教与学是贯穿整个教学过程的最

基本的一对关系。教与学各以对方的存在为自身存在的前提，二者相互依存、相互影响和作用。具体而言，在教学中，不但教师的教影响学生的学，使学生受到影响，学生的学也规定和制约着教师的教，使教师受到影响。

（一）教影响学

教师教的根本目的是促进学生的学，教的立足点是使学生学得更好、更多、更深、更有意义。教师闻道在先，术业有专攻，客观上也能够做到这一点。在教学中，教师的教影响着学生学习的方向、内容、进程、结果和质量，起引导、规范、评价和纠正的作用。教师的教还影响着学生的学习方式以及学生学习主动积极性的发挥，影响着学生的个性以及人生观、世界观的形成。主观上我们希望教师的教能够促进学生的学，然而在实践中，教并不都是促进学，也有阻碍学的时候。教阻碍学主要有两种表现：其一是显性的，教师不得要领、冷漠无情、枯燥乏味地教，使学生失去学的兴趣和热情；其二是隐性的，教师照本宣科地讲授学生自己通过阅读便能看懂的课本知识，这种教剥夺了学生学（独立学习）的机会，从而阻碍学生学习能力和学习积极性的发展。当教师的教不是促进学生的学，而是阻碍学生的学的时候，教失去了应有的价值。

（二）学影响教

首先，学生的学规定了教师的教。作为教学活动中学习的主体，学生有自己的兴趣、需要，有自己的知识经验、思维方式、情感意志、价值观等，这些都规定了教师的教，对教师的教提出了要求。学对教的这种内在规定性既是被动的，又是主动的；既是对教的限制，又是对教的促进。一位名师说得好："学生是教我学会教书的先生。"一位特级教师说得更具体："学习好的学生是提高我业务能力的老师，学习差的学生是提高我教学法的老师。"①

其次，教师的学影响着教师的教。教育者必先受教育。第斯多惠说："谁要是自己还没有发展、培养和教育好，他就不能发展、培养和教育别人。"② 为教学生，教师必先教自己，以促进学生的学为落脚点，教师自身的教与学在教学中也是同步发展的。一位语文教师对此是这样举例说明的：为教好鲁迅小说《药》，首先必须博览、研读与《药》有关的研究资料及鲁迅其他作品，以增强对鲁迅作品的感悟；其次还得搜集研究名师处理本课的教学研究成果或方法，把它当做自己教学的借鉴，这样一课一课地"教"，一课一课地"学"，天长日久，日积月累，就能使自己成为语文教学所需要的"杂家"和"专家"。③

在实际的教学活动中，教和学是同一事物（过程）的两个不同方面。两者虽可从逻辑上进行区分，但实质上却是一个统一体。就教影响学和学影响教的关系而言，两者也是辩证统一的。教学的意义是追求教学相长，即教和学相互促进。其中教长学是基本的，也是第一位的；但同时我们也要特别强调学长教，这是因为，没有学

---

① ③ 余文森. 新课程背景下的公共教育学教程[M]. 北京：高等教育出版社，2004：217.
② 张焕庭. 西方资产阶级教育论著选[M]. 北京：人民教育出版社，1964：340.

长教，教长学是不能持久的，教的活动和水平就会停滞，最终必然影响教长学。所以，在教学活动中，教和学的影响是相互的，教学的结果是教与学相互作用的结果。

四、教学具有教育性的规律

教学具有教育性，是指教学在传授和学习知识的同时，总有某种思想、观点和道德精神影响学生。这里的"教育"，指的是道德教育、思想品德教育。西方有句名言：教学永远具有教育性。"永远具有"这四个字讲得非常深刻，它指出了教学具有教育性不是一种暂时的偶然的现象，而是一条规律。正如19世纪德国教育家赫尔巴特所说："我想不到有任何'无教学的教育'，正如相反方面，我不承认有任何'无教育的教学'。"教学具有教育性揭示了教学过程中教书与育人两个方面之间的内在的必然的联系。

那么，为什么说教学具有教育性，或者说纯粹传授知识的教学是不存在的呢？这可归纳为以下几个方面：

（一）书能育人

教学过程中所传授的各门学科知识，在使学生获得一定的知识、技能和能力的同时，形成相应的对自然、对社会、对人生的立场、观点和态度，从而对学生的价值观、思想品德的形成和发展产生影响。

（二）教书的人能育人

教师的劳动具有特殊性，教师在引导学生认识周围的世界时，其自身也作为周围世界的一部分对学生产生着影响。教师在教学过程中所自然流露的思想、品德、风貌、学识、才能、作风、言谈举止、待人接物等，无不潜移默化地影响、感染和熏陶着学生的心灵。

（三）教书的活动能育人

首先，在教学过程中学生旨在掌握特定学科知识的学习活动本身具有巨大的潜在的教育性。就是说，学生在教学过程中采取什么方法进行学习将会极大地左右他们的态度和性格。比如，如果学生只是被动地接受或机械地模仿教师所传授的东西，往往会养成学生盲从的态度和性格。如果在教学过程中唤起学生积极的探究精神，引导学生逐步自主地解决问题，就有可能养成学生独立地、创造性地、友善地实现目标的态度和性格。

其次，教学过程中所形成的特定的班级社会气氛和人际关系的性质也影响学生的品德和性格。教学是以班集体的形式进行的，学生在教学活动中要与教师和同学发生各种关系，这种种关系中包含有道德的因素，如对师长的尊敬、对同学的友爱、遵守纪律和秩序等。另外，"集体"也具有教育的作用，一个班集体一旦形成，就会像熔炉一样对每个成员的品质起着不可估量的陶冶和塑造作用。

需要指出的是，所谓"教学具有教育性"，并不是指教学一定会促进学生形成良好的道德品质和正确的价值观，而是指教学过程不是一个价值中立的过程，学生在此过程中不仅掌握知识、发展能力，而且与此同时会形成和改变其思想品德和价值观念。学生在教学过程中所形成的思想品德和价值观念未必一定符合教育要求和社会要求，当教师不能自觉意识到"教学的教育性"原理、不能高质量地组织教学、不能有意识地发挥教学的积极教育作用的时候，学生很有可能变得道德败坏并形成错误的价值观念，从而使教学的教育性表现为"反教育性"。

第三节 教学原则

教学原则在教学实践中具有重要意义，教师要有效地开展教学，就必须明确教学活动中应遵循的一些基本原则。

教学原则是人们根据一定的教学目的和教学目标、遵循教学规律而制订的指导教学工作的基本要求。它包含三方面的含义：第一，教学原则从属于教学目的，是为实现教学目的服务的；第二，教学原则的确定有赖于人们对教学规律的认识；第三，教学原则对教学内容、教学方法、教学组织形式的设计与运用起指导作用。

教学原则与教学规律既有区别又有联系。教学规律是教学及其组成成分发展变化过程中的本质联系和必然趋势，它在教学过程中是自然而然发生作用的。教学原则既要遵循教学规律，又服务于一定的教学目的，是教学过程中必须刻意遵循的基本要求，这意味着实施原则的有意性和自觉性。教学原则与教学规律之间具有一定的对应关系，但不能机械地理解为一一对应关系。从一条教学规律可能引发出一个或多个教学原则，一条教学原则也可能建立在一个或多个教学规律之上。

一、教书与育人统一的原则

（一）基本含义

教书与育人统一的原则，是指教师在教学过程中使思想品德教育与知识教学有机地结合起来，二者相辅相成、相互促进。

教书与育人统一的原则是教学具有教育性规律的反映。教学是对学生进行思想教育的主要途径，不仅时间长，而且影响面广，在学习各科知识的同时潜移默化地影响学生的思想行为。我国自古以来就提倡文以载道，并有教书育人的良好传统。我国教育家徐特立认为"教师不仅要传授知识，更重要的是育人"。他要求教师必须具有两种人格，一种是"经师"，一种是"人师"，除了教学问以外，还要注意学生的品质、作风、生活、习惯等。实践证明，教书与育人相结合，既有利于知识的教学，又使思想教育充满活力，二者相得益彰。

（二）基本要求

1. 教好书是育人的基础

教书育人的特点是在传授知识的过程中进行思想品德教育，没有教书，就谈不上育人。为此，教好书是育人的基础，是育人的必要条件。如果教师的教书不被学生欣赏，那么，教师就不能被学生认可、信服，育人就成了一句空话。不仅如此，教书育人中一定离不开书，教师唯有真正吃透教材这本书，找准知识传授、能力培养和思想教育的结合点,所渗透的德育内容才能同学科知识本身融为一体,而不至于牵强附会。

2. 教师要有在教书中育人的自觉性

教学中的德育因素是客观存在的,但教师只有自觉意识到"教学的教育性"原理时,才能真正既教书又育人。在教学科目和活动中,有一类是直接进行政治、思想、道德和心理教育的,另一类是起潜教育作用的,并不那么直接,却十分重要,这就需要教师具有教书育人的有意性和自觉性,分析教学内容的特点,依据学生的心理规律,把教书和育人融为一体。为此教师应当:(1)清醒地认识到自己除教学生知识外,还应教学生做人,每一位教师对此都负有责任;(2)把教学中育人的责任落实到教学目标上;(3)教学过程中应注意情感的激励和教育作用。

3. 教师要言传身教统一,重视自身的榜样作用

所谓言传,就是教师通过有声的语言对学生进行的教育和影响。所谓身教,则是教师以自己的形象和行为对学生的教育、影响和感染作用。没有身教的言传是缺乏力量的,其效果也不会持久,甚至会起反作用。在教学中,教师在行为方面表现出来的特征对学生的影响很大,如教学态度、教学作风、待人方式乃至思想品质、工作方法,都明显包含思想、品德等教育内容。为此,教师须做到言行一致、表里如一,要求学生做到的,教师应当首先做到;要求学生遵循的,教师决不能违反。只有这样,才能以身教来支持言传,以身教来落实言传。

言传与身教相统一,要求教师具有高尚的道德情操、优秀的心理品质、严肃认真的工作作风、实事求是的治学精神、敏于求学的态度等,为此,教师要不断提高自己的专业水平和思想道德修养,真正做到"学高为师,身正为范"。

二、适应性与发展性相统一的原则

(一)基本含义

适应性与发展性相统一的原则,是指教学提出的要求、选择的内容等,既要适应学生发展的现状,又要使学生付出较大的努力才能达到和掌握,促进其最大限度的发展。

适应性与发展性相统一的原则是教学与发展对立统一规律的反映。教学的适应性与发展性的关系是辩证统一的,它们相互联系、相互促进,共同构成促进教学有效进行的基本要素。一方面,教学的适应性是发展性的基础。"陵节而施"、"揠苗助长"必将损害学生的身心健康,使发展成为空话。另一方面,教学的发展性可以扩大教学的适应性。学生具有主观能动性且处于不断发展中,教学不仅要适应学生的发展,而且要尽最大可能来促进学生发展。苏联心理学家维果茨基指出,"教育学不应当把眼睛看着儿童发展的昨天,而应当看着儿童发展的明天",并认为"只有走在发展前头的教学才是好的教学"[①]。一个良好的教学不仅要考虑学生目前业已完成的

---

① 赞科夫. 教学与发展[M]. 北京:文化教育出版社,1980:14.

发展进程，业已获得的成熟程度，而且还要考虑其正处于形成状态的过程，刚刚开始成熟的、刚刚开始发展的过程，充分满足学生的求知欲和认知可能性的教学才有意义。

(二) 基本要求

1. 掌握并使教学适应学生身心发展规律

学生身心发展具有顺序性、阶段性和差异性等特点，教师要把握学生的这些特点并使教学适应学生的身心发展规律。

学生身心发展的顺序性是指学生从出生到成年，其身心发展是一个由低级到高级、由量变到质变的连续不断的过程。从整体上看，教学也是一个逐步深化的过程，但在局部上，教学在时间上是不连续的。这就要求教师既要注意每一课时教学内容的深广度恰如其分并具有相对完整性，还应重视新旧知识的联系，形成学生良好的认知结构。

学生的身心发展还具有阶段性，在不同年龄阶段表现出不同的特征，并非一切知识都是可被所有年龄阶段的学生吸收的。为此，教学要求、内容和方法的拟订必须合理，必须考虑每个年龄阶段学生的特殊需要和兴趣。此外，学生身心发展的差异性还要求教师应注重因材施教，在了解学生个别特点的基础上促进学生个性的发展。

2. 教学既要适应学生现有发展水平，又要有一定的难度

学生现有发展水平是学生发展的生长点，教师对学生现有发展水平的了解是教学的基点。学生现有发展水平一般指班级大多数学生的实际发展水平。教师可通过观察、提问、访谈、作业、测查等多种途径、多个角度了解学生的实际水平，使教学适应学生的接受能力。

学生潜在的发展水平是教学的目标。教师应在充分了解学生现有发展水平的基础上，对学生可能达到的水平作出科学的估计。教学只有落在学生的"最近发展区"，才能有效促进学生的发展。具体说来，就是教学要求、教学内容应对学生来说有一定难度，但这个难度又是他们通过努力可以克服的，即所谓的"跳一跳，摘桃子"。

3. 用发展的眼光看待学生，不断提高教学要求

学生是发展中的人，学生身心各个方面始终处于不断发展变化之中，教师应用发展的眼光看待学生。随着学生知识的增长和能力的提高，教师应及时提出新的更高的要求，使学生不断遇到逐步加深的、新的难度，处于动态发展中。

另外，由于科技的迅猛发展、人民生活水平的不断提高，加上学生信息来源的多元化，现在的青少年在身体发育和智力成熟上都更为提前，学生有很大的学习潜力未被挖掘。为此，教师要不断提高自身素质，适应学生发展的时代特点。

三、传授知识与发展能力相统一的原则

(一) 基本含义

传授知识与发展能力相统一的原则，是指在教学过程中教师要向学生传授系

的知识，同时培养学生多方面的能力，使知识与能力相得益彰，共同提高。

传授知识与发展能力相统一的原则是教学与发展对立统一规律的反映。在教学过程中，学生掌握知识和发展能力是密切联系、相互促进的。能力是包括智力在内的一个含义更为广泛的概念，它是保证一个人顺利进行实际活动、解决问题、完成任务的稳定的个性特征的总和。除了认识能力外，还包括实际操作能力、语言表达能力、人际交往能力、情绪控制能力、意志调节能力、创造能力等。一方面，掌握知识是发展能力的基础，常言道，无知便无能。知识本身是人类智力和能力的结晶，知识的内核中凝结着发展人的因素。另一方面，能力发展是掌握知识的必要条件，能力发展水平制约着学生掌握知识的速度和质量。传授知识与发展能力二者互为重要条件，必须同时并进，不可厚此薄彼。

（二）基本要求

在教学中，实现传授知识与发展能力的统一，并非是自发的结果，而是需要教师与学生在教学中的自觉努力。

1．注重揭示知识整体联系，形成学生良好的知识结构

苏联教育家乌申斯基曾指出，智慧不是别的，而是组织得很好的知识体系。现代认知心理学告诉我们，认知结构是知识和智力统一发展的中介和产物。如果教师提供的知识内容是零散的、杂乱无章的，那无益于学生良好认知结构的形成，进而影响智力的发展。为此，在教学中，教师应帮助学生形成一个网络清晰、融会贯通的整体知识结构。

第一，应把学科知识看做是一个有机的整体，以突出学科知识间的内在联系。知识间的内在联系是客观存在的，它反映在科学知识本身的逻辑关系以及人类认识科学知识的序列之中，教学内容必须以一种有利于学生学习的方式再现这种联系。在静态方面，学科知识应该形成经纬交织、融会贯通的网络，这样能够帮助学生在头脑中将知识"竖成线，横成片"，不但有助于记忆（在信息的任何组织中，如果信息嵌进了一个业已组成的认知结构中，而减少了材料的极度复杂性，那就会使那类材料易于恢复——布鲁纳[①]），而且也使学习变得容易。在动态方面，学科知识应该形成一个自我再生力强的开放系统，这意味着教材教法应当使前后内容互相蕴含、自然推演，在思想上为学生提供一个由已知到未知再到已知的通路。

第二，应使学科知识形成金字塔形的结构，以突出学科中核心的基本的概念。学科知识要素间不仅具有平行相连的并列关系，而且具有上下纵横交错的从属关系。在教学中，教学内容必须依照各概念自身的抽象性、包摄性和概括性程度，把学科知识要素组成一个具有等级性和层次性的金字塔的结构。处于金字塔顶端的即是学科领域中的核心的基本的概念（即主干知识），这是教学的重点。这是因为，这些核心的基本的概念越抽象，它的包摄性、概括性就越强，它所起的统帅、整合和组织辅助知识（处于金字塔下端的知识）的作用就越大。教师在一门课程的教学进程中，

---

① 布鲁纳．教育过程[G]//邵瑞珍·布鲁纳教育论著选[M]．北京：人民教育出版社，1989：36．

应反复回到这些基本概念,引导学生运用这些基本的概念去同化和扩展知识,实现学习的迁移。

2. 充分展开学生的思维过程

由于教学认识过程的简约性特征,学生学习新知识不可能也没有必要重蹈前人生产新知识所走过的老路。但是,凝结在知识内的那些智力却是和知识的学习密切相关的,这就意味着学生学习知识必须付出同样性质的智力劳动。正如布鲁纳所指出的那样:学生应该像历史学家那样学习研究历史,像数学家那样学习思考数学。为了获得真知,学生的思维必须卷入知识的原生产过程。它包括:第一,引导学生通过展开充分的思维来获得知识,了解结论的来龙去脉;第二,暴露学生学习过程中的困难、障碍、错误和疑问;第三,寻找学生思维的闪光点,即学生创造性思维的火花。

3. 教会学生学习,培养学生的自学能力

自学能力是能力的重要构成部分,是独立探索与获取新知识的基本能力,也是当今社会对人的基本要求。教育心理学研究认为,为了使学生有意识地掌握独立而积极地从事学习活动的技能技巧,除了理解学过的材料外,还要让他们意识到自己学习活动的一般方式和手段。[①] 为此,教师在教学中要注重对学生学习方法的指导,同时还要善于培养学生独立获取知识、信息的兴趣、能力、意志和习惯。

4. 注重学生非认知因素的培养

要使传授知识与发展能力相统一,还必须注重学生非认知因素的培养。非认知因素是指认知因素以外的影响认知活动的其他一切心理因素,包括动机、意志、气质以及个性特征。非认知因素是学生学习的动力系统,是培养和发展学生能力过程中必不可少的重要条件,同时也是教学的重要任务。在教学过程中,应结合教学实际,培养学生积极的学习动机;激发学生浓厚的学习兴趣;通过教师的热情关怀和严格训练,培养学生良好的道德情感和克服困难的信心与决心。只有这样,才能真正实现知识传授与能力发展的统一。

四、教师主导性与学生主体性相结合的原则

(一)基本含义

这条原则的基本含义是:在教学中,教师起主导作用,学生居主体地位,教的主导作用和学的主体地位两者必须有机统一起来,即学是以教为主导作用的学,教是以学为主体地位的教。

教师主导性与学生主体性相结合的原则是教与学相互影响与作用规律的反映。教学活动是教师教和学生学组成的双边活动,如何处理好教与学的关系,一直是教育史上的一个主要的理论和实践问题。传统教育倾向于把师生关系看做是单向的传与受的关系,以教师为中心,过分强调教师的权威和意志,把学生看成是被动的知

---

① 黄甫全,王本陆.现代教学论学程[M].北京:教育科学出版社,2003:210.

识接受者。儿童中心主义又走向另一极端,在教学中把教师降到从属地位。现代教学论强调教与学二者的辩证关系。在教学过程中,教师主导着教学活动的方向和性质,学生永远是学习活动的主人;教师只能指导学生学习而不能代替学生学习,学生只有在教师的有效指导下才能更好地学习。既不能以任何形式削弱教师的主导作用,也不能以任何借口剥夺学生的主体地位,只有充分调动教师和学生两个方面的积极性,才能保证教学活动的有效进行。

(二)基本要求

1. 尊重和发挥学生的主体性

教学中,学生永远是学习活动的主人,学生的发展变化从根本上说是通过自己的活动实现的,教师的影响是外因,外因通过内因起作用。具体说来,教学中学生的主体性主要反映在:① 能动性。教学中学生的能动性就是学生在认识活动中表现出来的一种自觉、积极和主动的特性。但能动性不是与生俱来的,学生的能动性有赖于教师的培养。教师要善于不断创造具有激发性的教学情境,去诱导学生的主体意识,促进学生能动性的发展。② 独立性。学习只能是学生自己的事,任何人都无法代替。教学活动中凡属在教师组织下,学生能够通过动手、动眼、动口,特别是动脑而独立完成的一切教学活动,都要尽可能创造条件,给予必要的时间和空间,引导学生进行独立学习和自我活动。③ 创造性。教学中学生的创造性表现为学生具有探究新知、追求新的活动方式和新的活动成果的内在需求和意向。创造始于模仿,教学活动中学生对教师的思维和风格总是有意或无意地进行模仿,这就要求教师的教首先具有创造性,其次是要引导学生从模仿创造走向自我创造。教师要十分珍惜、保护、鼓励学生的独特性和创造性。

2. 坚持和正确发挥教师的主导作用

坚持和正确发挥教师主导作用的一个基本前提是教师自身素养优良,有能力、有水平、有方法、有热情去组织实施每一个教育活动。它要求教师做到:① 发挥教学的导向作用。教师的职责就是促进学生全面和谐发展。从教师和学生的素质差异来说,教师受过专门的教育和训练,闻道在先,在知识、能力、经验、思想观念和个性发展方面都比学生更成熟更丰富。而学生是成长中的人,身心发展还不稳定,具有极大的可塑性,既可能向好的方面发展,也可能向坏的方面发展。为此,教师在教学过程中必然要承担组织和领导的责任,即教师要科学而合理地设计、组织和实施最有利于学生学习的活动与环境,指引教学活动的方向,掌握教学活动的进度,为学生的学习创设情境,调动起学生学习的积极性。② 坚持教学的民主性。教师的作用是主导而不是主宰,为此,在教学中,教师应当发扬教学民主。首先,教师应树立社会主义人道精神,尊重、爱护每一个学生,绝不讽刺、挖苦、辱骂学生。其次,应尊重学生对教学影响的选择权,具体来说,要善于倾听学生的意见和要求;要允许学生在教学过程中插话、提问题,对于学生的独立见解,应给予充分的肯定和表扬;要让学生参与教学的决策。③ 实施启发教学。启发教学的精髓在于"启"和"导"。一是启动,即教师要发展和激发学生学习的内在动机，这就要求教学内容和形式能引起学生浓厚的学习兴趣和学习热情，使学生在迫切要求的心理状态下进行学习。二是导法，即教师要引导学生掌握学习本学科、本节课内容的方法，同时要把自己的教学思路和提出问题、分析问题、解决问题的方法和过程解剖给学生，从而把教法转化为学法，让学生真正学会学习。

五、教学与研究相结合的原则

（一）基本含义

教学与研究相结合的原则，是指教师在教学过程中同时注重研究创造，把教学实践和教学研究两个方面有机统一起来。教学实践出"题目"，教学研究作"文章"，在两者之间形成一种积极的同步反馈效应，实现高层次的教学相长。

教学与研究相结合的原则是教与学相互影响与作用规律的反映。在教学中，教师的教与研是密切联系、相互作用的。对教师而言，教是输出，研是输入，研是层次最高的一种学习。教而不研则浅，教师一味埋头教书，只输出而没有输入，教学水平就会停滞不前，这是导致课堂教学质量平庸或低劣的根本原因；反之，研而不教则空，研而不教是指教师脱离教学需要，为研究而研究，这种研究由于理论脱离实际而显得空洞，对教师提高教学水平和课堂教学质量毫无益处。所以，教师一定要把教与研有机结合起来。

（二）基本要求

1. 增强教学与研究相结合的意识，把研究作为提高教学水平的有力支撑点

教学研究是一个学习、反思、钻研、探索、创造的过程，它有助于教师掌握教育教学规律，更新教育教学观念，提高教育教学理论水平。总之，教学研究是教师教学水平的提高过程，是教师高层次的业务进修。一些教师由于缺乏研究意识，认为没有必要也没有时间做研究，这其实是一种短视的看法。实践证明，如果教师的实践活动仅仅限于完成教材任务，忙忙碌碌地应付繁杂的日常琐事，那么即使他从青丝努力到白发，其个人教学素养也难以得到提高。

2. 强化结合教学选择课题的观念，把教学作为研究的有为领域

对教师来说，教学是科研的源头。在教育教学过程中充满着各种矛盾，也经常会出现一些新情况、新问题，这些矛盾和问题是教师科研选题的源泉。不仅课题的提出要立足于实践，而且课题研究的全过程都应该立足于实践并紧紧追踪实践过程进行。对教师来说，脱离实践的"纯思辨"或面壁虚构的所谓研究，绝不是一种有价值的研究。教师要善于利用自己身处教学实践的优势，努力做到把教学过程科研化。

3. 强化教学与研究的互反馈，善于把科学研究的成果运用于教学实践

要把教学与研究结合得好，还要自觉强化二者之间的互反馈。把教学实践中的问题上升到科学研究的议程上来，这是教学对研究的反馈；把科学研究的成果运用于教学实践，这是研究对教学的反馈。第一个反馈是教对研的促进，第二个反馈是

研对教的促进。

总之，教学和研究必须有机结合，同步发展。教师既要把研究作为提高教学水平的有效途径，又要把教学作为开展科学研究的有为领域，更要在两者之间形成一种互动的良性循环。

六、理论联系实际的原则

（一）基本含义

理论联系实际的原则，是指教学必须坚持理论与实际的结合与统一，用理论分析实际，用实际验证理论，使学生从理论和实际的结合中理解和掌握知识，培养学生运用知识解决实际问题的能力。

理论联系实际的原则是教学认识过程具有简约性规律的反映。学生学习的知识，主要是书本知识，是间接经验，是人类已知的真理。这就要求教师要联系学生的知识基础和思想状况，联系实践活动的实际，用丰富的实际事例，论证书本知识，使学生从具体到抽象，领会科学知识，用以指导实践。

（二）基本要求

1. 加强基本理论和基础知识的教学

只有深刻的理论才有重要的指导意义。赞科夫把"重视理论知识在认识中的指导作用"作为教学原则之一。教学中理论联系实际的目的，主要是使学生更好地掌握这些基础知识和基本技能。在运用这一原则时，必须保证理论知识的主导作用，切实抓好基础理论的教学，切不可主次颠倒，片面强调联系实际而削弱了理论知识的教学。

2. 根据学科内容、任务及学生的特点，采取恰当的方式联系实际

教学中理论联系实际的内容主要有学生的生活实际和经验、学生的思想实际、社会发展实际、科学上的最新成就等。教师要根据学科的具体特点、教材内容以及学生学习的实际水平，恰当地联系实际。在教学中，教师常用的联系实际的方式主要有三种：一是教师讲解过程中的举例和演示；二是组织学生练习、实验、实习、参观、访问等，增强感性认识，并给学生提供运用知识解决实际问题的机会；三是在课外活动、校外活动和其他社会实践中，通过教师的引导，使学生了解这些活动蕴含的书本知识，加深对书本知识的理解。

3. 重视乡土教材的补充

我国幅员辽阔，南方与北方，沿海与内地，在自然条件、经济发展、文化遗产、风俗习惯、教育水平等方面都存在巨大的差异。为此，要重视乡土教材的补充。所谓乡土教材，就是以本地方的政治、经济、文化、历史、地理和民族状况等材料为内容的自编教材。在使用统编教材时，以自编教学材料作为补充，能更好地结合各地方的实际。

思考题

1. 怎样看待教学规律与教学原则的关系?
2. 试述教学与发展相互制约与促进的规律。
3. 试述教与学相互影响与作用的规律。
4. 结合教学实际,谈谈你对传授知识与发展能力相统一原则的理解。
5. 结合教学实际,谈谈你对教师主导性与学生主体性相结合原则的理解。
6. 在教学中,教师为什么既要教书又要育人?

主要参考文献

1. 教育部人事司,教育部考试中心.教育学考试大纲[M].北京:北京师范大学出版社,2002.
2. 余文森,刘家访,洪明.现代教学论基础教程[M].长春:东北师范大学出版社,2007.
3. 黄甫全,王本陆.现代教学论学程[M].北京:教育科学出版社,2003.
4. 李定仁,徐继存.教学论研究二十年[M].北京:人民教育出版社,2001.
5. 刘树仁.小学教学论[M].北京:人民教育出版社,2003.
6. 钟启泉,张华.课程与教学论[M].沈阳:辽宁大学出版社,2007.

第八章 教学（下）

 学习评价

1. 识记教学组织形式、个别教学、班级授课制、分组教学、教学方法等基本概念。
2. 理解班级授课制的主要特征、教学工作的基本程序。
3. 理解不同教学方法的内涵，并能结合教学实际，选择、应用恰当的教学方法。
4. 运用上好课的基本要求评价一堂课。
5. 理解新课程教学的基本走向。

第一节 教学组织形式

教学组织形式，是为实现一定的教学目标，围绕一定的教育内容或学习经验，教师与学生之间相互作用的结构形式。教学组织形式不是固定不变的，它随着社会政治经济和科学文化的发展而不断变化。在教学史上先后出现的影响较大的组织形式有个别教学、班级授课制、分组教学、道尔顿制和特朗普制。

一、个别教学

个别教学产生于古代，并在古代学校中得到普遍推行，这是与古代社会生产力发展水平比较低的状况相适应的。在古代的学校中，间或也有采用初级的集体教学形式，但尚未形成一种制度，不占主要地位。

个别教学即是教师分别对学生讲授知识及指导的组织形式，教师单独向每个学生传授知识，布置、检查和批改作业都是个别进行的。教师在教某个学生时，其余学生均按教师要求进行复习或作业。个别教学最显著的优点在于教师能够根据学生的特点因材施教，使教学内容、教学进度适合于每一个学生的接受能力。因而，在个别教学中，由于每个学生的接受能力和努力程度不同，即使是同时上学的学生，他们各自的学习进度也会有很大差别。总体来说，这种个别教学组织形式规模小、速度慢、效率低，但能较好地适应个别差异。

个别教学是古代社会中主要的,甚至是唯一的教学组织形式。但是,当日后的班级授课制在世界范围内被普遍采用后,个别教学便渐渐失去了生命力。到了20世纪五六十年代,个别教学在欧美各国又重新受到重视,并被赋予新的特点:"第一,加强了教学的系统性,设计了相应的学习内容,如程序教材。第二,学生可以自定学习进度、安排学习活动。第三,采用了新的技术手段,如教学机器、音像设备、多媒体设备等。"[1]

二、班级授课制

16世纪末,随着资本主义工商业的兴起和科学技术的进步,要求扩大学校教育的规模,增加教学内容。在欧美的一些学校最早出现了以班级为单位的教学组织形式。捷克教育家夸美纽斯对这一新的组织形式从理论上加以整理与论证,使之确定下来,后经德国教育家赫尔巴特的发展而基本定型。

班级授课制是一种集体教学形式,它把一定数量的学生按年龄与知识程度编成固定的班级,根据周课表和作息时间表,安排教师有计划地向全班学生集体上课。在班级授课制中,同一个班的学生的学习内容与进度必须一致,开设的各门课程,特别是在高年级,通常由具有不同专业知识的教师分别担任。

(一)班级授课制的主要优点

班级授课制的优点主要表现为以下几个方面:

1. 有利于经济有效地、大面积地培养人才

在班级授课制中,教师根据教学计划中统一规定的课程内容和教学时数、按课程表同时对全班进行集体授课,因而能使大量的学生同时在较短时间内系统地掌握知识技能。同个别教学相比,班级授课制扩大了教学规模,加快了教学速度,提高了教学效率。

2. 有利于发挥教师的主导作用

教师按照课程标准和教科书的规定,有目的、有计划、有组织地进行教学,学生在教师的指导下进行活动,能快速、有效地掌握系统的知识技能。这样充分发挥了教师在整个教学过程中的主导地位。

3. 有利于发挥班集体的教学作用

同班学生学习内容相同,程度相近,便于相互切磋讨论,互帮互助,共同提高。同时,也有助于形成良好的班级风气、积极的集体舆论,从而有利于培养学生遵守纪律、关心他人、关心集体的思想品德。另外,各科教师轮流上课,他们在业务、思想、风格等方面各有特点,学生可以从中受到多方面的教育。

(二)班级授课制的主要缺点

班级授课制的缺点主要表现为以下几个方面:

---

[1] 黄甫全,王本陆. 现代教学论学程[M]. 北京:教育科学出版社,1998:356.

(1) 教学活动多由教师直接做主，学生的主体地位或独立性受到一定的限制。由于班级授课制强调以教师为主调控班级要素和教学活动，从而导致学生被动适应教师，特别是当教师只是关注如何将知识传授给学生时，就常常无法顾及学生在课堂中的主体性。

(2) 教学过程比较封闭，容易与学生的现实世界相脱离。由于受班级规模的限制，班级授课制无论在教学内容的设计上还是在教学过程的组织上，都难以让学生进入生动的现实世界，从而导致教学中只注重与学科知识相关但与学生相去甚远的知识教学。

(3) 重视预设内容的教学，课堂教学的开放性、生成性、创造性不强。多数教师都有这样的观念，要完成教学任务，就要重视课前预设，并在课堂教学中按部就班地展开，这样必然扼杀了课堂教学的开放性与生成性。

(4) 强调统一，齐步走，难以照顾学生的个别差异。教学中，教师一般的做法是以中间为主，兼顾"两头"。但是，实践证明这种教学组织形式难于兼顾"两头"的学生。所以，强调统一、整齐划一的教学根本无法照顾学生的个别差异。

三、分组教学制

分组教学是对班级教学的改革，它最早出现于19世纪末20世纪初，20世纪60年代以后，引起全世界的高度重视，许多国家开展了分组教学的实验和改革。

分组教学最为重要的内容是分组的标准，综合当前对该问题的研究，人们一般将分组标准分为两大类：一类是外部分组，一类是内部分组。

（一）外部分组

外部分组的方式打破了传统的统一按年龄编班的做法，改由按学生的学习能力或学习兴趣来分组。这种形式的分组在西方国家运用得很广泛。

(1) 兴趣分组，也叫选修分组。这种分组也是跨班级的，甚至是跨年级的，如各种课外的活动小组、兴趣小组等。

(2) 能力分组。按学生的能力分组也就是按学生的智力或学习成绩来分组，通常又可分为学科能力分组和跨学科能力分组两类。

学科能力分组的依据是某一年级的学生在某些学科上的学习能力或学习成绩。这种分组的最大特点是它顾及到了学生在不同学科上的不同能力和发展水平。采用这种分组方式造成学生的组别流动变化性较大，如一名学生可能加入数学A组、英语B组、自然科学C组。对于某些不分组学科而言，往往仍旧采取班级教学的形式。

跨学科能力分组通常是按智力高低或成绩测试的分数把某一年级的学生分成A、B、C、D若干组。这种分组的依据是各个学生在各门学科的一般能力和平均成绩，而非某一特定学科的成绩。教师是以不同的教学内容和进度来进行教学，如对高能力组授以水平高的教学内容，中等组授以普通课，低水平组授以基础课。许多国家的中学，特别是在高中阶段，常采用这种方式来对学生进行分组。

（二）内部分组

内部分组是指在传统的按年龄编班的班级内，教师根据教学或学习的各种需要，把全班学生再细分成若干个人数较少的小组，教师根据各小组的共同特点分别与各小组接触，进行教学或布置他们共同完成某项学习任务。学生以组为单位进行自主性的共同学习，在同学之间进行信息交换。分组教学的主要特点是在全班上课的基础上开展小组学习活动，班级依然保留。教师的主导作用、教学的计划性和系统化等主要原则，在班内分组教学中依然存在。

20世纪70年代后期，美国掀起的合作学习采用的就是这种分组方式。其具体做法也是由教师选择一名好生、一名差生和两名中等生组成小组，通过培养学生的合作技能，使他们进行充分的交流，从而达到增强学生的学习信心、提高学习成绩的目的。合作学习可有若干不同的模式，如学生小组成绩分队、学习小组学艺竞赛和交叉搭配教学等。

分组教学最显著的优点在于它比班级上课更切合学生个人的水平和特点，便于因材施教，有利于人才的培养。但是，它仍存在一些问题：一是很难科学地鉴别学生的能力和水平；二是在对待分组教学上，学生、家长和教师的意愿常常与学校的要求相矛盾；三是分组后造成的副作用很大，往往使快班学生容易产生骄傲心理，使普通班、慢班学生的学习积极性普遍降低。

四、道尔顿制

从20世纪初开始，随着进步主义教育思潮的兴起，出现了许多否定班级授课、倡导学生独立活动的教学组织形式，道尔顿制便是其中之一。它是由美国道尔顿城的教育家柏克赫斯特（H. H. Parkhurst）提出并试行的。

道尔顿制的基本做法是：每个学生分别从教师那里接受作业，并与教师签定"工约"，然后到专业教室自己去学习，有疑难则请教各作业室的教师，到期（以"工约"约定的期限为准）接受教师的考查，合格后另订新的"工约"。道尔顿制是一种典型的自学辅导式的教学组织形式，这种形式曾产生过相当的影响，因得到杜威的赞许而影响更大。这种组织形式的生命力被教学实践证明不强，但它所包含的合理因素特别是强调学生自学能力的培养仍对以后的教学思想产生积极作用。

五、特朗普制

特朗普制是由美国教育家劳伊德·特朗普在20世纪50年代创立的。特朗普制把大班上课、小组讨论、个人自学结合在一起，以灵活的时间单位代替固定的上课时间。大班集体教学，由优秀教师采用现代化教学手段给几个平行班统一上课；之后分成小班组，研究讨论大班课上的教学材料，由15~20人组成一个小组；然后由学生个人独立自学、研习、作业。在教学时间分配上，大班上课占40%，小组研究占20%，个人自学占40%。这种教学组织形式兼容了班级授课、分组教学与个别教学的优点。教师，尤其是优秀教师的作用得到充分发挥；学生的自学、讨论和独立研习，使其主体作用得以充分体现，既培养了学生的思维能力、自学能力，又有助于学生合作学习态度的培养。特朗普制是适用于中学高年级的一种教学组织形式。

第二节 教学工作的基本程序

教师进行教学工作的基本程序是备课、上课、作业设计、学习辅导、学业评价、教学反思。教学工作以上课为中心环节。

一、备课

备课是教师教学工作的起始环节，是上好课的先决条件。备课内容包括：钻研教材，了解学生和制订教学计划。

（一）钻研教材

钻研教材具体可以包括研读课程标准、钻研教科书和阅读相关参考资料。

（1）研读课程标准。国家课程标准是教材编写、教学、评估和考试命题的依据，课程标准提出的课程理念和目标对义务教育阶段的课程与教学具有指导作用，所规定的课程目标和内容标准是每一个学生在该阶段应当达到的基本要求。教师要使自己的教学有方向、有目标、有效益，就必须熟读课程标准、研究课程标准。

（2）钻研教科书。教科书是教师备课和上课的主要依据，教师备课，必须先通读教科书，了解全书知识的基本结构体系，分清重点章节和各章节知识内容的重点、难点及其关系。然后再深入到具体的每一节课，准确地把握每一节课的教学目标和教学内容，设计和安排教学活动和教学过程。

（3）阅读相关参考资料。教师在备课时，要阅读相关参考资料。相关参考资料除了指目前专供教师用的一些教学参考资料外，还应包括课程标准中推荐的参考资料，以及自己平时积累的参考资料。教师要善于将自己阅读时的所思、所想增补到教学笔记中，以丰富自己的教学资料。

钻研教材，要对教材的作用是什么、教材的文本有什么价值等问题有一个合理的认识。教师要由"教教材"转为"用教材教"，把教材当成一种手段，通过这种手段去达到教学目标。因为教材只是把知识结构呈现在我们面前，给我们确定了一部分教学任务，但教师理解、整合教学内容应该是有变化的。总之，钻研教材时既要尊重教材，又不局限于教材；既要灵活运用教材，又要根据学校、学生实际情况对教材进行创造性的理解，切实发挥教材的作用。

（二）了解学生

教师只有认真地了解学生，才能有效地将教学内容和学生的实际联系起来，才能真正做到因材施教，使学生获得最大的发展。了解学生包括了解学生的知识基础、认知特点、能力基础、生活经验以及学生的身心发展特点。

（1）了解学生的知识基础。教师在备每节课时，要了解学生已学过的知识情况以及学生的掌握状况。针对学生的掌握情况，确定课堂上详讲、略讲和学生自学的部分，并做到学科间的融会贯通。

（2）了解学生的认知特点。中学生认知活动的自觉性明显增强，观察、理解的目的性更为明确，抽象思维成为主要的思维方式。教师可以有意识地结合学生认知规律设计具有挑战性的教学活动，使学生更有效地学习和理解知识。

（3）了解学生的能力基础。教师应了解学生阅读、观察、思维等方面的能力状况，对于学生能够理解、分析、归纳的内容，教师可以少讲，多给学生提供一些自学机会；对学生不易理解、不能分析的问题，教师可多讲、细讲，以培养学生的能力。

（4）了解学生的生活经验。学生有着各自不同的生活经验，对问题持有不同的观点。教学活动要从学生的生活经验出发，充分利用学生的生活经验，使学生在学习的过程中产生认知和情感上的共鸣。

（5）了解学生的身心发展特点。不同年龄阶段的学生，其身心各有特点。虽然中学生的认识、智力、意志、道德等心理活动随着年龄的增长有了一定的提高，但他们的身心仍处于不成熟阶段，尤其在价值观的养成上更需要教师的引导。

（三）制订教学计划

制订教学计划具体包括制订学期教学进度、课题计划和课时计划。

（1）学期教学进度。这种计划应该在学期或学年开始前制订出来。内容应该包括：学生情况的简要分析，本学年或本学期教学的要求，教科书的章节或课题，各个章节或课题的教学时数和时间的具体安排，各个章节或课题所需要的主要直观教具等。

（2）课题计划。订好学年或学期教学进度计划后，在上课前，教师还要围绕某一单元制订课题计划。课题计划的内容包括：课题名称，本课题的教学目的，本课题的计划及各个课时的主要问题，本课题各课时上课类型和教学方法，本课题的必要教具。

（3）课时计划。课时计划也称教案，是对每一堂课具体深入的教学准备，它建立在钻研教材和了解学生的基础之上。就班级上课而言，教案是对师生课堂上预期的教学活动的设计和描述。完整规范的教案格式应包括：教学课题名称（注明采用的教材版本），教学目标，教学任务分析，教学过程。

教师上课前需要撰写教案。教案可以有详有略，一般来说，新教师要写得详细些；公开课的教案，为了便于交流，可以写得详细些；有经验的教师，对教材教法比较熟悉，可以写得简略些。教案的格式，不必强求一律，它取决于教师的习惯，取决于教学内容和学习活动的特点。教案只是部分地表现了课堂教学的规划，更多丰富的内容是以非文本的形式存储于教师心中，是无形的教案。

在备课的形式上，除了教师的个体备课，还有以同伴互助形式进行的集体备课。集体备课是促进教师专业成长的最便捷、最现实的一种方式。集体备课中，教师们相互敞开心扉，互相帮助，彼此分享。

二、上课

上课是教学工作的中心环节,上好课是提高教学质量的关键。要上好课,教师就要了解课的类型与结构,明确一堂好课的基本要求。

(一)课的类型与结构

1. 课的类型

划分课的类型一般有两种标准:一是以课内采用的基本教学方法为依据,可分为讲授课、演示课(演示实验或放幻灯片、录像)、练习课、实验课等;二是以一堂课教学任务的多少为依据,可以把课分成单一课和综合课。单一课是指一堂课内主要完成一种教学任务的课,主要用于中学高年级各科教学,具体可以分为传授新知识课(技能课)、巩固新知识课(复习课)、培养技能技巧课(技能课)、检查知识课(检查课),等等。综合课则是指一堂课内同时完成两种或两种以上主要教学任务的课,在中学低年级比较常用。

2. 课的结构

课的结构是指课的基本组成部分及各组成部分进行的顺序、时限和相互关系。课的类型不同,相应的结构也不同,即使同一类型的课,也会由于学科性质及具体教学内容不同、学生的年龄特征的差异、各科教学法特点的区别而具有不同的结构。了解课的结构有助于掌握每一种课的性能与操作过程,以便发挥各种课在教学中的作用。在实际教学中,要根据实际情况,灵活掌握,创造性地运用,切不可生搬硬套。一般来说,综合课的基本组成部分有:组织教学,检查复习,讲授新教材,巩固新教材,布置课外作业等。

(1)组织教学。组织教学是上课的第一环节,它是保证教学工作正常而有秩序地进行的基本条件,其任务是稳定学习情绪,安定课堂秩序,集中学生的注意力。组织教学不仅是维护课堂秩序的一种手段,也是对学生进行自觉纪律教育的重要措施。为做到这一点,许多教师常在上课前两三分钟进入教室,帮助学生做好上课的心理准备。组织教学并不只限于在上课开始时进行,还应该贯穿在整个教学过程中。

(2)检查复习。检查复习的目的在于对已学过的知识进行复习巩固,了解学生掌握的情况,加强新旧知识的联系,培养学生对学业的责任感和按时完成作业的习惯。检查复习的内容,可以是上一课已学过的内容,也可以是以前学过并与将要学习的新教材有联系的内容。检查的方式有口头问答、板演、抽查课外作业等。检查后一般应给予评定指导。

(3)讲授新教材。讲授新教材是教学过程中最重要的组成部分,目的在于使学生掌握新知识。传授新知识特别要注意启发性,以便充分调动学习的积极性。传授知识一般是从引导学生再现学习新教材所必需的知识入手,然后导入新的课题。讲新课时,要贯彻教学原则的基本要求,并灵活地创造性地运用各种教学方法。

(4)巩固新教材。巩固新教材的目的在于使学生对所学教材当堂理解,当堂消化,当堂及时巩固,也包括让学生初步运用新知识进行课堂练习,为课外作业做好准备。巩固新教材可以采取提问、重点复述、练习等方法进行，使学生及时巩固新知识，并掌握一定的技能。新知识的复习巩固，要尽量重点突出，纲目分明，做到温故而知新，防止简单地重复学过的东西。

（5）布置课外作业。布置课外作业是对学生课外学习活动的安排，其目的是使学生合理地利用课外时间，进一步巩固所学的知识、技能，培养他们的独立工作能力。布置作业时，教师要提出明确要求，作业的内容和形式要根据本学科特点，力求灵活多样，习题要有代表性，要有助于活跃学生思想，防止简单重复。教师对学生的课外作业，应当进行认真的检查、批改和评定。

3. 课堂结构的改革与发展

组织教学、检查复习、讲授新教材、巩固新教材、布置课外作业是现代课堂教学的基本结构，但是教师不能因为遵循这一结构而使课堂僵化，要打破凝固的课堂结构，注重对课堂结构的改革与发展。在改革课堂结构的过程中，应注意以下几个方面：

（1）注重学生的自主学习。教师不要成为课堂教学的主宰，要把学习的主动权交给学生，使学生由被动、静态的学习转变为主动、动态的学习。教学中应注意激发学生的学习兴趣，促进他们自愿、自主地参与教学活动，把更多时间留给学生自主学习。

（2）关注教学目标的多元化。教学目标不能局限于让学生掌握系统的学科知识，要关注多种目标的融合。新课程改革提出了三维的目标体系，即关注知识与技能、过程与方法、情感态度与价值观这三个维度的目标。课堂教学要以人的发展为出发点，注重三维目标的内在统一性。

（3）建立对话式的教学关系。教学关系不是静态的、固定的关系，而是动态的、变化的关系。教师不能总以一种高高在上的姿态出现在学生面前，而要尊重、平等对待学生，并鼓励学生在课堂上主动思维、大胆质疑，进而促进师生在教学中的对话，实现师生的共同发展。

（二）一堂好课的基本要求

一堂好课没有绝对的标准，但有一些基本的要求。一堂好课的基本要求是：目标明确、内容科学、方法得当、表达清晰、学生参与度高。

（1）目标明确。通常上课前教师都会制订这堂课的教学目标，依据教学目标来激励学生的学习动机，让学生知道这节课应该掌握什么内容以及掌握到什么程度。一般而言，教师应从知识与技能、过程与方法、情感态度与价值观这三个维度上确定教学目标。如果达到目标的途径不够清晰，或目标定得过高，脱离实际，都会影响教学效果。所以，一堂好课的教学目标要明确具体，要符合大多数学生的认知水平。

（2）内容科学。教师讲授的知识必须是科学的、确凿的、符合逻辑的，教师教学技能或行为要符合规范。教学内容应能激发学生的学习兴趣和求知欲望，能引导学生积极思考，还要密切联系社会实际和学生生活实际，培养学生的动手实践能力和分析、解决实际问题的能力。另外，教学内容要有一定的文化内涵，体现科学性、人文性和社会性的融合。

（3）方法得当。教师根据教学任务、内容和学生的特点选择合适的方法进行教学。教学有法，但无定法，教师要善于对各种教学方法创造性地加以运用，力求使教学取得较好效果。

（4）表达清晰。教师上课要坚持用普通话，声音要响亮，言语表达的速度要适合学生的可接受程度，语言要流畅、生动、明白易懂，板书（或幻灯字幕）要规范、准确、清楚。

（5）学生参与度高。现代课堂教学是学生自主建构知识的过程，通过学生积极主动地参与课堂教学活动，形成独立获取知识、创造性地运用知识解决现实问题的能力及良好的学习习惯和健全人格。在课堂教学中，教师应努力为学生提供主动参与的时间和空间，为学生提供自我表现的机会，还学生学习的主动权。

一堂好课可能是混乱的，因为学生的七嘴八舌的回答，因为学生的"不守规矩"。正是这种"混乱"，显示了课堂的生命力与感染力。一堂好课，不一定是完美无瑕的，没有遗憾的课堂却可能不是好课。

三、作业设计

作业是结合教学内容、要求学生独立完成的各种类型的练习。无论是课内作业还是课外作业，其作用在于加深、加强学生对教材的理解和巩固，进一步掌握相关的技能、技巧。通过作业的检查与批改，教师可以及时发现学生对知识、技能的掌握情况，及时纠正学生在学习中存在的问题或缺陷，并对学生的进一步学习提出建议。教师要注意培养学生独立的学习能力和学习习惯。

教师布置作业时，应遵守下列要求：① 作业的内容要符合课程标准和教科书的要求，并要有代表性，要有助于学生巩固与加深理解所学的基础知识，形成相应的技能、技巧，培养学生的能力。② 作业分量要适当，难易要适度。学校应通过班主任来调节学生各科作业的总量，防止学生负担过重。凡能在课内完成的作业，就不应当布置到课外去做。③ 布置作业要向学生提出明确的要求，并规定完成的时间。对比较复杂的作业，教师也可以适当地提示，但这种提示应是启发性的，不能代替学生的独立思考。④ 教师应经常检查和批改学生的作业。检查的目的是了解学生对所学知识理解巩固的程度和实际运用知识的能力，以便发现教和学两个方面存在的问题，及时改进教学。⑤ 作业也要体现学生学习的自主性。有时候，教师对作业不要强求一律，而是提供一些方法给学生参考，让学生自己确定作业方式，他们就会变被动为主动，变无奈为情愿，大大提高学习效率。

四、学习辅导

学习辅导是帮助和指导学生学习的活动。学习辅导的意义体现在三个方面：一是做好学生的思想教育工作，帮助学生明确学习目的，使他们能够独立学习，并养成良好的习惯；二是做好对学习困难学生的帮助工作，包括解答疑难问题，给学习有困难的学生或缺课学生补习；三是为有探究兴趣的学生提供研究指导，帮助他们参与社会实践活动。

教师在对学生进行辅导时，注意启发学生自己找到解决疑难的途径及策略，不应以灌输性讲授代替学生的独立钻研，也不应该把辅导作为课堂教学的延长，加重学生负担。

五、学业评价

对学生学业成就评价就是根据一定的标准，对于学生的学业成就作出一定的全面、科学、合理的价值判断的行为过程。学业成就是学生在学习及生活实践中形成并获得的成果，不仅包括对知识的掌握，还包含技能与能力的提高，情感、态度、价值观等非认知品质的发展，以及进一步内化而成的能适应当下生活及未来发展的综合能力。通过对学生学业成就的评价，可以检查教学的完成情况，并运用反馈信息来指导、调节教学过程和学习过程，从而改善教学，提高教学质量。

（一）学业评价的目标

教学目标是教学的出发点，也是学业评价的依据，评价目标要以学生的发展为本，充分体现三维目标的基本要求。具体说，学业评价目标要围绕知识与技能、过程与方法、情感态度与价值观这三个维度展开，减少单纯的知识技能评价，注重对过程与方法、情感态度与价值观等方面展开多元评价。

（1）知识与技能的评价。基础知识与技能评价，主要是考查学生是否获得适应未来社会生活和进一步发展所必需的重要知识以及必要的应用技能。由于学生之间存在差异，在评价学生的知识与技能掌握情况时，对全体学生而言，应以学段目标为准，在评价时应体现学生的差异性。

（2）过程与方法的评价。过程与方法的评价，既包括对学生学习过程的评价，也包括对学生解决问题过程的评价。学习过程评价是在教学过程中进行评价，看学生是否主动参与教学，并在学习过程中展开深度思考。问题解决过程评价是通过具有一定情境的问题进行评价，着重学生对综合性问题和任务性问题的解决，看学生能否从现实生活中发现和提出问题，能否探索出解决问题的有效方法。

（3）情感态度与价值观的评价。情感态度与价值观的评价主要包括：学生对学习是否有好奇心与求知欲；是否在学习过程中获得成功的体验，锻炼克服困难的意志，建立自信心；能否进行质疑和独立思考；能否与他人展开合作。

评价目标制约着评价标准，评价标准必须符合评价目标的要求。在制订评价标准时，应注意几个问题：第一，注意评价的广度与深度。广度指的是评价标准涉及的范围或领域，深度指的是评价标准的水平层次。合理的学生学业成就评价标准，必须在广度和深度上都是适当的。如果要全面评价学生在教学过程中取得的学习效果，评价标准就应有机地包含学生身心各方面的变化及程度，并确定各方面变化在评价标准中的比重。第二，注意评价的效度与信度。效度是指测量工具或手段能够准确测出所需测量的事物的属性或特点的程度。信度,又称测验的可靠性,是指一个测验经过多少次测量所得的结果的一致性程度,以及一次测量所得结果的准确性程度。如果教师想通过一次测验就能得到比较可信的评分,那就要在编制测验时注意保持评价标准的广度,评价项目越多、越全面,评价的信度就越高。第三,注意评价的难度与区分度。难度是指评价的难易程度,评价要做到难易适中,才能更科学地评价学生的学业成就。区分度是对学生不同水平的区分的程度,区分度越高越能快速而比较精确地定位学生问题之所在。因此,评价要有较高的区分度,为教师判断学生的学习情况及采取补救措施提供依据和方向。

(二)学业评价的类型

根据评价在教学中实施的时间和发挥作用的不同,可以把教学评价分为诊断性评价、形成性评价和终结性评价三种。

1. 诊断性评价

诊断性评价也称"前置性评价",一般是指在某项教学活动开始之前对学生的知识、技能以及情感等状况进行的预测。通过这种预测可以了解学生的知识基础和准备状况,以判断他们是否具备实现当前教学目标所要求的条件,为实现因材施教提供依据。进行诊断的目的,并不是给学生贴标签,而是为教师设计一种可以排除学习障碍的教学方案,从而使教学适合学生的特性和背景。

2. 形成性评价

形成性评价也称"过程性评价",是在教学进行的过程中,为引导教学前进或使教学更为完善而进行的对学生学习结果的测评。形成性评价的目的不是给学生评定等级,而是利用各种反馈改进学生的学习和教师的教学,使学生的学习在不断的测评、反馈和修正或改进过程中趋于完善,从而达到改进教学的目的。

3. 终结性评价

终结性评价是在一门学科结束的时候进行的,主要针对总的教学效果,关心的是最终的目标是否达成,目的是确定不同学生各自所达到的不同水准或彼此间的相对地位。终结性评价是检测学生学业成就的重要途径,评价结果是反映教师教学效果及学校办学质量的重要指标之一。

(三)学业评价的方法

评价学生学业成就的方法可以分为学科成就测验、日常考查、专门调查与心理测量。

1. 学科成就测验

学科成就测验俗称考试,这是最常用的评价学生学业成就的主要方法。考试又分为教师自编测验与标准化考试两种基本类型。在教师自编测验中,教师依据具体的教学目标和内容,设计若干题目并编成试卷,然后对学生施测。它由教师自行组织、设计和实施,针对学生实际,比较灵活,但测验的质量常受教师自身水平的制约。标准化考试一般由专门的机构或组织(如考试中心、教育行政部门)设计、组织和实施,是严格依据科学原理并按照科学方法与程序来组织进行的。标准化考试一般质量较高，科学性强，控制较严，但费用也较大，主要适用于大规模的教学评价。

2. 日常考查

日常考查是伴随日常教学而进行的检查和了解学生学习情况的办法，使用频率较高。通过日常考查，可以多方面地获取学生学习的动态信息，发现和发展学生多方面的潜能。日常考查的具体形式主要有：① 课堂表现记录。课堂表现记录主要是教师对学生完成课堂教学活动的评价记录，如在问答、板演、朗读、游戏、比赛、会话等活动中的表现情况，帮助教师了解学生对某些具体知识、技能的掌握程度。教师对学生的课堂表现情况应给予口头评价，以求激励和教育学生。② 批改作业。通过批改学生的书面作业，教师可以了解学生理解与运用知识的质量，发现教学的漏洞和不足，也可以了解学生有关的能力水平，从而为改进教学提供信息，给予学生及时反馈与强化。③ 小测验。主要是在课堂教学中进行的小型考试，多在课题或单元教学结束之后进行。通过小测验，可以用较短的时间了解到一段时间以来学生的学习情况。

3. 专门调查

专门调查一般使用问卷或座谈的形式进行。问卷是一种用预先精心设计的问题让学生回答以获得所需信息的方法。问卷不同于考试，它要求学生实事求是地陈述自己的观点，考试则是要求学生运用所学知识求解问题的正确答案。座谈是召集学生就有关问题进行专门交谈或与个别学生单独进行交流而获取所需信息的方法，谈话的过程要注意交谈的目的性，把握住话题并记录要点。

4. 心理测量

心理测量是借助于专门的心理量表来测量学生学习心理方面的状况，是学生学业成就评价的一个重要途径，它重在评价学生的学习态度、学习心理、学习能力等方面的表现。一般来说，专门的心理量表具有稳定的常模（评价标准）、固定的施测程序和系统的资料分析方法，因而科学性较强。

六、教学反思

教学反思，是指教师对教育教学实践的再认识、再思考，并以此来总结经验教训，进一步提高教育教学水平。任课教师在每一次授课结束之后，要对自己的教学行为进行及时总结，通过撰写教育案例、教育故事、教育心得记录教学过程中的所得、所失、所感、所思，并针对存在的问题进行思考，研究分析解决问题的办法，使教学设计不断完善并有所创新。撰写教学反思的目的在于教学设计的再设计和实现教学设计的创新与升华。教学反思是教师提高个人业务水平的一种有效手段。

第三节 教学方法

教学方法是为完成教学任务而采用的办法，它包括教师教的方法和学生学的方法，是教师引导学生掌握知识技能、获得身心发展而共同活动的方法。

一、选择与运用教学方法的基本依据

科学、合理地选择和有效地运用教学方法，要求教师能够在现代教学理论的指导下，考虑到教学目标、教学内容、学生特性等因素，熟练地把握各种教学方法的特性，综合地考虑各种教学方法的要素。

（1）教学的目的和任务。教学方法是实现教学目的和完成教学任务的手段，不同的教学目的和任务，要求运用不同的教学方法。任何教学方法都是为一定的教学目的和任务服务的，教师必须注意选用与教学目的和任务相适应并能实现教学目的和任务的教学方法。

（2）教学内容的性质和特点。教学目的和任务是通过教学内容来实现的，教学内容的性质和特点不同，就应选用不同的教学方法。只有选用的教学方法与教学内容的性质和特点相符合，才能使教学内容发挥出更大的效益，否则只会适得其反。

（3）教学对象的实际情况。教学对象的年龄、性别、经历、气质、性格、思维类型、审美情趣等方面的不同，也对教学方法提出不同的要求。只有选用与教学对象相适应的教学方法，才能真正有效地提高教学对象的知识能力和思想水平，促进其健康发展。

（4）教师自身素养及所具备的条件。教师自身的素养条件和驾驭能力，直接关系到所选用的教学方法能否发挥其应有的作用。教师应对自身素养及所具备的条件实事求是地进行分析，根据其特点和条件选用恰当的教学方法，以扬长避短。哪怕别人行之有效的方法，也不可盲目照搬，这样才能确保教学方法运用自如。

（5）教学方法的类型与功能。每种教学方法都具有不同的特点与功能，教师应认清各种教学方法的优缺点，把握其适应性和局限性，或有所侧重地使用，或进行优化组合，不可盲目地选用教学方法。

二、中学常用的教学方法

借鉴国内外教学方法分类的经验，结合我国中学常用教学方法的特点，我们可以将中学常用的教学方法概括为四类：一是语言性教学方法，包括讲授法、谈话法、读书指导法；二是直观性教学方法，包括演示法、参观法；三是实践性教学方法，包括练习法、实验法、实习法；四是研究性教学方法，包括讨论法、发现法。

（一）语言性教学方法

语言性教学方法，是在教学过程中以口头语言或书面语言为主要传递形式的教学方法，其特点是能较迅速、准确而大量地向学生传授间接经验，其效果主要取决于教师是否具有较强的口头表达能力和阅读理解能力。语言性教学方法主要包括讲授法、谈话法和读书指导法，其中使用最广泛的是讲授法。

1. 讲授法

（1）讲授法的含义和类型

所谓讲授法，是指教师通过口头语言直接向学生系统连贯地传授知识的方法。

从教师教的角度来说，讲授法是一种传授型的教学手段；从学生学的角度来说，讲授法是一种接受型的学习方式。

教授法包括讲述、讲解、讲读、讲演、讲评五种方式。讲述，多为教师向学生叙述事实材料，或描绘所讲对象，此法在文科教学中应用较广。讲解，是教师对概念、定律、公式、原理等进行说明、解释、分析或论证，此法在理科教学中运用较广。讲读，即教师把讲、读、练结合起来进行教学，多用于语文和外语学科。讲演，即教师以演说或报告的形式，用较长的时间来口述较多的教材内容，其表现形式较为活泼、生动、形象，并注意运用体态语言，多用于中学高年级和大学的教学。讲评，即在教学中，教师对某一现象或事物不仅进行适当的讲述和讲解，而且进行客观的评价和评论，多用于介绍某种新观点或新方法。

（2）科学应用讲授法的基本要求

① 讲授的内容要具有科学性和思想性。无论是描绘情境、叙述事实，还是阐释概念、论证原理，都应当准确无误、翔实可靠。

② 讲授的过程要具有渐进性和扼要性。要根据教材各部分间的内在联系，由浅入深，从简至繁，循序渐进。要突出重点，抓住难点，解决疑点，或使描绘的境界突出，或将蕴含的情理挑破，或把深邃的见解点明，使之意味隽永、情趣横生。

③ 讲授的方式要多样、灵活。教师要把讲授法与其他方法诸如谈话、读书指导、演示等交互运用，还要与复述、提问、讨论等方式穿插进行，以求综合效应，防止拘泥于一格。

④ 讲授的语言要精练准确。总的要求是：叙事说理，言之有据，把握科学性；吐字清晰，措词精当，力求准确；描人状物，逼真细腻，生动形象；节奏跌宕，声情并茂，富有感染力；巧譬善喻，旁征博引，加强趣味性；解惑释疑，弦外有音，富有启发性。

⑤ 运用讲授法教学，要配合恰当的板书。板书要字迹工整、层次分明、详略得当、布局合理。

2．谈话法

（1）谈话法的含义和类型

谈话法亦称问答法，是教师根据学生已有的知识和经验，通过师生间的问答使学生获取知识的方法。它一般包括四种类型：一是启发性或开导性谈话；二是复习性或检查性谈话；三是总结性或指导性谈话；四是讨论性或研究性谈话。

（2）科学应用谈话法的基本要求

谈话前，教师要在明确教学目的、把握教材重点、摸透学生情况的基础上做好充分准备，认真拟定谈话的提纲，精心设计谈话的问题，审慎选择谈话的方式。

谈话时，教师提出的每一个问题，都应紧扣教材、难易适当，既要面向全体，又要因人而异。

谈话后，教师要及时小结，对学生零乱的知识进行梳理，错误的地方予以纠正，含混的答案予以澄清。

3. 读书指导法

（1）读书指导法的含义

读书指导法是教师指导学生通过阅读教科书、参考书和课外读物以获取知识、培养独立阅读能力的教学方法。可以说，读书指导法等于学生读书加教师指导，其中，学生读书是核心和基础，教师指导是关键和前提。

（2）科学应用读书指导法的基本要求

① 指导学生掌握阅读教科书的科学方法。根据不同的学科性质和教学过程的不同阶段，教师要指导学生采用不同的阅读方式。在传授新知识过程中，应指导学生独立阅读，阅读时能提出问题，找出重点难点；在应用知识过程中，应指导学生依据教材释去疑点，突破难点，积极思考，深入探讨；在布置作业过程中，应指导学生做好预习、复习、背诵等。

② 指导学生善于阅读参考书。首先，要帮助学生有计划地选读有用的书籍。选读参考书，既要防止机械重复或漫无边际的广泛涉猎，又要杜绝读书过程中理论与实际的脱节。其次，要指导学生掌握良好的读书方法，使其拓展思路，领略要旨，融会贯通。

③ 指导学生写好各种形式的读书笔记。教师要教会学生选用适宜的读书笔记形式，或索引式、抄录式、引语式，或批注式、补白式、摘要式，或剪报式、札记式、日记式等，还要教会学生在书上作记号、画重点、提问题、谈见解、写眉批、写旁批、写尾批等。

（二）直观性教学方法

直观性教学方法是教师通过实物或教具进行演示，组织学生进行教学性参观等，使学生利用各种感官直接感知客观事物或现象而获得知识、形成技能和发展能力的教学方法。这种方法以直接感知为主要形式，其特点是生动形象，具体真实，学生视听结合，记忆深刻，主要包括演示法和参观法。

1. 演示法

（1）演示法的含义和类型

演示法是教师配合讲授或谈话，通过展示实物、教具或进行示范性实验而使学生在观察中获取知识的方法。演示的种类很多，按演示教具分，有实物、标本、模型、照片、图画、幻灯、录像、教学电影以及具体实验的演示等；按演示对象分，有单个物体或现象的演示，有事物发展全过程的演示。

（2）科学应用演示法的基本要求

演示前，教师要根据教材内容确定演示目的，选好演示教具，做好演示准备。

演示时，教师要使全班学生都能清楚地观察到演示活动，促使学生综合运用各种感官去充分感知学习对象，以形成正确的观念和表象。此外，演示时要配以讲解，引导学生全神贯注于演示对象的主要特征和重要方面。

演示后，教师要指导学生把观察到的现象同书本知识联系起来，及时地根据观察结果作出明确结论。

2. 参观法

(1) 参观法的含义和类型

参观法是教师紧密配合教学，组织学生到校外一定场所进行直接观察、访问、调查而获得知识或验证知识的方法。参观的类型主要有四种：感知性参观，是使学生获取必要的感性材料，为学习新课奠定基础而组织的参观。并行性参观，在学习某一课题的过程中，为便于理解、丰富和记忆知识而组织的参观。验证性参观，在某一课题结束后，为了用事实来检验和论证学生已学的知识而组织的参观。总结性参观，在讲完某一课题后，组织学生结合所学的内容，到现场作出结论或验证结论而进行的参观。

(2) 科学应用参观法的基本要求

参观前，教师要实事求是地根据教学要求和现实条件，确定参观的目的、时间、对象、地点以及参观的重点内容，并在校内外做好充分准备。

参观时，教师要根据不同的参观类型提出不同的具体要求，组织学生全面看、细心听、主动问、认真记。

参观后，教师要根据教学要求和参观计划，指导学生交流收获，整理材料，找出问题，写出报告，及时总结。

(三) 实践性教学方法

实践性教学方法，是以形成学生的技能技巧或行为习惯等实际训练为主要形式的教学方法。其特点是学生在接受知识的过程中手脑并用，学以致用。实践性教学方法主要包括练习法、实验法和实习法。

1. 练习法

(1) 练习法的含义和类型

练习法是学生根据教师的布置和指导，通过课堂及课外作业，有意识地反复完成某一活动，借以巩固知识、形成技能技巧的方法。练习的类型和方式多种多样，按练习的任务分，有说话练习、解题练习、绘画制图练习、作文和创作练习、文体技能技巧的练习等；按练习的形式分，有口头和书面练习、问答和操作练习、课内和课外练习等；按练习的方法分，有重复练习、变换练习、循环练习、综合练习等；按练习的特点分，有模仿性练习、训练性练习和创造性练习等。

(2) 科学应用练习法的基本要求

练习要有明确的目的与具体的要求，有周到的计划与适切的步骤，有恰当的分量与适当的难度，有科学的时距与有效的方法，有正确的态度与良好的习惯，有及时的检查与认真的总结。

2. 实验法

(1) 实验法的含义和类型

实验法是学生在教师指导下，按照预定的要求，利用指定的设备，采用特定方法而进行独立操作，并在观察研究中获取直接经验、培养技能技巧的方法。实验的类型主要有三种：学习理论之前进行的感知性实验；学习理论之后进行的验证性实验；巩固已学知识时进行的复习性实验。

(2) 科学应用实验法的基本要求

实验前，教师要认真准备并全面检查有关的仪器、材料和用具等，向学生讲明实验的目的、要求及其所依据的科学原理和操作过程中的注意事项，并划分好实验小组，必要时需进行示范实验。

实验中，教师应注意巡回检查，具体指导，确保实验程序科学、操作规范、结论正确。对差生要进行个别帮助，发现偏差及时纠正，教育学生注意安全。

实验后，教师应指定学生报告实验的进程和结果，然后由教师作出概括和小结，指导学生认真写好实验报告。

3. 实习法

(1) 实习法的含义和类型

实习法，又称实习作业法，是教师指导学生根据教学要求，在校内外一定场所从事实际工作，在实践中综合运用理论而掌握知识、形成技能技巧的方法。实习法种类繁多，形式各异，按场所分，有课堂教学实习、校内外工厂实习、农场和实验园地实习等；按学科分，有数学课的测量实习、理化课的技术实习、生物课的植物栽培和动物饲养实习、地理课的地形和地貌测绘实习等。

(2) 科学应用实习法的基本要求

实习前，教师要向学生讲清有关的理论知识、实习任务与操作规程，落实实习场所，备妥实习用具，分好实习小组。教学实习要做好试讲工作。

实习中，教师要加强具体指导，做好操作示范，把握实习进程，检查实习效果，及时查缺补漏。

实习后，教师要指导学生写出实习总结，评定实习成绩，开好总结大会，并为每个学生写出公正、客观的评语。

(四) 研究性教学方法

研究性教学方法，是以学生间的集体讨论或自我发现等为主要形式的教学方法，具有探讨、商榷、深化的特点。研究性教学方法主要包括讨论法和发现法。

1. 讨论法

(1) 讨论法的含义及类型

讨论法是教师指导学生以班级或小组形式围绕某一课题各抒己见、相互启发并进行争论、磋商，以提高认识或弄清问题的方法。课堂讨论有三种基本类型：用于扩大有关学科的理论知识而组织的综合性课堂讨论；就某门学科中的个别主要问题或疑难问题而组织的专题性课堂讨论；就某一课题进行深入探讨而组织的研究性课堂讨论。

(2) 科学应用讨论法的基本要求

讨论前，教师要列出讨论题目，提出讨论要求，指导学生搜集有关资料，写好发言提纲，做好充分准备。

讨论中，教师要注意做到"导而弗牵，强而弗抑，开而弗达"，引导学生围绕主题各抒己见,畅所欲言,并始终紧扣重点,突破难点,联系疑点,要以谦虚好学的态度,倾听别人发言并认真作好记录。

讨论后,教师要及时总结,对各种不同观点和意见进行综合分析,做出科学的结论并进行必要的说明。

2. 发现法

(1) 发现法的含义及基本过程

发现法是教师通过提供适宜学生进行"再发现"的问题情景和教材内容,引导学生积极开展独立的探索、研究和尝试活动,以发现相应的原理或结论,培养学生创造能力的方法。应用发现法的一般步骤是:提出让学生感兴趣的问题;帮助学生把问题分解为若干需要回答的疑点;引导学生提出解决问题的各种可能的假设和答案;引导学生对假设和答案从理论上和实践上加以检验、补充、修改,并解决问题。

(2) 科学应用发现法的基本要求

创设问题情境,激发学生质疑,使其产生"发现"的愿望;明确"发现"的目标,搜集有关的资料,提供探索的条件,做出解决疑问的各种可能的假设、推测或答案;拓展学生思路,分析有关资料,开展自由讨论,引出应有结论;引导学生展开争论,检验假设,审查结论,或对假设及答案从理论和实践上加以补充与修改;对争论做出科学总结,使问题得到最终解决。

第四节　新课程教学的基本走向

新课程必然呼唤新教学,与新课程相对应的新教学具有以下几个基本走向:

一、由"狭义教学"走向"广义教学"(由"教材"到"课程资源")

狭义教学以书本为教学对象,以学生对书本知识的掌握作为教学的核心目的,坚信知识教学(双基教学)能够促进学生全面发展。狭义教学重视发展智育的功能,但终究把这种功能视为是对知识的从属、附属或自然延伸。客观地说,知识教学绝不是一无是处的,问题在于它混淆了书本知识获得与学生素质发展的差异性,书本知识的获得并不一定能带来学生素质的发展。事实也是如此,在以知识为本位的教学中,学生往往能学到大量而系统的书本知识,但却并未因此形成或发展某种身心素质。[①]

狭义教学以书本知识为教学对象,把毫无遗漏地传授教材内容视为教学的根本和唯一的目的。小学 6 年的语文就是学懂 12 本书,数学就是会算 12 本书的习题,为了达到这个目标,教师就牵着学生的鼻子去"钻"教材、学教材,甚至去背教学参考书,教材被神化了、被绝对化了,教学变成了教书,在应试教育背景下,教书被窄化为教要考的书,最后陷入"教师教死书、死教书、教书死,学生读死书、死

---

① 参见:陈佑清:广义教学论[J].学科教育,2002(3).

读书、读书死"的怪圈。不容置疑的事实是，我们的学生擅长于从书本中学习，擅长于解书本的习题，而不擅长于从生活中学习，不擅长于解决实际问题。

广义教学以课程资源为教学对象，教材无疑是重要的、最基本的课程资源，但课程资源绝不仅仅是教材，也绝不仅仅限于学校内部。课程资源是本次课程改革提出的一个新概念，从"教材"到"课程资源"体现了教学范式的根本转变。在新课程中，教材不再是一个封闭的、孤立的整体，而是开放的、完整的"课程资源"中的有机构成部分，教材成为了学生与他人、生活、社会、自然等发生联系的桥梁和纽带。①

对学生来说，有了课程资源的概念以后，学生学习的内容变得丰富多彩了，他们学习的内容不仅来自教材，也来自与老师和同学的交往、各种媒体及日常生活，即凡是能让学生获得知识、信息、经验、感受等的载体与渠道都可以是学习的资源。对于教师来说，教学过程也不再是一个照本宣科的过程，而是变成了不光是使用教材，同时也是开发和利用课程资源的过程。教师要积极捕捉、发现、利用学生的经验、感受、创意、见解、问题、困惑，使之成为教学过程的生长点；注重开发和利用乡土资源，安排学生从事课外实践活动，引导学生将书本知识转化为实践能力；广泛利用校内外场馆资源，如学校图书馆、各种专用教室、运动场馆等，校外的科技馆、博物馆、爱国主义教育基地等都有开发的价值；充分运用网络来开发课程资源是时代的重要特征，要鼓励学生合理选择与有效利用网络，增加和丰富自己的学习经验；总结和反思教学经验。

教师不仅决定着课程资源的鉴别、开发、积累和利用，其自身也是实施课程的首要的、基本的条件资源。教师的素质状况决定了课程资源的识别范围、开发与利用的程度以及发挥效益的水平。同时，教师的知识结构和人格魅力等都是宝贵的课程资源。教师在教学设计时应关注如何把自己的学习方法、学习情感等融入教学过程，发挥自身的优势，使自身的能力、需要、经验和学习方式诸方面进入教学过程，成为课程内容。

总之，广义教学是一种面向生活的教学，把教育教学内容从书本里、课堂中引向学生五彩缤纷的生活世界。它高度体现学生日常生活的意义，注意联系学生已有的经验世界、学生熟悉的现实世界和想象中的未来世界，整合、拓展、深化学生对生活的认识和体验，使实践和生活成为学生个人发展的源头活水。

二、由"独白式教学"走向"对话式教学"

独白式教学是以教师为本位的教学，是教师对学生的单向培养活动。教师是知识的占有者，所以教师是课堂的主宰者，所谓教学就是教师将自己拥有的知识传授给学生。这种教学只是一种知识的复制或再现，本质上是灌输性的、机械性的，而不是生产性的、创建性的。

---

① 参见：孙启民.教材更是"引子"[J].教育科学研究,2003(10).

对话式教学强调的是师生的交往、互动。交往昭示着教学不是教师教、学生学的机械相加。传统的严格意义上的教师教和学生学，将不断让位于师生互教互学，彼此将形成一个真正的"学习共同体"。教学对话主要包括：①"人与文本的对话"，包括教师与文本的对话，学生与文本的对话。这是一种意义阐释性对话，它是对文本的理解与阐释，是教学中师生对话的前提之一。②"师生对话"，包括学生与教师的对话，学生与学生的对话。这是一种实践性对话，是在人与文本对话和个体经验基础上进行的合作性、建设性意义生成过程。③"自我对话"，一种反思性对话，是个体对自身内在经验和外在世界的反思。[①] 从实践角度讲，对话不是简单的问答。真正的师生对话，指的是蕴涵教育性的相互倾听和言说，它需要师生彼此敞开自己的精神世界，从而获得精神的交流和价值的分享。它不仅表现为提问与回答，还表现为交流与探讨，独白与倾听，欣赏与评价。当然，教学中的对话无论是作为一条"原则"，还是作为一种方法，它的使用都必须服从服务于教学的目的，不能为对话而对话，对话的滥用必然导致形式主义。

民主性、互动性、开放性、生成性是对话式教学的基本理念。对话式教学因此成为课程内容持续生成与转化、课程意义不断建构与提升的过程。这样，教学与课程相互转化，相互促进，彼此有机融为一体。课程也因此变成一种动态的、生长性的"生态系统"和完整文化，这不仅意味着教学观的根本转向，也意味着课程观的重大变革。在这种背景下，教学改革才能真正进入教育的内核，成为课程改革与发展的能动力量，成为教师与学生追寻主体性、获得解放与自由的过程。

三、由依赖性教学走向独立性教学

从人性的角度来说，人既是主体性与客体性的统一，又是能动性与受动性的统一，也是独立性与依赖性的统一。传统教学建立在学生学依赖教师教的基础上，它表现为学生只能跟着教师学，教师先教，学生后学；教师教多少，学生学多少；教师怎么教，学生怎么学，教支配、控制学，学无条件地服从教，学生的独立性、独立品格丧失了，教也走向了其反面，最终成为遏制学生成长的"力量"。低估、漠视学生的独立学习能力，忽视、压制学生的独立要求，从而导致学生独立性的不断丧失，这是传统教学的根本弊端。

现代教学是建立在学生的独立性的基础上，独立性既是出发点又是归宿。从客观上讲，每个学生都有独立的意向和独立的能力。独立的意向主要表现在，学生觉得自己能看懂的书，就不想再听别人多讲；自己感到自己能明白的事理，就不喜欢别人再反复啰唆；自己相信自己能想出答案的问题就不愿叫别人提示；自己认为自己会做的事，就不愿再让别人帮助。独立的能力主要表现在：第一，学生已有的知识和能力，从入学前一直到许许多多课常上没有教过的社会生活知识和能力，绝大部分都是他们在自己的生活和活动中独立学来的。第二，即便是教师教给他们的东

[①] 转引自：钟启泉.多维视角下的教育理论与思潮[M].北京：教育科学出版社，2004：141.

西，也是靠他们已经具有的基础，运用他们已经具有的独立学习能力，才能被他们所真正理解和掌握。著名教学论专家江山野据此指出，学生在学校的整个学习过程也就是一个争取独立和日益独立的过程①。从主观上讲，学生的独立意识和独立能力还有赖于教师的培养和进一步提高。特别是在基础教育阶段，对待学生的独立性和独立学习，还要有一种动态发展的观点，从教与学的关系来说，整个教学过程是一个"从教到学"的转化过程，即从依赖到独立的过程。在这个过程中，随着学生独立学习能力的由弱到强、由小到大的增长和提高，教师的作用在量上也就发生了相反的变化，最后是学生基本甚至完全的独立。教师要充分尊重学生的独立性，积极鼓励学生独立学习，并创造各种机会让学生独立学习，从而让学生发挥自己的独立性，培养独立学习的能力。

四、由知识性课堂走向生命性课堂

传统教学把课堂定位为知识授受、能力培养的一个场所，现代教学则把课堂理解为生命成长、人性养育的殿堂。在知识性课堂上，学生虽然获得了知识，发展了智力，但却丧失了灵气和悟性。

生命性课堂绝不排斥知识的授受和能力的培养，但绝不把教学仅限于认知层面，教学过程应该成为学生一种愉悦的情绪生活和积极的情感体验。学生在课堂上是兴高采烈而不是冷漠呆滞，是其乐融融而不是愁眉苦脸；伴随着学科知识的获得，学生对学科学习的态度是越来越积极而不是越来越消极，学生对学科学习的信心是越来越强而不是越来越弱。教学过程还应该成为学生一种高尚的道德生活和丰富的人生体验，这样，学科知识增长的过程同时也就成为人格的健全与发展过程，伴随着学科知识的获得，学生变得越来越有爱心，越来越有同情心，越来越有责任感，越来越有教养。

总之，区别于知识性课堂的"沉闷"，生命性课堂充满活力，课堂呈现出了生气勃勃的精神状态，思维空气浓厚，情理交融，师生互动，兴趣盎然。"活"，表面上是课堂的内容活、形式活、情境活，实质上是师生双方的知识活、经验活、智力活、能力活、情感活、精神活。

思 考 题

1. 教学活动的基本程序是什么？
2. 中学常用的教学方法有哪些？并简要回答运用每种教学方法时应注意的问题。
3. 结合教学实践评价班级授课制，并谈谈如何改革班级授课制。
4. 结合实践，谈谈一堂好课的标准是什么。

---

① 参见：江山野.教师的"学生观"和学生的"两重性"[J].教育研究,1979(4).

5. 理解并阐述新课程教学的基本走向和基本特征。

主要参考文献

1. 黄甫全,王本陆.现代教学论学程[M].北京:教育科学出版社,1998.
2. 杨小微.现代教学论[M].太原:山西教育出版社,2004.
3. 田本娜.外国教学思想史[M].北京:人民教育出版社,1994.
4. 余文森,刘家访,洪明.现代教学论基础教程[M].长春:东北师范大学出版社,2007.

第九章 德 育

 学习评价

1. 识记德育的概念、目标和内容。
2. 理解德育过程的规律。
3. 运用德育原则和方法展开德育实践活动。

第一节 德育的意义、目标和内容

一、德育的概念

一般说来，德育是教育者依据特定社会要求和德育规律，对受教育者实施有目的、有计划的影响，培养他们特定的政治思想意识和道德品质的活动。相对于体育、智育而言，它是思想教育、政治教育和道德教育的总称，而不是道德教育的简称或政治教育的代名词。德育包括家庭德育、学校德育、社会德育等形式。学校德育是教育者根据一定社会或阶级的要求和受教育者品德形成发展的规律与需要，有目的、有计划、有组织地对受教育者施加社会思想道德影响，使其形成教育者所期望的品德的活动。德育是各个社会共有的社会教育现象，具有社会性，与人类社会共始终；德育随社会发展变化而发展变化，具有历史性；在阶级和民族存在的社会具有阶级性和民族性；在德育历史发展过程中，德育在原理、原则、内容和方法等方面存在一定的共同性，因此，德育具有继承性。

品德与道德有显著差异。道德作为一种社会意识，是社会存在的反映，受社会发展的制约，是社会学、伦理学的研究对象。品德是社会意识在个体身上的反映，它既受社会制约，又依赖于具体人的心理活动规律，依赖于具体的人而存在，是教育学、心理学的研究对象。

道德与法律也有显著差异。通常来说，法律是诉诸强制手段来保证执行的，而恪守道德主要依靠压力和良心约束。法律更重结果和事实，道德更重动机和态度。一般认为，道德的要求高于法律，法律是最低限度的道德。

二、德育的意义

（一）德育是社会主义现代化建设的重要条件和保证

我国的社会主义现代化建设包括社会主义物质文明建设和精神文明建设两个方面。我们在建设社会主义物质文明的同时，还要努力建设高度的社会主义精神文明，因为精神文明建设对物质文明建设起着巨大的推动作用，能保证物质文明建设的正确发展方向。《中共中央关于社会主义精神文明建设指导方针的决议》中指出："社会主义精神文明建设的根本任务是适应社会主义现代化建设的需要，培养有理想、有道德、有文化、有纪律的社会主义公民，提高整个中华民族的思想道德素质和科学文化素质。"其中，德育对"四有"人才的培养和整个中华民族思想道德素质的提高具有决定性和基础性的作用。

（二）德育是青少年健康成长的条件和保证

青少年的思想品德不是先天就有的，也不是在环境影响下自发形成的，而是在教育影响下，特别是在学校教育的指导下和个人实践活动中形成和发展起来的。青少年正处在长知识、长身体的时期，他们缺乏政治经验和社会生活经验，既容易接受正确的教育，也容易受到不良的影响，具有极大的可塑性。这一时期是形成科学的世界观与人生观的关键时期，也是思想品德教育打基础的时期。在这一时期，青少年在思想品德上非常需要得到各方面的关怀与帮助。因此，加强对青少年进行思想品德教育，对他们的整个人生具有定向和奠基的意义。他们今后在思想和道德品质等方面的发展，都与这一时期受到的教育有着必然的、内在的联系。加强这一时期的德育，不仅对他们良好品德的发展起着主导作用，而且是把他们培养成社会主义新人的必不可少的条件。

（三）德育是学校全面发展教育的基本组成部分，是实现教育目的的重要保证

社会主义的教育目的是培养德智体等全面发展的社会主义建设者和接班人。我国《宪法》规定："国家培养青年、少年、儿童在品德、智力、体质等方面全面发展。"人的德、智、体等是相互联系、影响、制约、促进的辩证统一体。通过德育促进青少年儿童的品德发展，可为他们体、智等的发展提供保证和动力。

三、德育目标

（一）德育目标的概念

德育目标是德育活动中受教育者在品德方面所要达到的总体规格要求，即德育活动所要达到的预期目的或结果。德育目标是德育工作的出发点，它不仅决定了德育的内容、形式和方法，而且制约着德育工作的基本过程。

制定德育目标的主要依据是：时代与社会发展需要；国家的教育方针和教育目的；民族文化及道德传统；受教育者思想品德形成、发展的规律及心理特征。

（二）我国中学德育目标的要求

1. 初中阶段德育目标的要求

（1）思想政治方面的基本要求

热爱祖国、热爱家乡，关心家乡建设；有民族自豪感、自尊心。懂得社会主义初级阶段基本路线的主要内容，了解社会主义现代化建设的常识。初步具有惜时守信、重视质量、讲求效益、优质服务等与发展社会主义商品经济相适应的思想观念。有基本的民主与法制的观念，知法、守法。立志为实现四化，振兴中华而学习，正确对待升学和就业，初步树立为人民服务的思想。相信科学，反对封建迷信和陈陋习俗。

（2）道德行为方面的基本要求

尊重、关心他人，爱护、帮助他人。热爱班级和学校集体，爱护集体荣誉。积极参加劳动，初步养成劳动习惯和生活自理能力，养成自觉遵守社会公德的良好品质。

（3）个性心理素质和能力方面的基本要求

养成诚实正直、积极向上、自尊自强的品质，具有初步的分辨是非的能力。

2. 高中阶段德育目标的要求

（1）思想政治方面的基本要求

正确认识社会主义建设与改革、开放的形势，具有与祖国休戚与共的感情。有振兴中华、建设家乡的事业心和责任感，能够把个人前途与社会主义建设的需要结合起来。进一步树立和发展与社会主义商品经济相适应的价值观念、竞争观念以及改革、开放的意识。初步运用马克思主义观点和方法观察分析社会现象。

（2）道德行为方面的基本要求

具有国家利益、集体利益和个人利益相结合的社会主义集体主义精神。树立劳动观点，有良好的劳动习惯、较强的生活自理能力和艰苦奋斗的思想作风。遵守公民道德，懂得现代文明的生活方式和交往礼仪。

（3）个性心理素质和能力方面的基本要求

养成坚毅勇敢、不怕困难、敢于创新的品格。对不良影响有一定的识别能力和分析能力，并具有一定的自我教育和自我管理等能力。

四、德育内容

德育内容是指实施德育工作的具体材料和主体设计，是形成受教育者品德的社会思想政治准则和道德规范的总和，它关系到用什么道德规范、政治观、人生观、世界观来教育学生的重大问题。德育目标确定了培养人的总体规格和要求，但它必须落实到德育内容上。唯有选择合适的内容并进行科学的课程设计，才能进行有效的德育活动，达到预期目标。

通常，选择德育内容的依据有三点：一是德育目标，它决定了德育内容；二是受教育者的身心发展特征，它决定了德育内容的深度和广度；三是德育所面对的时代特征和学生思想实际，它决定了德育工作的针对性和有效性。同时，选择德育内容还应考虑文化传统的作用。德育内容总是随时代的发展而变化，因国家的社会性质、发展水平和文化传统的不同而各显特色。

我国中学德育内容大致包括以下几个方面：

（一）政治教育

主要是按照特定国家的政治观和社会对公民的一般要求，对公民进行系统的政治理论教育和法制教育以及社会行为规范教育。我国的政治教育主要包括马克思主义基本理论教育、阶级教育、世界观教育和社会科学教育。现阶段主要是学习邓小平理论，学习国家政策法规，开展爱国主义教育。我国新时期爱国主义的主要内容是："加强社会主义现代化建设，争取实现包括台湾在内的祖国的统一，反对霸权主义，维护世界和平。"

（二）思想教育

思想教育是有关人生观、世界观以及相应的思想观念方面的教育，包括辩证唯物主义和历史唯物主义世界观和人生观教育、革命理想和革命传统教育、劳动教育、自觉纪律教育。

世界观是人们对世界的根本看法和态度。人生观是世界观的一部分，是人们对待人生问题的根本观点和态度。辩证唯物主义和历史唯物主义是人类历史上最进步最科学的世界观。无产阶级人生观又称共产主义人生观、革命人生观，它是人类历史上最高尚最科学的人生观。革命理想教育和革命传统教育能帮助学生树立远大的人生理想，继承和发扬优良的革命传统，为人类的美好未来、为共产主义奋斗。在社会主义社会，劳动是每一个公民的权利和义务。每一个有劳动能力的人都应以自己的辛勤劳动为社会主义现代化建设作出贡献，并以自己的诚实劳动获取应得的劳动报酬，以维持自己及家庭的生存和发展。纪律是一定社会或阶级的产物。社会主义社会提倡自觉纪律，即建立在个人与集体、国家利益基本一致基础上的、人们自觉遵守的纪律。

（三）道德教育

道德教育是对受教育者有目的地施以道德影响的活动。道德教育注重塑造和培养受教育者的良好个性，包括有关道德知识学习、传统美德教育、审美及情操教育、社会公德教育，以及道德思维能力、道德情感、信念以及良好的行为习惯等。

道德知识和传统美德教育是青少年人格发展的重要内容，懂得一般道德知识，对真、善、美有正确的认识，尤其对民族传统有深刻的体会，能较好地引导学生积极向上。审美及情操教育能净化人的灵魂，使青少年在体验祖国壮丽山河，英雄及先辈高尚情操中获得良好的体验和升华。社会公德是维护正常人际关系的行为习惯，是一个民族进步的重要标志。它首先要求培养学生有关相互尊重的人际意识，懂得维护社会公德的重要性，从而养成文明礼貌的行为举止。道德认知、情感、意志的养成也是道德品质教育的重要内容。

（四）心理健康教育

心理健康教育是指通过对学生进行心理健康知识的教育和训练，培养学生良好的心理素质，预防心理障碍和心理疾病的发生，促进学生身心全面和谐发展。《中共中央关于进一步加强和改进学校德育工作的若干意见》（1994年8月31日）已将学生心理健康教育正式列入其中。该《意见》第九条指出："……要积极开展青春期卫生教育，通过多种方式对不同年龄层次的学生进行心理健康教育和指导，帮助学生提高心理素质，健全人格，增强承受挫折，适应环境的能力。"

心理健康教育的基本任务是：① 对大多数心理健康的学生而言，心理健康教育的目标是培养学生良好的心理素质，预防心理障碍的发生，促进学生心理机能、人格的发展与完善；② 对有心理障碍的学生而言，心理健康教育的目标是排除学生的心理障碍，预防心理疾病的发生，提高学生的心理健康水平；③ 针对少数有心理疾病的学生，进行心理咨询与治疗。

心理健康教育的内容主要有三个方面，即学习辅导、生活辅导和择业指导。随着社会的发展，心理问题的增多，人们对心理健康教育越来越重视。现在有一种趋势，即把心理健康教育独立于德育之外，成为青少年儿童教育的一个重要内容。

第二节　德育过程

一、德育过程的概念

（一）德育过程的概念

德育过程是教育者和受教育者双方借助于德育内容和方法，进行施教传道和受教修养的统一活动过程，是促使受教育者道德认识、道德情感、道德意志和道德行为发展的过程，是个体社会化与社会规范个体化的统一过程。

（二）德育过程与品德形成过程的关系

德育过程与品德形成过程既相互联系又相互区别。从联系来说，德育只有遵循人的品德形成发展规律，才能有效地促进人的品德形成发展，而人的品德形成发展也离不开德育因素的影响。两者的区别主要是：从受教育者角度看，德育过程是受教育者个体品德的形成发展过程，是在教育者有目的、有计划、有组织、有系统的影响下，受教育者形成教育者所期望的品德的过程，是培养和发展受教育者品德的过程。教育者根据社会发展所提出的要求，依据学生特点，以适当的方式调动受教育者的主观能动性，从而将相应的社会规范转化为学生的品德，不断提高学生的道德水平。而品德形成过程是受教育者思想道德结构不断建构完善的过程。品德形成过程属于人的发展过程，影响这一过程实现的因素包括生理的、社会的、主观的和实践的等多种因素。

二、德育过程的规律

（一）学生的知、情、意、行诸因素统一发展的规律

1. 知、情、意、行是构成思想品德的四个基本要素

德育过程是培养学生品德的过程。学生品德是由思想、政治、法纪、道德方面的认识、情感、意志、行为等因素构成的。这四个因素简称为知、情、意、行。它们既相对独立，又相互联系。

知，即道德认识，是人们对道德规范及其意义的理解和掌握；对是非、善恶、美丑的认识、判断和评价，以及在此基础上形成的道德识辨能力，也是人们确定对客观事物的主观态度和行为准则的内在依据。

情，即道德情感，是人们对社会思想道德和人们行为的爱憎、好恶等情绪态度，是进行道德判断时所引发的一种内心体验。它伴随品德认识而产生、发展，并对品德认识和品德行为起着激励和调节作用。判断积极或消极情绪体验好坏的标准，是看它跟何种品德认识相联系以及它在"长善救失"中的地位和作用。

意，即道德意志，是为实现道德行为所做的自觉努力，是人们通过理智权衡，解决思想道德生活中的内心矛盾与支配行为的力量，它常常表现为用正确动机战胜错误动机、用理智战胜欲望、用果断战胜犹豫、用坚持战胜动摇，排除来自主客观的各种干扰和障碍，按照既定的目标把品德行为坚持到底。

行，即道德行为，是人们在行动上对他人、社会和自然所做出的行为反应，是人的内在的道德认识和情感的外部行为表现，是衡量人们品德的重要标志。道德行为包括一般的行为和经多次练习所形成的道德行为习惯。道德行为受道德认识、道德情感和道德意志的支配、调节，同时又影响道德认识、道德情感和道德意志。

2. 知、情、意、行之间的关系及其发展

德育过程的一般顺序可以概括为提高道德认识、陶冶品德情感、锻炼品德意志和培养品德行为习惯。有人将德育工作总结概括为"晓之以理，动之以情，持之以恒，导之以行"，这是符合德育过程规律的。知、情、意、行四个基本要素是相互作用的，其中，"知"是基础，"行"是关键。德育的具体实施具有多种开端，即不一定遵守知、情、意、行的一般教育培养顺序，而可根据学生品德发展的具体情况，或从导之以行开始，或从动之以情开始，或从锻炼品德意志开始，最终促使学生品德在知、情、意、行等方面和谐发展。

（二）学生在活动和交往中形成思想品德的规律

1. 学生的思想品德是在社会交往活动中形成的，没有社会交往，就没有社会道德

学生的思想品德是在积极的活动和交往过程中逐步形成和发展起来的，同时又是在活动和交往中表现出来并接受其检验的。形成一定的品德，也是为了更好地适应和参与社会活动和交往，创造新的生活。因此，教育者应把组织活动和交往看做德育过程的基础。活动和交往的性质、内容、方式不同，对人的品德影响的性质和

作用也不同。

2. 德育过程中的活动和交往的主要特点

(1) 具有引导性、目的性和组织性。

(2) 不脱离学生学习这一主导活动，主要交往对象是教师和同学。

(3) 具有科学性和有效性，是按照学生品德形成发展规律和教育学、心理学原理组织的，因而能更加有效地影响学生品德的形成。

(三) 学生思想内部矛盾转化规律

(1) 德育过程既是社会道德内化为个体的思想品德的过程，又是个体品德外化为社会道德行为的过程。这"两化"的实现过程必然伴随着一系列的思想矛盾和斗争。

(2) 要实现矛盾向教育者期望的方向转化，外因是条件，内因是根据，外因是通过内因而起作用的。教育者要给受教育者创造良好的外因，又要了解受教育者的心理矛盾，促使其积极地接受外界的教育影响，有效地形成新的道德品质。

(3) 德育过程也是教育和自我教育的统一过程。教育者要注意提高受教育者自我教育的能力。

(四) 学生思想品德形成的长期性和反复性规律

(1) 一个人的良好思想品德的提高和不良品德的克服，都要经历反复的培养教育或矫正训练，它是一个无止境地认识世界、认识自我的过程。特别是道德行为习惯的培养，是一个需要长期反复培养、实践的过程，是逐步提高的渐进过程。

(2) 在德育过程中，教育者既要坚持不懈地促成受教育者思想品德的形成与变化，又要注意受教育者思想品德形成过程中的反复性。青少年学生正处于成长时期，世界观尚未形成，思想很不稳定，因此其品德的发展会出现时好时坏，甚至倒退的现象。学生品德形成过程中的反复，绝不是简单、机械的重复，而是螺旋式的不断深化，带有逐步提高的性质。

第三节 德育的原则、途径和方法

一、德育原则

(一) 德育原则的概念

德育原则是根据教育目的、德育目标和德育过程规律提出的指导德育工作的基本要求。德育原则对制订德育大纲、确定德育内容、选择德育方法、运用德育组织形式等具有指导作用。在我国社会主义条件下，学校德育原则是根据社会主义教育目的和德育目标，在系统总结社会主义德育实践经验的基础上，批判地继承、吸收、借鉴历史上德育原则的有益经验，全面系统地分析研究德育过程中的各种矛盾关系，揭示出德育过程的客观规律，从而制订出正确处理和解决德育过程中基本矛盾关系的实际工作要求。

德育原则和德育规律是两个不同的概念。规律是客观的，不以人的意志为转移。原则有主观色彩，是人们根据一定的需要制订或提出的。正确的原则必然反映了客观规律的要求，但原则不等同于客观规律。

(二) 我国中学德育的基本原则

1. 现实性与方向性相结合的原则

基本含义：德育工作既要把社会主义的政治方向放在首位，同时，又不能脱离现实生活，而要关注学生的现实要求和发展。

这一原则是依据社会主义教育的性质和目的以及学校德育工作本身的要求提出来的。

贯彻这一原则的基本要求是：

(1) 坚持以马列主义、毛泽东思想、邓小平理论为指导，以共产主义思想体系武装学生，保证培养目标的方向性。

(2) 培养学生适应改革开放和发展社会主义市场经济的新思想、新观念，同时在实践中逐步增强学生辨别是非和判断善恶的能力。

(3) 引导学生将社会主义方向性渗透到日常学习、生活、劳动和自我教育中，既胸怀大志，又脚踏实地，做到从我做起、从现在做起、从点滴做起。

(4) 关注学生的现实生活、品德状况和发展需要，使德育贴近学生的生活和心灵。

2. 从学生实际出发的原则

基本含义：教育者在德育过程中，应根据学生的年龄特征、个性差异以及品德发展现状，因材施教，加强德育的针对性和实效性。

这一原则是党的实事求是的思想路线在德育工作中的具体体现，是对我国优良教育传统的继承和发扬，同时也符合青少年学生的身心发展规律。青少年学生的身心发展不仅存在着年龄特征而且存在着个别差异，只有从每个学生的实际状况出发，有的放矢，因材施教，才能提高德育的实效性。

贯彻这一原则的基本要求是：

(1) 以发展的眼光客观、全面、深入地了解学生，正确认识和评价当代青少年学生的思想特征。

(2) 根据不同年龄阶段学生的特点，选择不同的内容和方法进行教育，防止一般化、成人化、模式化。

(3) 注意学生的个别差异，因材施教。每个学生都具有不同的个性特点和内心精神世界，教育者要在充分了解和认识学生的基础上，因势利导，做到"一把钥匙开一把锁"，以收到良好效果。

3. 知行统一原则

基本含义：教育者在德育过程中既要重视对学生进行系统的思想道德的理论教育，又要重视组织学生参加实践锻炼，将提高认识和行为养成结合起来，使学生做到言行一致、表里如一。

这一原则是根据辩证唯物主义认识论的原理和社会主义教育目的提出来的,并符合德育过程的基本规律。马克思主义认为,一切真知来源于伟大的实践,实践是检验真理的唯一标准。社会主义教育要培养言行一致的建设者和接班人,只有通过品德实践才能真正形成学生良好的思想品德。

贯彻这一原则的基本要求是:

(1)加强思想道德的理论教育,用马列主义基本观点和社会主义基本道德规范来武装学生的头脑,提高学生的思想道德认识。

(2)组织和引导学生参加各种社会实践活动,促使他们在接触社会的实践活动中加深认识,增强情感体验,养成良好的行为习惯。

(3)对学生的评价和要求要坚持知行统一原则。

(4)教育者要以身作则,严于律己,言行一致。

4. 集体教育和个别教育相结合原则

基本含义:在德育过程中,教育者要善于组织和教育学生集体,并依靠集体教育每个学生;同时通过对个别学生的教育来促进集体的形成和发展,从而把集体教育和个别教育有机地结合起来。

这一原则是对苏联教育家马卡连柯成功教育经验的总结,符合社会主义教育目的的要求。集体主义是共产主义道德的基本原则。学生的集体主义精神,只有在集体中才有可能培养起来。实践证明,学生集体不仅是教育的对象,也是教育的主体,具有巨大的教育力量,应充分利用集体的力量来教育学生。当然,集体是由个人组成的,个人也能对集体产生影响,所以在加强集体教育的同时,还必须加强个别教育。马卡连柯指出,教师要影响个别学生,首先要去影响这个学生所在的集体,然后通过集体和教师一道去影响这个学生,只有这样才能产生良好的教育效果,这就是著名的"平行教育原则"。

贯彻这一原则的基本要求是:

(1)建立健全的学生集体。在建立集体的过程中,教育者不仅要注意集体的组织和管理,更要注意集体意识、集体舆论的培养。

(2)开展丰富多彩的集体活动,充分发挥学生集体的教育作用。教育者要引导学生参与集体生活,培养集体主义观念和情感。

(3)加强个别教育,并通过个别教育影响集体,增强集体的生机和活力,将集体教育和个别教育统一起来。

5. 正面教育与纪律约束相结合的原则

基本含义:德育工作既要正面引导,说服教育,启发自觉,调动学生接受教育的内在动力,又要辅之以必要的纪律约束,并使两者有机结合起来。

这一原则是根据社会主义教育目的提出的,符合德育过程的规律和学生的年龄特征。社会主义教育培养的是开拓型的"四有"新人,因此在德育工作中必须坚持耐心细致的说理教育。青少年学生缺乏一定的行为自控能力,这就决定了在正面引导的同时,必须加以必要的纪律约束。

贯彻这一原则的基本要求是：

（1）坚持正面教育原则，以科学的理论、客观的事实、先进的榜样和表扬鼓励为主的方法，教育和引导学生。

（2）坚持摆事实，讲道理，以理服人，启发自觉。在进行说理教育时，做到事要实、理要真，情理交融。

（3）建立健全学校规章制度和集体组织的公约、守则等，并且严格管理、认真执行，督促学生约束自己的行为。

6. *依靠积极因素克服消极因素的原则*

基本含义： 在德育工作中，教育者要善于依靠、发扬学生自身的积极因素，调动学生自我教育的积极性，克服消极因素，以达到长善救失的目的。

这一原则是对立统一规律在德育中的反映。任何一个学生身上既有积极因素的一面，又有消极因素的一面。同时，这两种因素是不断运动斗争着的，在一定条件下可以相互转化。学生正确思想品德的形成就是积极因素不断增长、消极因素不断克服的过程，就是学生思想中新与旧、进步与落后的思想斗争和转化的过程。

贯彻这一原则的基本要求是：

（1）教育者要用一分为二的观点，全面分析和了解学生，正确客观地评价学生的优点和不足。

（2）教育者要有意识地创造条件，因势利导，扬长避短，将学生思想中的消极因素转化为积极因素。

（3）教育者要提高学生自我认识、自我评价的能力，启发他们自觉地展开思想斗争，发扬优点，克服缺点。

7. *尊重信任学生与严格要求学生相结合的原则*

基本含义： 在德育过程中，教育者既要尊重、信任、热爱学生，又要对学生提出严格的、坚定不渝的要求，把严和爱有机结合起来，促使教育者的合理要求转化为学生的自觉行动。

这一原则是教育者正确对待受教育者的基本情感和态度。社会主义学校的师生关系应该是民主平等的，在德育工作中尊重信任与严格要求是辩证统一的，尊重信任是严格要求的前提，苏联教育家马卡连柯也认为要尽量多地要求一个人，也要尽可能地尊重一个人。爱是严的基础，严是爱的体现。失去严格要求的爱，只能是放任自流的溺爱；缺乏尊重信任的严格要求，也可能变成刁难、苛求。只有把两者紧密结合在一起，才能取得最佳教育效果。

贯彻这一原则的基本要求是：

（1）教育者要有强烈的事业心、责任感以及从内心深处尊重热爱学生的态度，关心爱护学生，建立和谐融洽的师生关系。尤其是对待后进生，更需要特别的温暖和关怀，切忌伤害学生的自尊心，挫伤学生的积极性，粗暴训斥，讽刺挖苦，甚至体罚。

（2）教育者应根据教育目的和德育目标，对学生严格要求，认真管理和教育。

要从学生的年龄特征和品德发展状况出发,提出合理、明确、适度、有序且有恒的要求,并坚定不渝地贯彻到底。

8. 教育影响的一致性和连贯性原则

基本含义:在德育工作中,教育者应主动协调多方面的教育力量,统一认识和步调,有计划、有系统、前后连贯地教育学生,发挥教育的整体功能,培养学生正确的思想品德。

这一原则是由德育过程的基本规律决定的。青少年思想品德的形成和发展,是受多方面教育影响的综合结果。纷繁复杂的各种影响之间可能存在矛盾和对立,前后也未必连贯一致。如果不加以组织,必将削弱学校教育的正面影响。因此,学校应该加强控制,调节各种教育影响,使之形成一股强大的教育合力,确保学生的思想品德按社会要求健康发展。

贯彻这一原则的基本要求是:

(1)充分发挥教师集体的作用,统一学校内部的多种教育力量,使之成为一个分工合作的优化群体。

(2)争取家长和社会的配合,主动协调好学校教育与家庭、社会教育的关系,逐步形成以学校为中心的"三位一体"的德育网络。

(3)保持德育工作的经常性和制度化,处理好衔接工作,保证对学生影响的连续性、系统性,使学生的思想品德能循序渐进地发展。

二、德育的途径

(一)政治课与其他学科教学

这是学校有目的、有计划、系统地对学生进行德育的基本途径。通过教学来传授科学文化知识可以实现德育的目的。各科教材中都包含有丰富的教育内容,只要充分发掘教材本身所固有的德育因素,把教学的科学性和思想性统一起来,就能在传授和学习科学文化知识的同时,使学生受到科学精神、社会人文精神的熏陶,形成良好品德。当然,教学这个途径也不是万能的,只通过政治课和其他学科教学进行德育,容易使学生脱离社会生活实际。

(二)课外活动与校外活动

这是生动活泼地向学生进行德育的一个重要途径,它不受教学计划的限制,让学生根据兴趣、爱好自愿选择参加,自主地组织、开展丰富多彩的活动,制订并执行一定的计划与纪律,并最终达到调节自己的行为和处理人际关系的目的。因此,通过这个途径进行的德育,符合学生的特点和需要,能激发他们的兴趣,调动他们的积极性,特别有助于培养学生的明辨是非、自我教育等道德能力和互助友爱、团结与责任感等良好品德。

(三)劳动

这是学校进行德育,尤其是劳动教育的重要途径。通过劳动,学生容易产生对劳动、科学与技术的兴趣与爱好,激发出巨大的热情与力量,经受思想与行为上的严峻磨炼，看到自己的才能和成果，并最终养成热爱劳动、勤俭、朴实、艰苦、顽强等许多品德。

（四）共青团活动

共青团是青少年学生自己的集体组织。通过自己的组织进行德育，有利于调动学生的积极性、主动性和创造性，培养主人翁意识以及自我教育和管理的能力。因此，这是学生自我教育的重要形式。团队通过开展各种健康有益、生动活泼的活动，如夏令营、冬令营活动，通过组织生活、文化科技娱乐等活动来激发青少年学生的上进心、荣誉感，使他们能够严格要求自己，提高思想觉悟，培养良好品德。

（五）班主任工作

班主任是全面负责一个班学生工作的教师，其基本任务是带好班级，教好学生。对学生进行教育是班主任的一项重要职责。班主任要做好学生德育工作，就必须全面深入了解、研究学生。班主任要与社会有关方面和学生家长配合，共同对学生进行教育。班主任要精心组织、培养健全的班集体，并通过集体对学生进行教育，班主任要把集体教育和个别教育结合起来。

以上几条德育途径各有其特点与功能，互相联系，互相补充，构成了德育途径的整体。学校应全面利用各种德育途径的作用，使其科学地配合起来，以便发挥德育途径的最大的整体功能。

三、德育的方法

德育方法是为达到既定德育目的在德育过程中所采用的教育者和受教育者相互作用的活动方式的总和。它包括教育者的施教传道方式和受教育者的受教修养方式。它是实现德育任务，提高德育实效性的关键因素。

我国德育的基本方法有：

1. 说服法

说服法是通过摆事实、讲道理，使学生提高认识，形成正确观点的方法。说服法包括讲解、谈话、报告、讨论、参观等。

运用说服法要注意以下几点要求：① 明确目的性。说服要从学生实际出发，注意个别特点，针对要解决的问题，有的放矢，符合需要，切中要害，启发和触动他们的心灵，切忌一般化、空洞冗长、唠叨。② 富有知识性、趣味性。说服要注意给学生以知识、理论和观点，使他们受到启发、获得提高，所选的内容、表述的方式要力求生动有趣、喜闻乐见。③ 注意时机。说服的成效，往往不取决于花了多少时间，讲了多少道理，而取决于是否善于捕捉教育时机，拨动学生心弦，引起他们的情感共鸣。④ 以诚待人。教师的态度要诚恳，深情，语重心长，与人为善。只有待人以诚，才能叩开学生心灵的门户，使教师讲的道理易被学生接受。

2. 榜样法

榜样法是以他人的高尚思想、模范行为和卓越成就来影响学生品德的方法。榜样包括伟人的典范、教育者的示范、学生中的好榜样等。

运用榜样法要注意以下几点要求：① 选好学习的榜样。选好榜样是学习榜样的前提。我们应根据时代需要并从学生实际出发，指导他们选择好学习的榜样，获得明确的前进方向与巨大动力。② 激起学生对榜样的敬慕之情。要使榜样能对学生产生力量，推动他们前进，就需要引导学生了解榜样；了解所学习榜样的身世、艰苦奋斗的经历、伟大卓越的成就、崇高光辉的品德，特别是了解那些感人至深、令人敬佩之处，使他们在心灵上对所学榜样产生惊叹、爱慕、敬佩之情。③ 引导学生用榜样来调节行为，提高修养。要及时把学生对榜样的敬慕之情转化为道德行动和习惯，逐步巩固、加深这种情感。

3. 锻炼法

锻炼法是有目的地组织学生进行一定的实际活动，以培养他们的良好品德的方法。锻炼法包括练习、委托任务和组织活动等。

运用锻炼法要注意以下几点要求：① 坚持严格要求。有效地锻炼有赖于严格要求，进行任何一种锻炼，如果不严格遵守一定的规范和要求，而是马马虎虎，那就会搞形式主义，不可能使学生得到锻炼和提高。② 调动学生的积极性。只有激发学生的主动性、积极性，使他们内心感到锻炼是必要的、有益的、有价值的，他们才能自觉锻炼，自觉严格要求自己，获得最大的锻炼效果。③ 注意检查和坚持。良好的习惯与品德的形成必须经历一个长期而反复的锻炼过程。前紧后松、一曝十寒，时冷时热，都无益于品德的培养。所以对学生的锻炼，要强调自觉但又不能放松对他们的督促、检查，此外还要引导他们长期坚持下去。

4. 陶冶法

陶冶法是通过创设良好的情境，潜移默化地培养学生品德的方法。陶冶法包括人格感化、环境陶冶和艺术陶冶等。

运用陶冶法要注意以下几点要求：① 创设良好的环境。这种环境包括：美观、朴实、整洁的学习与生活环境；团结、紧张、严肃、活泼、尊师爱生、民主而有纪律的班风、校风。② 与启发说服相结合。通过创设情境陶冶学生，不仅与教师对学生的说服教育不矛盾，而且为了更有效地发挥情境的陶冶作用，则不能只让创设的情境自发地影响学生，还需要教师主动地配合。③ 引导学生参与情境的创设。良好的情境不是固有的或自然存在的，它需要人为地创设。但这决不能只靠教师去做，应当组织学生为自己创设良好的学习与生活情境。

5. 表扬奖励与批评处分

表扬奖励是对学生的良好思想、行为进行肯定评价，以引导和促进其品德积极发展的方法。批评处分是对学生不良思想、行为进行否定评价，帮助他们改正缺点与错误的方法。表扬是对学生比较好的思想和行为表现郑重作出的好评，可以口头的形式当众宣布，也可以书面形式张贴出来。奖励一般包括颁发奖状、发给奖品、授予称号等。批评是对学生不良思想、行为的指责。处分分为警告、记过、留校察看、开除学籍等。

运用奖励与处分要注意以下几点要求：① 公平、正确、合情合理。做到当奖则奖，当罚则罚，奖励与处分一定要符合实际，实事求是，不主观片面。② 发扬民主，获得群众支持。奖惩如果由少数人决定，难免主观武断，出现差错，得不到群众支持。只有发扬民主，听取群众意见，才能使奖惩公平合理，富有教育意义。

第四节　当前我国学校德育改革的主要趋势

当今，政治经济与社会等各方面都发生了许多新的变化，价值多元化、德育环境复杂化、主流文化与各种亚文化之间的碰撞，以及由于激烈竞争所导致的各种矛盾，使学校德育面临着新的问题、难题和严峻挑战。应对这些挑战，培养新世纪有道德、有理想的一代新人，迫切需要我们对当前的学校德育加以改革。在当代的学校德育改革中出现了下列趋势：

一、学校德育观念的人性化、生活化

我国学校德育在思想观念上逐渐向人性化、生活化的趋势回归。我国社会转型和价值观念变迁的一个明显结果是个人的自我意识与主体意识在显著增强，这表明了人们正在逐渐由依附走向独立。因此，在学校德育中必须确立"人是主体"的思想，即主体性德育思想。主体性德育思想的确立，一方面表明人们对"道德"的认识逐渐由服从、适应的层次提升到自主、超越的层次；另一方面也必然要求我们在教育中尊重学生主体，因为没有学生主体的自觉自愿的参与，就不可能有真正的道德发展。

向生活回归应是德育发展的另一趋势。社会转型使政治对人们生活的垄断性地位已经明显降低，人们在和平建设的环境下越来越多地追求丰富多彩的生活，生活性的问题在人们日常关注的问题中所占比例明显升高。而且近些年来，人们对德育功能的深入研究，在肯定德育的政治经济功能的同时，日益关注德育的个体发展与生活享有性功能。由此，适应社会发展和德育本身发展的需求，德育回归生活的指导思想呼之欲出。我国新一轮课程改革也特别强调：在生活中进行德育、通过生活进行德育、让儿童过有道德的生活。学校生活德育具有整体性、社会性、实践性和真实性等特征。

二、学校德育模式的个性化

长期以来，我国学校德育的一个重大缺陷就是忽视学生的个性发展，随着主体性德育思想的确立，学校德育在个性化教育方面也取得了显著进步。所谓个性化德育，就是在正确的教育思想、教育观念的指导下，从学生的现实个性出发，尊重学生的需要、兴趣和自由，通过个性化、社会化教育和自我教育的统一过程，培养学生良好的个性的品质，促进其个性的自主和谐发展。个性化德育旨在培养个性丰富、人格健全的社会公民。建构个性化的德育模式，就必须对过去模式化、"一刀切"的培养模式进行彻底的改革。实施个性化德育必须从每个人不同的需要、兴趣、情感、

意志出发，只有这样，德育才能充满人性化，才能使人的个性得到充分和谐的发展，德育才能真正成为对人的一种解放。

三、学校德育目标的全面性

传统学校目标存在着过分理想化和政治化的倾向，只重视培养符合传统意识形态要求的"工具"，而不重视培养具有现代公民意识的全面发展的"人"。传统学校德育注重个体私德的养成，提倡道德理想的实现和道德修炼的境界，但相对忽视个体的权利；而当前的学校德育主要是公民德育教育，德育目标是培养合格的公民。公民道德教育突破了传统道德教育的狭隘性，关注个体在公共领域所应具备的行为规范，强调要以培养每个公民的权利和义务意识为前提来培养公民的道德素质。公民道德教育的核心就在于把公民在公共生活领域内的行为准则内化为公民意识，成为其自主行为的一部分。它虽然也关注公民个人的道德养成，但只涉及个体在与他人及社会交往中所需要遵循的准则，尽管从道德意义上看，一个德行高尚的人也会具备上述公民的品质，但公民道德首先和主要具有的是"公德"的性质，而非私德的性质。

当前我国学校将德育目标定位于具有主体性人格的公民的培养，体现了社会发展的必然要求。社会转型是德育目标转型的基础和条件。在社会转型时期，不同的利益组合和某种共同的利益诉求，在客观上要求建立真正意义上的公民社会。市场经济的发展为公民社会的发展提供了可能性，而市场经济的良性成长又需要公民社会的支持，从而使德育目标从"圣人教育"向"公民教育"的转型成为可能。鲁洁教授认为市场经济孕育出了新的人际关系，它为现代独立人格的发展开拓出了新的空间，这也是当代道德教育所面临的可能空间。个性化的德育模式就是要培养个性充分发展、人格健全独立、会关心、会创造、懂生活、能工作的合格公民。

四、学校德育方式的开放性、互动性

当前我国学校德育在方式上逐渐从封闭性德育向开放性德育转变，从说教式德育向互动式德育转变。那种在时间和空间上独立存在的封闭性德育，割裂了德育与其他各育的有机联系，无法完成对完整人的培养，而且其静态的、凝固的、单向灌输的特性，使德育脱离了现实生活，疏离了个体生命的本性。在社会转型的新趋势下，应使学校德育逐渐转向生活、生命、社会，形成一种开放性的德育。

当前在新课程改革背景下，学校德育逐渐摒弃过去那种单向的、灌输的道德教育方式，创建一种开放的、生成性的、创造性的互动德育方式。互动式的德育强调师生是一种相互影响、相互创造、共同成长的关系，其间体现的是平等、合作、尊重、理解、意会、倾听、创造等道德要素，通过师生之间的交往、对话等方式获得共同的提高和发展。这种互动性的德育充分体现了以学生为本的思想。作为学生精神发展的启迪者、引领者，教师要有进行精神引领的眼界与境界，要有更高的教育素质。

思考题

1. 什么是德育？比较品德与道德。
2. 简述我国德育的主要内容。
3. 德育过程的规律有哪些？
4. 论述我国中学德育的主要原则。
5. 我国德育主要有哪些方法？
6. 结合实际谈谈当前我国学校德育改革的主要趋势。

主要参考文献

1. 教育部人事司,教育部考试中心.教育学考试大纲[M].北京：北京师范大学出版社,2002.
2. 王道俊,王汉澜.[M].北京：人民教育出版社,1989.
3. 高德胜.生活德育论[M].北京：人民出版社,2005.
4. 鲁洁.道德教育的当代论域[M].北京：人民出版社,2005.
5. 张荣伟,任海宾.教育基本原理[M].福州：福建教育出版社,2007.
6. 胡斌武.学校德育的现代化[M].北京：中央编译出版社,2006.
7. 檀传宝.学校道德教育原理[M].北京：教育科学出版社,2000.
8. 黄向阳.德育原理[M].上海：华东师范大学出版社,2000.
9. 戚万学.道德教育新视野[M].北京：山东教育出版社,2004.

第十章 班级管理

 学习评价

1. 理解并掌握班级组织的内涵,班级管理的内涵、目标和功能。
2. 理解班主任在班级管理中的地位和作用,掌握班主任的工作内容与方法。
3. 理解并掌握班级有效管理的基本内容。
4. 理解并掌握班集体的基本特征及其建设。
5. 合理运用班级管理模式。
6. 理解并掌握班主任工作研究的意义和内容,恰当运用班主任工作研究的方法。

第一节 班级组织的认识与管理

班级是一个复杂的小社会体系,是学校行政体系中最基层的行政组织,也是学校开展教育教学活动的基本单位。正确认识班级组织,对于实现学校管理目标,促进学生成长具有重要意义。

一、班级组织的认识

班级组织是历史发展的产物。16世纪,随着资本主义工商业的发展和科学技术的进步,教育对象范围的扩大和教学内容的增加,需要有一种新的教学组织形式,这样班级组织应运而生。率先正式使用"班级"一词的是文艺复兴时期著名的教育家伊拉斯谟。16世纪,在西欧一些国家创办的古典中学里出现了班级组织的尝试,运用班级的形式开展教学活动。

17世纪,捷克教育家夸美纽斯总结了前人和自己的实践经验,并在其代表作《大教学论》中对班级组织进行了论证,从而奠定了班级组织的理论基础。此后,班级组织在欧洲许多国家的学校中逐步推广。

19世纪初,英国学校中出现了"导生制",这对班级组织的发展产生了巨大的推动作用。"导生制"就是根据儿童的年龄和发展水平划分等级,对进度相同的儿童系统性地开设科目,编制班级,实施同步教学;并且除教师之外,还配备"导生",

他们在教师的指导下对低年级的学生进行教学与管理。这一制度由于其经济而有效的特点，受到社会的欢迎，从而使班级教学的形式得到了发展。

中国采用班级组织形式，最早的雏形始于1862年清政府开办的京师同文馆。20世纪初废科举、兴学校之后，全国各地的学校开始采用班级组织形式。

班级组织的发展，反映着教育理论的变革和发展，表达着人们对于教育的期待，现代意义的班级组织必然浸透着时代气息，具体而言，可以从以下几个方面理解：

（一）班级组织是一个社会性组织

班级是一种特殊的社会组织，是基于其成员即学生的社会化学习需求而建立。因此，有人说班级是一个"小社会"，是社会向青少年提供的一种群体生活的基本环境。班级不仅是以社会化学习为中心的社会关系体系，而且是一种为社会需要培养未来人才的社会组织。班级组织既有工具性角色的正式结构，即制度化的人际关系，为实现班级组织的公共目标服务，如不同角色职权结构的基本形态；班级组织也有非正式结构存在，满足组织中基于个体属性层面的人际关系的发展需求。班级中的师生、生生间的互动，不仅通过正式的规章制度维持，而且也要通过各种非正式的方式和手段来维持。

（二）班级组织是一个教育性组织

班级组织是一个由教师和一群有着不同的家庭背景、文化背景、不同的性格、不同的发展需求的学生而组合成的文化生态组织，通过师生交互影响的过程实施教育教学活动，实现教育教学目标。班级是开展教育教学活动的基本单位，也是学生从事集体活动、结交好友的重要场所，学校教育功能的发挥亦主要通过班级组织而实现。因此，班级组织是现代学校和教育最具代表性的一种教育形态，不仅是教育性的学习组织，也是教育性的生活组织，拥有其独特的教育力量。

（三）班级组织是一个文化性组织

班级是教师与学生的重要生活场所，在长期的共同交往和生活中，逐步形成了能够影响组织内部成员思想和行为的文化体系。我们日常所说的班风，即是班级文化的具体表达。班级文化是班级的特色所在，体现了师生共同认同与维护的理念，对于班级组织中的成员具有一定的约束力，有助于增强班级的向心力和凝聚力，同时具有无形的教育功能和强大的教育力量。积极进取的班级文化，能够帮助学生养成健康向上、充满活力的精神气质。

（四）班级组织是一个生命性组织

班级组织是一个有机的生命体，"它不仅有细胞、骨骼、系统，还有理念、精神与灵魂；不仅能在适宜的环境下创生，还能在自主的引导下繁殖成长；不仅要在成长的过程中输血、学习和保健，还要不断地造血、发展和创新。生命型组织超越了制度型组织的刻板缺点和文化型组织的弥散劣势，将班级组织置于一个可以成长的生存环境中，大大促进了班级组织的自我发展和完善，有利于班级走向更为科学的轨道，因此可以说，生命型班级组织是管理组织的最高境界。"①

---

① 张华.生命型班级：班级组织的最高境界[J].班主任之友，2005(10).

二、班级管理的界定

班级管理是以班级为载体的学生管理,是学校管理的基本组成部分,也是班主任工作的重要内容,它对于学校教育教学目标的实现具有重要的意义。

(一)班级管理的概念

班级管理是教师根据一定的目的要求,采用一定的手段措施,带领班级学生,对班级中的各种资源进行计划、组织、协调、控制,以实现教育目标的组织活动过程。班级管理也称为"班级经营"、"教室管理"。

班级管理是一种有目的的活动,这一活动的根本目的是实现教育目标,使学生得到充分的、全面的发展;班级管理的对象是班级中的各种管理资源,包括人、财、物、时间、空间、信息,而主要对象是人,即学生,班级管理主要是对学生的管理;班级管理的主要管理手段是计划、组织、协调、控制;班级管理是一种组织活动过程,它体现了教师与学生之间的双向活动,是一种互动的关系。

长期以来,由于受传统教育观的影响,我国的班级管理方式偏重于专断型,强调教师的权威,伴随着教师高强度的"知识传递"和追求分数的压力,教师必须实施班级控制,以确保教与学不受干扰。这势必使班级管理制度缺乏活力,大大降低学生的参与度,使班级管理成为教师实施个人专断管理的活动过程。因此,确立以人为本的班级管理是现代学校教育所追求的目标。

(二)班级管理的目标

班级管理的目标就是形成一个"班级共同体",在这个共同体中,有明确的目标和应遵守的规范,能为生活在班级中的每一个成员提供一个相互交流思想的场所,一个相互关心的场所,一个共同成长的场所。

1. 班级成为一个学习共同体

班级中的学生,首要的属性是"学习者",其主要任务是学习。因此,使班级成为一个学习共同体是班级管理的基本目标。班级作为学习共同体与传统班级的主要区别在于,强调教师与学生、学生与学生之间的人际心理相容与沟通,在学习中发挥群体动力作用。强调在学习过程中以相互作用式的学习观作指导,通过人际沟通、交流和分享各种学习资源而相互影响、相互促进。

2. 班级成为一个精神共同体

苏霍姆林斯基说:"班级建设的最高境界是形成一种平和愉悦的精神共同体——它既是教育工作追求的自然归属,也是我们的快乐所在。"[①] 班级是一个精神共同体,就是说它要关注每个学生的精神发展,把班级建设成为一个成员之间相互信赖、相互认同、相互关爱的统一体,从而获得对自己的满意感和对世界的信任感。

3. 班级成为一个文化共同体

文化共同体"是一种氛围、一种情绪,一种流动着的、穿行于个体之间的无形

[①] 转引自:谌启标,王晞等.班级管理与班主任工作[M].福州:福建教育出版社,2007:22.

之物。它编织着儿童的现实关系之网,形成一个笼罩着个体身心的'钟型罩'。这是一个混沌多样的整体,然而能被个体精确地感知到。这种整体被称作情境。人们的全部经历和体验都要通过情境而实现。"[1] 班级作为一个共同体,就是要形成这种能让学生乐于身处其中的文化空间。

4. 班级成为一个伦理共同体

班级共同体还应该是一个伦理共同体,班级组织中无论是正式结构还是非正式结构的成员,都要维持一定的交往和互动,并遵循交往中的规则,形成成员间良好的伦理关系。例如学生公共生活伦理,无论是在校园、班级还是宿舍,都包含着公共生活伦理,它既是对社会人的行为的规范,也是对每一个人作为生命体独立存在的意义和价值的认同,在班级的伦理共同体建设中,铸造学生健全的精神人格。

(三)班级管理的功能

班级管理不仅是影响班级活动顺利进行的重要因素,而且是一种能够塑造和强化学生行为的重要力量,它对于班级活动的顺利进行,对于学生的健康成长和全面发展具有极其重要的影响。[2] 具体来说,班级管理具有以下功能:

1. 有助于实现教学目标,提高学习效率

班级组织产生的根本原因是为了更有效地实施教学活动,因此,如何运用各种教学技术手段来精心设计各种不同的教学活动,组织、安排、协调各种不同类型学生的学习活动,为学生营造一个安全、舒适、宽松、富有启发性的学习环境,是班级管理的主要功能。有效的班级管理不仅能帮助教师实现教学目标,而且能陶冶学生的性情,提高学生的学习效率。

2. 有助于维持班级秩序,形成良好班风

班级是学生群体活动的基础,是学生交往活动的主要场所。因此,调动班级成员参与班级管理的积极性,共同建立良好的班级秩序和健康的班级风气,是班级管理的基本功能。这不仅可以规范学生的行为,减少产生矛盾与冲突的可能性,调节学生的心境,使教师乐教,学生乐学,而且可以使学生有强烈的归属感,激发学生关心集体、为集体负责的意识,从而使学生愿意并努力使自己成为对集体有所奉献的一员,在集体中追求个人的发展。

3. 有助于锻炼学生能力,学会自治自理

班级组织是社会组织的雏形,它同样存在着最基本的人际交往和社会联系,存在着一定的组织层次和工作分工。学生是正在成长中的尚未成熟的人,具有较强的依赖性和可塑性,因此,班级管理的重要功能就是不仅要帮助学生成为学习自主、生活自理、工作自治的人,而且要帮助学生进行社会角色学习,获得认识社会、适应社会的能力,而这对于促进学生的人格成长是极其重要的。

---

[1] [德]赫尔曼·施密茨.新现象学[M].上海:上海译文出版社,1997:25.
[2] 周金浪.教育学[M].上海:上海教育出版社,2006:314.

三、班主任在班级管理中的地位与作用

班主任是学校全面负责一个班学生的思想、学习、生活等方面工作的教师,是班级的组织者、领导者和教育者,是学校办学思想的贯彻人,是联系班级任课教师和学生及学生团队组织的纽带,是沟通学校、家长和社会的桥梁。在班级管理中,班主任扮演着多重角色,担负着多种责任,发挥着特殊的作用。班主任工作的优劣直接影响到学生的成长。

(一)班主任是班级建设的设计者

班主任是班级建设的设计者。对教育对象个体来说,教师的职能可以归结为"灵魂工程师",但对教育对象群体来说,他(她)更多的是班集体的缔造者、设计者。

1. 班级建设设计的内涵

班级建设的设计是指班主任根据学校的整体办学思想,在主客观条件许可的范围内所提出的班级模式,包括班级建设的目标、实现目标的途径、具体方法和工作程序。其中,又以班级建设目标的制订最为重要。

2. 班级建设目标的确立

班级建设的目标是指在一定时期内班级所期望达到的境界。班级目标的设计,主要依据两方面的因素:一是国家的教育方针政策,以及学校的培养目标;二是班级群体的现实发展水平。

班级目标对班级建设有非常重要的作用:① 有利于获得学生对班级发展的认同与支持;② 有利于引导班级发展方向,协调班级成员间的行为;③ 有利于激发班级成员努力进取的行为动机;④ 还可作为设计与选择班级活动的依据以及班级实施监督与考评的标准。

(二)班主任是班级组织的领导者

学校对学生进行教育教学工作是以班级为单位的,一个良好的班集体具有强大的教育功能。但良好的班集体不是自发形成的,它依赖于班主任的领导与组织。在班级管理中,特别是在达成班级目标上,班主任的领导才能显得非常重要。

1. 班主任的领导影响力

班主任在班级管理中的领导影响力主要表现在两个方面:一是班主任的权威、地位、职权,这些构成了班主任的职权影响力;二是班主任的个性条件,构成了班主任的个性影响力。

班主任职权影响力的实施要依据一定的组织法则和一定的群体规范,具体来说包括:一是国家的教育法令、学制、教育方针及学校的课程、教学计划、规章制度等;二是班级的目标、规范、舆论、纪律、班风等。班主任对班级的领导影响力必须在这一范围内施加,否则班主任的领导的合法性与有效性就会受到质疑。

班主任的个性影响力取决于三个方面:一是班主任自身对教育工作的情感体验;二是对学生产生积极影响的能力;三是高度发展的控制自己的能力。

班主任的职权影响力与个性影响力具有一定的相对独立性，同时又是密切相关的。

2. 班主任的领导方式

班主任的领导方式一般可以分为三种类型：权威的、民主的、放任的。采用权威的领导方式的班主任侧重于在领导与服从的关系上实施影响，由教师自身对班级施行无条件的管理，严格监督学生执行教师所提出的要求。采用民主的领导方式的班主任比较善于倾听学生的意见，在领导班级的过程中，不是以直接的方式管理班级，而是以间接的方式引导学生。采用放任的领导方式的班主任主张对班级管理不要过多地干预，以容忍的态度对待班级生活中的冲突，不主动组织班级活动。

在当前班级管理实践中，有两种领导方式运用得比较多：一是"教学中心"的领导方式，二是"集体中心"的领导方式。"教学中心"的领导方式是目前采用的比较多的一种领导方式，这与我国学校教育对班主任工作的考评标准不无关系，这种领导方式的最大弊端是对人的因素不够重视，班级工作只见教学不见学生，只看学生的分数，不看学生的发展。"集体中心"的领导方式认为，学生对集体的喜爱、期望、归属感、团结性与作业水平、学习成绩相关，因此，主张信赖而不是怀疑集体，用集体领导的手段管理班级，将班级作为教育的对象，而不是一对一地去对待每个学生。

（三）班主任是班级人际关系的协调者

班级是存在于学校之中的一个特殊的社会组织，教育从本质上说就在于建立个人、集体与社会的实际联系，以保证个人的社会化。因此，研究班级中的交往行为，指导学生形成良好的人际关系，是班主任的重要使命之一。

1. 班级中学生交往的类型

班级中学生交往的类型，以交往双方所承担的社会角色的不同来区分，有学生间的交往、师生间的交往，教师间的交往；以交往双方的数量的多少来区分，有个体与个体的交往、个体与群体的交往、群体与群体的交往。

一般来说，在完成教学、课外活动任务时所发生的各种交往，它主要是以手段的方式存在着的；为满足不同交往需要而进行的接触与活动，这种交往本身就是活动的目的，因为学生关注的是和谁一起做、一起谈，至于做什么、谈什么则是次要的。

不同类型的交往对学生的发展有不同的价值。

2. 班主任对学生交往的指导

交往是班级人际关系形成和发展的手段。班主任应悉心研究班级的人际关系，指导学生的交往活动。① 要把学生作为交往的主体，研究学生交往需要及能力的差异性，指导学生正确知觉周围的人，懂得如何避免和解决冲突，建立积极的交往环境。② 设计内容充实、频率高的交往结构，即根据班级活动的目的、任务及学生的特点，形成一个相互渗透、交互作用的多渠道、多层次、多维度的交往网络。③ 要在与学生的交往中建立相互间充满信任的关系。

四、班主任班级管理的内容与方法

现代的班级管理是一种培养人的实践活动过程，主张学生是班级活动的主体，以满足学生的发展需要为目的,学生既是对象,又是目的,把班级集体作为学生自我教育的主体。为此,班主任可以从以下几个方面入手,建立能够持久地激发学生主动性、积极性的班级管理机制,让每个学生乐于成为其中的一员。

(一)了解学生,研究学生

学生是班主任工作的对象。对学生的教育没有一个固定的模式,只有深入细致地了解学生、研究学生,才能指导得法、教育有效。

1. 了解和研究学生的内容

(1)了解和研究学生个人,包括思想品德状况、集体观念、劳动态度、人际关系、日常行为习惯;学习态度、学习成绩、学习方法、思维特点、智力水平;体质健康状况、个人卫生习惯;课外与校外活动情况;兴趣、爱好、性格等。

(2)了解和研究学生的群体关系,包括班级风气、舆论倾向、不同层次学生的结构、同学之间的关系、学生干部情况等。

(3)了解和研究学生的学习和生活环境,包括了解学生的家庭类型、家庭物质生活和精神生活条件、家长的职业及思想品德和文化修养、学生在家庭中的地位、家长对学生的态度等。

2. 了解学生的方法

(1)通过阅读学生的有关材料来了解学生,包括记载学生各种情况的登记表、统计表和学生活动成果记录表等。

(2)通过对学生本人或知情者的调查访问,从各个侧面了解学生,包括谈话、问卷、座谈等。

(3)在自然条件下,有目的、有计划地对学生在各种活动中的行为表现进行观察。

(二)组织和培养班集体(具体内容详见本章第二节)

(三)协调校内外各种教育力量

班级是一个开放的系统,学生是在多种因素纵横交错的影响下发展成长的。班主任要对班级实施有效的教育与管理,必须要争取校内外各种教育力量的配合,调动各种积极因素。

(1)充分发挥本班任课教师的作用。学生的成长过程是多位教师通力协作教育的过程。班主任的职责之一就是要协调所有任课教师的工作,充分发挥他们的教育力量,具体来说,包括以下几个方面:① 班主任要在班上养成尊师爱生的风气;② 要定期联系任课教师,经常互通情况;③ 调节各学科教育负担,妥善作出全面的安排。

(2)协助和指导班级团队活动。团队的性质、任务决定了它在班集体中的核心作用,班主任有责任指导团队活动,具体来说,包括以下几个方面:① 协助团队组织制订工作计划,班级工作计划与团队组织计划要步调一致;② 帮助团队组织落实计划,为他们创造活动的条件;③ 帮助团队干部提高思想认识和工作能力。

(3)争取和运用家庭和社会教育力量。班主任要积极争取家庭、社会对学校教育的支持，形成学校、家庭、社会的教育合力，具体来说，包括以下几个方面：① 要定期对学生进行访问，举行家长座谈会，接待家长来访，全面了解家长和学生的情况；② 充分利用家长的教育资源，将家长的各种教育条件，化为共同搞好班级工作的教育力量；③ 争取校外各种积极的教育因素，以此来弥补学校教育的不足。

第二节　班级管理的有效实施

一个成熟的班级，是实现了有效管理的组织，是一个具有高效能的组织，能有效地激发教师和学生的成就感，为教师和学生创造一个"自我实现"的学习和生活的平台，并与教师和学生一同成长。

一、班级管理有效性界说

提高管理效能是现代管理活动的根本追求，也是有效管理的实质和评价管理活动的基本指标，第二次世界大战以来，国际教育界开始十分关注学校效能的研究，希望在增加教育投入的同时，能够带来显著的教育效益。

（一）班级管理有效性的内涵

班级管理有效性是指教师和学生根据一定的价值目标，以最低的消耗，恰当而有效地处置班级中的人、事、物、时、地等各个方面，构建良好的班级氛围，促进学生健康地成长，全面达成教育目标的高效能的班级。有效的班级管理直接表现为班级学生的健康成长和班级组织的高度成熟，具体而言主要包含以下几个方面：

1. 强大的内聚力

内聚力是指组织中使其成员聚集到一起的力量。就管理效能而言，内聚力的形成主要决定于管理目标的内容，一个符合组织成员共同愿景又切实可行的目标体系能有效激发组织成员为实现这一目标而努力。因此，拥有强大的内聚力是实现班级管理高效能的重要体现。

2. 良好的执行力

所谓执行力就是组织中贯彻落实上级的路线、方针、政策的能力。班级管理中的执行力就是指班级在确立和达成目标的过程中，面对实际、克服困难、解决问题的能力。有效的班级管理一定具有良好的执行力，顺畅的沟通渠道，使得任务的完成非常圆满。

3. 积极的影响力

班级是一种特殊的社会组织，它既有一般社会组织的特征，即为完成特定任务而专门建构的正式群体，具有制度化了的角色结构和管理体系，以及相对稳定的规范；同时，它又有其特殊性，即班级组织的生存目标具有"内指向性"和班级组织运行的半自治性特征。这使得班级组织产生的影响力具有其特殊的社会化意义和价值。班主任的榜样作用、同学之间的相互支持、良好的班风是构成积极影响力的主要因素。

4. 充分的竞争力

在现代管理学中，效能作为管理的核心，充分的竞争力是组织效能的重要表现。班级作为特殊的组织，其充分的竞争力表现在班级组织成员的健康成长，促进学生潜能的充分实现。具体而言，班级能让每位同学都拥有发展的机会，建构和形成适合成长的良好氛围，为学生的成长提供有效的支持力。

(二) 班级管理有效性的特征

作为学校教育管理的基本构成，班级的管理主要包含班级的教学管理、德育管理、体育卫生管理、课外活动管理、学生生活指导等内容，班级管理的有效实施与否直接影响着教育目标的达成。有效的班级管理主要表现为以下特征：

1. 有组织成员共同的目标

班级组织目标的确定符合学生的成长特点和发展需求，有机融合了个人目标与组织目标，成为组织成员共同关注的焦点，每位学生都能够在这一目标中寻找到自己的位置，以此激发学生的积极行为，并结合自身的发展特点，将目标内化为日常的行为，在促进自身发展的同时亦贡献于这个组织。

2. 健全的管理组织

班主任以促进学生的健康成长为班级组织管理的核心目标，由组织成员民主选举产生的班委会认真履行自己的角色职责和义务，班级组织中的角色结构合理，有明晰的角色意识，拥有多样和顺畅的信息沟通渠道。

3. 良好的人际关系

同学之间的竞争是良性的，同学在日常的学习、生活和专题活动中乐于相互合作，善于沟通，师生之间的互动自觉自愿，且互动渠道通畅，班主任和同学都有极高的热情投入班级生活，相互支持。

4. 正确的集体舆论

创设适宜于学生发展的优化的心理环境，积极进取的精神面貌，有班级的荣誉感，符合社会道德规范的是非观，班级中的好事有人夸、错事有人管，具有自我教育、自我管理的良好风气。

(三) 班级有效管理的内容与途径

班级是学校按照一定的编班原则，有一定人数规模的学生组成的集合体，它遵循一般组织的发展特点。要使班级成为具有集体特性的组织，需要有效管理的支持，在不断地分化与整合中成长和发展。从班级组织的发展特点来看，实现有效班级管理的基本途径有以下几个方面：

1. 班级目标的合理定位

目标是班级发展的方向和动力。合理的班级目标定位指的是在对班级、学生发展特点和发展水平认识的基础上，对他们经过努力所能达到的状态进行预测的一种表达方式。它在一定程度上反映了班主任对班级管理的态度，对班级发展的把握状况，也表达了对学生和班级发展的共同愿望。

班级是一种以育人为目标的教育性组织，让每一位学生的身心得到和谐、全面的发展是班级管理的重要目标,班级组织中的成员学生既是教育活动的主体,又是班级组织教育的对象。因此,班级组织的管理不同于一般组织的管理,它的有效性的生成是与每一位学生的成长和发展紧密相连的。班级管理的效能首先表现为组织成员共同愿景的形成,对班级具有强烈的认同感和归属感。一般而言,合理的目标定位应与班级、学生的发展特点和发展水平相吻合,因为,过低的目标不容易产生诱惑力,过高的目标则容易让人失去信心。为此,过高、过低的目标定位都不利于将目标中的可能压力有效地转化为动力。

2. 拥有积极的教育情感

积极的教育情感主要是指班主任作为班级管理者所拥有的乐观、理解、豁达的工作态度,努力上进的精神面貌,对学生充满信任、期待的情绪状态。中小学生是未成熟的群体,具有相当的可塑性和依赖性,班级是学生学习、生活和成长的重要场所,班主任是学生成长的引领者和班级的组织者,班主任积极的教育情感对实现班级的有效管理具有特殊的意义。积极的教育情感主要通过班主任的语言、表情和体态,向学生表达社会对下一代的关爱和期待,有利于融洽的师生关系的形成,使班主任作为教育者的要求容易获得学生的认同和内化,充分实现育人的目的。班主任积极的教育情感同时也对学生产生潜移默化的影响,积极的情绪感染着学生,形成良好的心理场,促进学生健康、积极情感的生成和人格的不断成长。

3. 形成班级的核心力量

班级组织水平的有效提高和发展,关键就是要培养组织成员中的积极分子和选拔培养骨干队伍,形成中坚力量,支持组织的有效运行。班级干部的培养和任用是班主任工作的重要内容。现在学校使用较多的是"轮换制",一是每学期或学年由班主任根据学生的发展特点和班级工作开展的要求,选拔和任用班干部;二是采用公开竞聘的方式,由全体成员投票产生。无论采用何种方式,其目的都是通过班级干部制度,让每个学生都有锻炼的机会,参与班级的管理,这样增强学生的班级组织意识,调动学生为班级组织做贡献的积极性,促进班级组织的良性运行,学生亦通过班级干部的担任实现角色学习。

4. 建设班级的规章制度

班级是针对学校教育这一社会系统,由一群人按照一定的编排规则组成的相对稳定的组织群体,秩序是班级组织有效运行的必要条件。班级秩序的形成是通过规章制度的建设而逐渐形成的,规章制度的建设是一种制度化的行为。相对稳定的规章制度对班级的组织成员具有规范和导向的作用,它明确告知班级组织中的学生:哪些行为是可以的,哪些行为是不可以的,鼓励哪些行为,反对哪些行为。共同创立组织成员认同的班级秩序,有助于保证班级活动的正常开展和班级组织的良性运行。

5. 有计划地开展班级活动

良好的班级是通过有计划地开展班级活动而逐步形成的。只有通过开展系列的班级活动,才能为班级成员提供充分交往、相互了解的机会,认同班级的共同目标,为形成良好的班级秩序奠定情感基础。同时，通过班级活动培养学生的合作意识和团队精神，帮助学生正确处理人与人、个人与班级、班级与学校、学校与社会等关系，也为每个学生提供发现、尝试、锻炼和表现自己天赋和才能的机会。因此，班级活动的开展要注意活动主题的选择要贴近当下的社会生活，活动的内容和组织要适应并促进学生的发展，活动的形式要多样化，活动的评价要多维化。①

二、班级管理的几种模式

当代的班级管理是以育人为目标，主张充分运用各种方法和手段，让每个学生都积极地参与到班级活动中，使所有学生的个性获得和谐发展，健康地生活。从学校教育实践看，班级管理主要有以下几种模式：

（一）常规管理

班级常规管理是指通过制订和执行规章制度去管理班级的经常性活动。

规章制度是学生在学习、工作、生活中必须遵守的行为准则，它具有管理、控制和教育的作用。通过规章制度的制订，使班级各项工作有章可循，有条不紊，以避免班级工作的盲目性和随意性，通过规章制度的贯彻，可以培养学生良好的行为习惯以及优良的班风。

开展以班级规章制度为核心的常规管理，是班主任工作的重要内容之一。一般来说，班级的规章制度主要由三部分组成：一是由教育行政部门统一规定的有关班集体与学生管理的制度，如学生守则、日常行为规范、体育锻炼标准等；二是由学校根据教育目标、上级有关指示制订的学校常规制度，如考勤制度、奖励制度、课堂常规、作业要求等；三是由班集体根据学校要求和班级实际情况讨论制订的班级规范，如班规、值日生制度、考勤制度等。

（二）平行管理

班级平行管理是指班主任既通过对集体的管理去间接影响个人，又通过对个人的直接管理去影响集体，从而把对集体和个人的管理结合起来的管理方式。

班级平行管理的理论源于著名教育家马卡连柯的"平行影响"的教育思想。马卡连柯认为，教师要影响个别学生，首先要去影响这个学生所在班级，然后通过这个学生集体与教师一起去影响这个学生，这样就会产生巨大的教育力量。

班主任实施平行管理时，首先要充分发挥班集体的教育功能，使班集体真正成为教育的力量；其次要通过转化个别学生，促进班集体的管理与发展。总之，要实施对班级集体与个别学生双管齐下、互相渗透的管理。

（三）民主管理

班级民主管理是指班级成员在服从班集体的正确决定和承担责任的前提下，参与班级管理的一种管理方式。

班级民主管理的实质是在班级管理的全过程中，调动学生自我教育的力量，发

---

① 参见：周金浪.教育学[M].上海：上海教育出版社，2006：319-320.

挥每一个学生的主人翁精神,使人人都积极主动地参与班级事务,让每个学生都成为班级的主人。

实施班级民主管理主要做好两方面的工作:一是组织全体学生参加班级全程管理,即在班级管理的计划、实行、检查、总结的各个阶段,都让学生参与进来,班主任与学生共同实施管理活动;二是建立班级民主管理制度,如班干部轮换制度、定期评议制度、值日生制度、值周生制度、定期召开民主教育活动制度等。

(四)目标管理

班级目标管理是指班主任与学生共同确定班级总体目标,然后转化为小组目标和个人目标,使其与班级总体目标融为一体,形成目标体系,以此推进班级管理活动,实现班级目标的管理方法。

目标管理是由美国管理学家德鲁克(Peter F. Drucker,1909—2005)提出的,其理论的核心是将传统的他控的管理方式转变为强调自我、自控的管理方式,是一种以自我管理为中心的管理,目的是为了更好地调动被管理者的积极性。

在班级中实施目标管理,就是要围绕全班成员共同确立班级奋斗目标,将学生个体的发展与班级进步紧密地联系在一起,并在目标的引导下,实施学生的自我管理。

三、班集体的建设

班级不是天然的班集体,而是班级的教师与学生共同努力的结果。班集体的形成过程就是班级建设的过程。

(一)班集体的基本特征

1. 明确的共同目标

当班级成员具有共同的目标定向时,群体成员在实现目标的过程中便会在认识上、行动上保持一致,相互之间形成了一定的依存性。这是班集体形成的基础。

2. 一定的组织结构

班级中的每个成员都是通过一定的班级机构组织起来的。按照组织结构建立相应的机构,维持和控制着班级成员之间的关系,从而完成共同的任务和实现共同的目标。一定的组织结构是一个班集体所不可缺的。

3. 一定的共同生活的准则

健全的集体不仅有一定的组织结构,而且受到相应的规章制度的约束,并把取得集体成员认同的、为大家自觉遵守的行为准则,作为完成共同任务和实现共同目标的保证。在一个班集体中,准则可以是明文规定的,也可以是无形的。

4. 集体成员之间平等、心理相容的氛围

在集体中,成员之间在人格上应处于平等的地位,在思想感情和观点信念上是比较一致的;成员个体对集体有自豪感、依恋感、荣誉感等肯定的情感体验。

(二)班集体的教育作用

在学校教育中,良好的班集体对学生健康成长是非常重要的,具体表现为以下几个方面:

1. 有利于形成学生的群体意识

每个学生都是集体中的一员，学生的发展与集体的发展密切相关。在一个良好的班集体中，学生会感受到集体对他的关心与尊重，体会到能从集体生活中获得知识、友谊和实现某种心愿，这时，学生往往也会努力使自己成为对集体有所奉献的一员。在良好班集体的形成过程中，学生的群体意识、集体荣誉感会得到大大的强化。

2. 有利于培养学生的社会交往与适应能力

班集体是学生活动与交往的基本场所，通过班级的集体活动和学生群体之间的交往，可以使学生积累集体生活的经验，学会交往与合作，学会对环境的适应。

3. 有利于训练学生的自我教育能力

班集体是学生自己的集体，每个学生在所属的班集体中都拥有一定的权利和义务，都能找到适合于自己的角色与活动。因此，班集体是训练班级成员自我管理、自我教育、自主开展活动的最好载体。

（三）班集体的形成与培养

任何一个班集体的形成，都会经历组建、形成、发展的过程，这个过程实际上也是教育培养的过程。

1. 确定班集体的发展目标

目标是集体发展的方向和动力，只有具有共同的目标，才能使班级成员在认识和行动上保持统一，才能推动班集体的发展。因此，班主任要精心设计班级发展的目标。班集体的发展目标一般有近期、中期、远期三种，目标的提出要由易到难、由近到远、逐步提高。在实现班集体目标的过程中，教师要充分发挥班级成员的积极性，使实现目标的过程成为教育与自我教育的过程。

2. 建立班集体的核心队伍

一个良好的班集体都会有一批团结在教师周围的积极分子，他们是带动全班同学实现集体发展目标的核心。因此，要建立一支核心队伍是培养班集体的一项重要工作。

班集体中的积极分子可以有多种类型，可以是全面发展的，也可以是单项突出的，积极分子的队伍不是一成不变的。因此，要建立班集体的核心队伍必须做到：首先，教师要善于发现和培养积极分子。这就需要教师在了解学生的基础上，及时发现在班级活动中涌现出来的积极分子，并从中选拔出能热心为集体服务、团结同学，且具有一定管理能力的学生班干部。其次，教师应把对积极分子的使用与培养结合起来。既要鼓励他们独立开展工作，又要耐心帮助他们提高工作能力；既要维护他们的威信，又要对他们严格要求；既要肯定他们的工作成绩，又要指出他们工作中的不足。

3. 建立班集体的正常秩序

班集体的正常秩序是维持和控制学生在校生活的基本条件，是教师开展工作的重要保证。班集体的正常秩序包括必要的规章制度、共同生活准则以及一定的生活节奏。一般来说,在班集体的组建阶段,教师主要应着手正常秩序的建立工作,特别是接手教育基础较差的班级,首先要做好这项工作。在建立正常秩序的过程中,教师要依靠班干部的力量,由他们来带动全班同学;一旦初步形成了班级秩序,不要轻易去改变它;不断让学生体验到正常的秩序对他们的学习、生活所带来的便利与成效。

4. 组织形式多样的教育活动

班集体是在全班同学参加各种教育活动中逐步成长起来的,而各种教育活动又可以使每个人都有机会为集体出力并显示自己的才能。设计并开展班级教育活动是教师的经常性工作之一。

根据班级教育活动的时间分布,主要由日常性教育活动和阶段性教育活动两大部分组成,主要涉及主题教育活动、文艺体育活动、社会公益活动等内容。教师在组织各种教育活动时,要明确活动的目的和要求,要精心设计活动过程,注意形式的适龄化,力争把活动的开展过程变成教育学生的过程。

5. 培养正确的舆论和良好的班风

班集体舆论是班集体成员意愿的反映。正确的班集体舆论是一种巨大的教育力量,对班集体每个成员都有约束、感染、同化、激励的作用,是形成、巩固班集体和教育集体成员的重要手段。教师要注意培养正确的集体舆论,善于引导学生对班集体的一些现象与行为进行评议,努力把舆论中心引导至正确的方向。

良好的班风是一个班集体舆论持久作用而形成的风气,是班集体大多数成员的精神状态的共同倾向与表现。良好的班风一旦形成,就会无形地支配着集体成员的行为,它是一种潜移默化的教育力量。教师可通过讲清道理、树立榜样、严格要求、反复实践等方法培养与树立良好的班风。

第三节 班主任工作研究

班主任工作研究是对班主任工作进行的一种系统的探究活动。班主任对其工作的研究,是一种注重实践性的行动研究,其研究的目的主要在于解决班主任工作中的实际问题,改善班主任的工作实际,提高班主任的工作水平,促进班主任自身的成长。

一、班主任工作研究的意义

班主任工作研究的意义主要体现在促进班级的教学发展、班级发展以及班主任的自身成长等三个方面。

(一)班主任工作研究与教学发展

班级是学校教育活动的基本单位,通常是由班主任、科任教师和学生组成。在这个团体中,班主任是班级的教育者和组织者,全面负责他所带的班级学生的思想、学习、健康和生活等工作,也是科任教师之间、科任教师与学生之间不可或缺的纽带。良好的班风、科任教师之间的有效沟通和协调,都直接影响着班级的教学发展。玛格丽特(C. Margaret)等人研究发现:"在影响学生学习的 28 种变量中,班级管理是作用最大的直接变量之一。"[①] 没有班主任细致而富有创造性的工作,就谈不上完整的教育,班主任对于一个班级的教学发展承担着特殊的重要作用。

1. 有效指导学生的学习

班主任既是班级的组织者、教育者,也是科任教师,是知识的传播者,是以"传道、授业、解惑"为天职。班主任除了依托所教学科指导学生学习外,还应通过班级的建设,为学生提供一个安全、舒适、求真、奋进的学习环境,举行各种与教学相关的专题活动,激发学生学习的主动意识,培养学生的探究精神和创新意识,创造条件为学生提供合作学习的机会,积极寻找适合学生的学习方法,帮助学生实现有效学习。同时,班主任还是教育生态关系的调节者,是学校教育与家庭教育、学生和科任教师之间的桥梁,班主任通过协调这些教育生态关系,可以更好地形成教育合力,全方位地介入学生的学习过程,了解学生的学习情况,从而有效地指导学生的学习。

2. 科学引导学生价值观的形成

人的行为总是在一定价值观的支配下生成的,并影响着人生活的各个方面。学生是未成熟的个体,正处于思考人生价值、社会价值并进行价值选择的关键期,也是接受价值观教育的最佳时期,具有一定的依赖性和良好的可塑性,需要教师的引导和帮助。因此,班主任要懂得使用各种学生喜欢的活动方式,有效地指导学生的学习生活,促进学生的人格不断成长。班主任可以通过不断的研究,探索适合学生的指导策略,提高学生对事物的判断和选择能力,引导学生在多元价值观中的理性选择和意志自律,帮助学生做出合理的价值选择,形成科学的价值观。

3. 关注并促进学生个性差异的发展

我们常说,世界上没有两片完全相同的树叶。同样地,世界上也没有两个完全相同的学生,也没有一种"万能钥匙"般的教育教学方法。学生的差异是多方面的,甚至有些方面是超出我们的想象的。多元智力理论认为,每个儿童都拥有相对于自己或他人的智力强项,而且,其独特能力的组合存在着质的不同,难以从量上加以排序、分类。既有来自生理方面的差异,也有个体认知风格和能力水平的不同,更有需要、动机、情绪、意志的差异,以及外界所提供发展可能的差异。一个班级有多少个孩子,就有多少种不同的差异,没有绝对的好坏之分。班主任应如何看待学生?如何认识学生的不同差异?针对差异应选择怎样的教育方式?……这些都直接成为班主任的研究对象。班主任只有对这些问题进行充分研究,才能促进每个学生在其原有水平上得到提高,帮助学生去实现富有个性的发展,为学生提供一条实现自我价值感的有效途径。正如苏格拉底所说:"每个人的身上都有太阳,只是要让它发光……"

---

① 转引自:周金浪.教育学[M].上海:上海教育出版社,2006:315.

（二）班主任工作研究与班级发展

班级是学生成长和学校教学活动开展的基本场所，它是一个"小社会"，"麻雀虽小，五脏俱全"。与学生个体一样，每一个班级都有自己的成长过程，有自己的需要、情感、思维、个性和价值追求，具有独特的文化规范、群体心理和社会关系。班级中的每一位成员都与班级一同成长。班级的成长对学生发展的影响是全方位和潜移默化的，良好的班级组织可以使每个学生在这个群体中获得需求的满足，并丰富自己，发展自己的个性。因此，班主任针对班级工作所进行的研究必然有助于班级的发展。

1. 增强班级的发展意识

如何把一个松散的群体建设成为一个有强大凝聚力的班集体，需要班主任的研究和探索。通过班主任研究，增强班主任的"班级发展"意识，改变班主任传统的把管理当做工具的做法，而应将班级自身作为一种有生命力的学生主体的需求和成长过程，从班级的环境创设，建设良好的班风，形成适合学生成长的班级文化，在班级成长的不同时期予以不同的引导，推动班级发展成为良好的班集体，发挥班集体的教育作用，促进学生的主体精神和个性发展。

2. 提高班级管理效能

教育是一个经验性很强的工作，而且具有很强的针对性，每个班级都是一个新的生命体，经历着不同的成长过程，需要不同的管理方法。班主任班级管理技能，除依靠教师教育进行提高外，还需要在教育实践中依靠自我的悟性与经验的积累而形成。但是，如果班主任单纯地只依靠经验的获得和经验的重复，而不对经验做进一步的深入思考和研究，这样的班主任充其量也只能是一个熟练的"工匠"。因此，班主任要成为一名研究者，自觉反思自己的班级管理行为，才能更好地提高班级的管理效能。

3. 构建班级文化

人的发展总是离不开环境的影响，不可避免地带有一定环境的文化烙印。班级作为学校教育的基本单位，班级文化是一种特殊的教育力量。积极、健康向上的班级文化不仅能够对班集体内的每个学生发挥着潜移默化的积极作用，还能形成强大的班级凝聚力、向心力和群体意识，从而使班级成员具有强烈的归属感和使命感，并促进班级成员的自我约束和激励。但优秀的班级文化不会自动生成，它需要班主任的引导和建设，需要全班同学的共同努力和维护。因此，班主任通过对班级文化的构建的研究，探索良好班级文化的构建途径，不仅能有效地促进班集体的发展，也为学生创设了适合其成长的文化氛围。

（三）班主任工作研究与班主任成长

班主任研究的一个重要指向就是通过进行科学研究转变班主任的教育和管理观念，养成良好的教育行为，积聚班主任的教育经验，让班主任成为教育智慧的创造者。班主任研究是促进班主任自身成长的最好途径。

1. 促进班主任的自我反思

美国教育心理学家波斯纳（Posner）指出，没有反思的经验是狭隘的经验，至多只能是肤浅的知识,他提出了教师成长的公式:成长=经验+反思。班主任的自我反思是一个发现问题、分析问题到解决问题的循环往复的过程,反思一般是在行动和观察之后进行的,通过对个体经验的回顾、诊断和自我调适,从而促进班主任教育观念的更新和对有偏差的教育实践活动的矫正。它既是第一个行为循环的结束,也是新的行为的开始。班主任研究是实现班主任自我反思的有效途径,班主任通过研究活动积极、主动地促进个体对教育和管理经验和实践的自我反思,改变沿着教育体制的惯性而做出技术性努力的传统,寻找班主任教育和管理行为的合理性,了解自己行为的意义和作用,做到在反思中成长,在反思中提高,积极、主动地促进自我的专业化发展和成长。

2. 有助于班主任更好地实现专业发展

美国心理学家马斯洛(Abraham H. Maslow,1908—1970)指出,人的需要有两类,一类是由缺失性引起的生存的基本需要,另一类是由成长性引发的高级需要。当一个人发展到一定程度,都有自我实现的需要。美国教育家伯克(P. J. Burke)指出,"得到教师证照只是拿到了一把打开教师专业成长机会的钥匙而已"。班主任工作本身是充满艺术性和挑战性的工作,担当班主任这一角色并不是促进班主任专业发展的必然,班主任的自我反思也只是班主任专业化发展的一个"前奏",只有通过对班主任专业化问题的很好研究,才能快速地促进班主任的成长,从而为班主任最大限度地体验自我价值提供一个平台,体会到自己存在的价值与意义。

二、班主任工作研究的主要内容

班主任的工作是繁琐而复杂的,班主任在教育实践过程中总会碰见形形色色的问题,但是矛盾总有主次之分,班主任的工作也有其核心和重点。这些核心和重点工作,自然成为班主任工作研究首先应关注的对象,并成为班主任工作研究的主要内容。

(一)班级成长

班主任是良好班级的培育者,建设良好的班级是班主任工作的重要内容之一。班集体是班级发展的最高形式,任何一个班集体都是由一些松散的学生群体通过班级建设而成长的,它的形成、发展与成熟是一个渐进的过程,但并非所有的班级都能发展为班集体。所以,班主任应根据每一个班级的特点创造性地开展工作。

1. 班级成长目标的研究

班级成长目标是班集体形成的条件和发展的动力,对于一个班级的成员具有导向和激励作用,培育班级首先要明确班级的奋斗目标。但班级的奋斗目标并不是固有的,它是在班主任的引领下生成的,凝聚着班主任和全体同学的努力和心血。因此,班主任应把每一个班级成长目标的制订过程,作为自己的研究课题。班主任应该研究班级成员的年龄特点和个性特征,确定班级的发展需求,明了自己的工作优势和不足,明确班级成长的近期目标,规划班级成长的中期、长期目标,探讨班级成长目标的表达方式,研究如何使班级的目标为全体成员所接受和认同,有效地内化为实际需求,并转化为班级成员的行为动力,提高班级成员的归属感。班级的良性运行和成长就是班主任的研究成果。

2. 班级成长特色的研究

每一个班级都是一个独特的群体,拥有自己的特殊的成长过程。每一个班主任对学生的教育也有自己独特的手段和方法,并以班级建设为载体,实践着促进学生积极发展的教育目标。所以,一个良好的班级本身是一个无法替代的教育磁场。正如马克思所说:"只有完善的集体,才能造就完善的人。"因此,班级成长特色的研究,主要是对班级学生特点的研究,对班级的不同成长轨迹的研究,对班级文化建设的研究。

3. 班级成长诊断和策略的研究

一般认为,一个班级由松散的学生群体转变成为健全的班集体,大致要经过三个阶段,即班级的组建阶段、班集体的初步形成阶段和班集体的成熟发展阶段。班级的成长是一个渐进的过程,班级在不同成长阶段会表现出各自不同的特征。如何判断班级组织的发展程度就成为班主任研究的重要内容。客观判断班级发展阶段的目的,是发现班级成长中的问题,反思班级目标制订得合理与否,为调适目标提供科学的依据。

班级成长的策略是指为达成教育目标,对班级活动进行调节和控制的一系列执行过程。因此,策略的选择、策略选择的可行性和策略选择的有效性是班主任关注的焦点问题,也是班级成长中策略研究的主要内容。

(二)班风建设

每一个班级组织一旦确立,就会逐步形成一定的班级风气,即班风。班风是班级成员的思想、言行、风格、习惯等方面表现出来的特有的一种精神面貌,是班级"个性特征"的体现,对内它是一种氛围、一种无形的力量,具有很强的制约功能和教育功能,对外是一种风貌,表现出班级的精神状态。班风是在班级的长期建设中形成的,它既是班级发展结果的重要表达,也是班级建设的重要内容。

1. 健康班级的研究

班级是学生交往的基本场所,是连接今天和未来的学生成长的重要环境,在长期的共同学习和活动中,形成班级特定的生活情境和氛围,对班级的成员起潜移默化的教育作用。教育的使命就在于帮助学生成长为精神健康的人,优秀的班主任都会努力地建设一个适宜于学生健康成长的班级气氛,给全班同学积极的心理支持。因此,班主任可以围绕这样一些问题展开研究:什么样的班级是健康的?怎样的班级生活是健康的?健康的班级可以通过哪些途径进行建设?班级为什么"患病"了?班级"患病"的原因是什么?怎样的精神是健康的班级应该拥有和追求的?健康的班级对学生生活产生了怎样的影响?在健康班级的建设中班主任应怎样发挥其作用?

2. 班级激励机制的研究

激励是管理心理学的重要概念,是激发人的动机,调动人的积极性的过程,主要包括物质激励、目标激励、民主激励、情感激励、榜样激励、环境激励等。在班级管理中，激励机制的运用对班级的建设和良好班风的形成具有重要的导向和调节作用。因此，班级是否建立了激励机制？所建立的激励机制是否适合班级学生的年龄特点和发展需求？班主任主要选用了哪些激励策略？班主任采用的激励策略是否有效？激励的重点是否面向班级全体学生，还是仅仅针对小部分学生？所投入的激励资源是否换取了最大的激励效应？这些都是班主任在班级激励机制的使用中值得重点研究的问题。

（三）班级发展中的问题

班级发展中的问题，主要是指在班级的发展过程中，班主任在日常教育实践中所遇到的与班级发展目标发生偏差的各种行为和冲突，以及突发事件。这是班主任在班级管理中无法避免的问题，它要求班主任对班级发展中可能出现的问题做出前瞻性的预测，具备有效应对突发事件的能力，这是一个优秀的班主任应有的素质。

1. 班级问题诊断的研究

班主任进行班级发展中问题的研究，目的就是为了更好地预防和解决在班级发展中所出现的一些问题，而班主任对班级发展中问题的解决，必须以班主任对班级发展中问题的诊断为前提。一个有经验的班主任，会根据班级的表现，预测班级发展中可能出现的问题。因此，班主任要做一个用心的体验者，把班级中发生的每一个行为，纳入其视野，从研究者的角度，耐心细致地观察，从而给予合理的判断，做出必要的策略行为选择。

2. 班级骨干队伍建设的研究

班级骨干也称班级干部，是班级成员中的核心力量，也是实践班级奋斗目标的中间力量，也是班级制度的重要执行成员，有时还是班主任实施班级管理的主要体现者。一般而言，班级干部在班级中具有一定的威信，能对班级中的其他成员产生一定的影响。但是，班级毕竟不同于一般的组织，因此，班主任如何看待班级干部这一角色？它与一般同学之间拥有怎样的关系？班主任怎样利用班级干部岗位发挥教育功能？班主任如何处理与班级干部、一般同学的关系？选用怎样的班级干部产生机制？这些都值得班主任予以关注和研究。

3. 非正式群体的研究

班级中的非正式群体，是指在班级的正式结构之外，班级中的成员在日常的学习和生活过程中自然形成的小团体。一般而言，在非正式群体中人数不多，但内聚力很强，它对班级组织可能起到积极的作用，也可能起到消极的作用。在日常的班级建设中，非正式群体是班主任必须慎重面对的问题。因此，班主任要注重研究这样几个问题：如何看待班级中的非正式群体？运用怎样的心理疏导使班级中的非正式群体发挥积极的作用？如何避免非正式群体与班级正式结构的对抗？

4. 班级偶发事件处理的研究

班级偶发事件是指学生中出现的意料之外的事件，但它又是班主任工作中不可避免的。它的特点是偶然性和突发性。偶发事件的出现，需要班主任做出正确、迅速、敏捷的判断，随机应变地采取适当而有效的措施进行处理，偶发事件的有效处理是班主任教育机智的体现。因此，班主任应该注意对偶发事件处理方法、方式的研究，积累经验，有效应对。

5. 教育合力的协调研究

教育是一个系统工程，它需要各方面的协同和合作。就一个班级来说，班主任至少需要获得任课教师和家长的积极支持，协调好学校、家庭、社会的关系，形成教育合力，共同促进学生的全面发展。因此，如何协调与任课教师的关系？怎样实现与家长的有效沟通？怎样的沟通方式是合理的？沟通的目的是什么？这些问题都是班主任必须不断反思的内容。

三、班主任工作研究的主要方法

班主任工作的研究是一种直接指向教育教学实践的行动研究，针对不同的研究内容，选择使用不同的研究方法，研究方法运用得恰当与否，直接影响到班主任工作研究的质量。

（一）观察法

1. 什么是观察法

观察法是班主任在自然状态下，对班级学生进行有目的、有计划的观察、记录的一种方法。这是班主任研究中最常用、最基本的方法。它可以不干扰教育现场的一切正常活动，而且不局限于肉眼的观察和耳听手记等，还可以利用视听工具，如录音机、录像机等手段帮助观察。

根据研究者所扮演的角色分为局外观察和参与式观察。基于班主任与班级的特殊关系，一般使用参与式观察，也就是深入到班级日常的实际生活中所进行的观察。参与式观察是一种非结构性的观察，主要通过班主任的眼光观察班级生活中的各种反映。与其他方法相比，通过它能够更直接地、真切地感受到被观察者的思想感情和行为动机，但观察中容易受观察者主观因素的影响，丧失作为研究的观察者应有的客观性。

2. 观察法的基本操作程序

参与式观察主要采用的是非结构性观察，通常不是要验证某种理论或假设，目的在于对现象的发生过程提供直接和详尽的材料，便于深入的理解。因此，它不需要既定不变的观察计划和提纲，也不需要特定的研究假设，对研究的过程也没有特别的限制。它是班主任进行班级行动研究最便捷的方法，特别适合班主任的角色、工作特点和研究目的。班主任在运用观察法时，只要有一个基本思路，尽可能详细地把班级的学生生活表现原原本本的记录，以及生活的情境进行具体的描述即可。

3. 正确运用参与式观察法应注意的问题

参与式观察是在自然状态下进行的，没有经过人为的控制或改变其中的环境以满足观察的特定要求。因此，其可靠性和在结果的推论上存在一定的局限性。为了更好地使用这一方法，应注意以下几个问题：

（1）及时整理观察资料。参与式观察都是在班级生活的现场进行记录，记录可能不系统，显得凌乱，所以，观察后要及时整理记录内容，必要时还要写备忘录、观后感，以及进行初步分析。尤其是观察后的感想和思考更要及时予以梳理，这对做好研究是非常有意义和价值的。

（2）保证有较长的观察时间。参与式观察由于缺乏严格的程序设计和环境的必要控制，而且主要依赖于观察者的敏感性、领悟能力和解释能力，因此，主观因素影响较大。为了保证观察结果的有效性，就需要保证观察者有比较长的观察时间，便于对某一问题有较全面、综合的认识。

（3）善于分析观察结果。参与式观察常常因观察者深入现象本身，是被观察者的一员，所以，要注意保持客观的态度，清晰的头脑，区分清楚事件中的表象和实质，不要被假象所迷惑。在进行分析和判断时，研究者要从中立的立场，从局外人的角度对观察结果进行客观分析。

（二）调查研究法

为了深入了解班级学生情况或学生教育的某个问题，班主任还经常运用调查研究的方法，以便对某个问题进行较为深入的研究。

1. 什么是调查研究法

教育科学的调查研究法是在教育理论指导下，通过运用观察、列表、问卷、访谈、个案研究以及测验等科学方式，搜集教育问题的资料，从而对教育的现状做出科学的分析、认识，并指出具体工作建议的一整套实践活动。

调查研究法能为既定的课题提供第一手材料和数据，帮助班主任明了班级的发展现状，发现新的研究课题、先进的教育经验或教育上存在的问题，并提出解决问题的新见解、新理论。在调查法运用过程中，经常利用观察法作为调查和核对材料的手段。

2. 调查研究法的基本操作程序

（1）确定调查研究的课题和对象。

（2）调查对象的选择。可以采用抽样调查法，抽取要研究对象中具有代表性的部分进行调查研究。

（3）拟订调查的具体计划。主要是明确调查研究的指标和分类的标准，在此基础上开始实施具体的调查研究。

（4）实施调查计划。

（5）统计和分析调查结果。在调查研究过程中得出原始资料后，要将其进行统计、归类整理并进行分析，形成调查结论。整理时可先进行资料评定，再分类登记汇总，编制统计图表和进行统计检验。

3. 正确运用调查研究法应注意的几个问题

调查研究法的优点是它不受时间和空间的条件限制，不必像观察法那样一定必须直接用感官去感知现实；它在自然的过程中收集材料，不必像实验法那样控制实验对象；可以通过多种手段收集材料，可以对客观的教育现象或现实进行表述和解释。但是调查研究法也有其局限性，如进行调查研究时需要花费较多的人力、物力和时间；调查的结果对于证明某种因果关系也有较大的局限性，等等。被调查者限于认识水平，不能准确把握问题实质，做出恰当的回答，甚至采取不合作的态度，故意做出虚假的回答。尤其是对于一些涉及隐私性的问题，由于缺乏对调查者的保密性承诺，使调查的结果失去信度。因此，在运用调查研究法时，要注意以下几个问题：

（1）消除被调查对象的顾虑。调查研究法的最大特点是，让研究对象告诉你事实的真相。由于班主任与班级的特殊关系，班主任在使用这一方法进行研究时，要理解被调查对象回答问题时可能存在的顾虑，在问卷设计时运用技术手段，消除或缓解学生的这一情绪，使调查结果能真正反映学生的观点和看法。

（2）尊重客观事实。在形成调查结果时，无论结果怎样，应尊重客观事实，不能任意更改数据，以符合预期调查目标。应重视对调查结果进行客观分析，可以对调查问卷进行统计学上的信度分析，或进行个别的深度访谈，细致、全面地分析出现这一结果的原因，一切从事实出发，实事求是地探讨问题。

（3）合理确定调查对象。班主任的研究是以班级及其学生为主要的研究对象，在选择研究对象时主要根据研究的问题，以及不同的研究需要确定调查的对象，并非每一项研究都一定要把全班同学作为调查对象。应先界定所要研究问题涉及的主要对象，例如对学业成绩优秀学生家庭环境问题的研究，可以把主课学习成绩达到90分的同学定为学业成绩优秀的，这样班级中满足这一要求的同学就成为调查的对象。如果调查数量比较多，再考虑使用随机抽样方式确定调查对象。

（4）回收问卷的有效性。一般而言，问卷的回收率一般应不少于70%。如果问卷的回收率仅30%左右，资料只能作参考；问卷的回收率50%以上，可采纳建议；当问卷的回收率达70%以上时，方可作为研究结论的依据。

（三）经验总结法

1. 什么是经验总结法

教育经验总结法是在不受控制的自然状态下，依据教育实践所提供的事实，按照科学研究的程序，分析概括教育现象，揭示其内在联系和规律，使之上升到教育理论高度，促进人们由感性认识转化为理性认识的一种教育科研方法。它主要有实践性总结、一般经验总结、科学理性的经验总结三种类型。

经验总结法的价值是可以提供事实范例。一般而言，显示经验的事实应是真实可信的，而且具有典型性，能反映事物的本质，通过总结，在鉴别、整理、选择的过程中进一步给事实经验以理论的说明。经验总结法有助于增强教师的教育教学能力，提高科学育人的水平并有利于推广先进学习经验，促进教育改革的深化和发展。

2. 经验总结法的基本操作程序

（1）确定总结对象与目的。一般来说，经验总结应以先进事迹与突出贡献为前提来确定研究对象，选择那些教育教学中急需解决的、有研究价值的、有典型性和代表性的课题。例如，特殊学生的教育问题、课程建设问题等。

（2）搜集事实材料。掌握充分的、可靠的、必需的事实，是经验总结的基础和前提。经验总结的事实材料主要包括两方面内容：一是反映前后变化的材料，以突出其成效；二是收集如何促成变化的材料，以说明为什么会取得这样的效果和怎样取得这样的效果。

（3）整理分析材料。它包括核实资料、筛选资料、提炼升华资料。

（4）总结与讨论。在总结中，应确定某项活动取得了哪些经验，这些经验相对于以往的认识有哪些突破等，并以经验总结者为主体，召开总结经验论证会议。通过论证，考察经验总结是不是符合科学认识的逻辑性，是不是反映了教育发展的客观规律。

（5）经验总结报告。在总结和分析所得的经验后，形成经验总结报告，有一般性的经验总结报告和专题性的经验总结报告两种形式。

3. 正确运用经验总结法应注意的几个问题

经验总结法的优点是具有实用性、灵活性和广泛性，即经验总结法的操作程序简单明了，易于掌握，而且不影响正常的教育、教学工作，又可以大大提高教师对教学规律的正确认识，促进教育水平的不断提高。同时，它可以因地制宜，因人而异，因事而异，在教育过程的自然状态下进行。

由于经验总结法所得到的结论是一般性的、叙述性的，经验产生于具体条件下，其有效性受制于现实环境，超过了一定的范围或当实践环境和条件发生变化后，其推广的有效性就会降低，而且，在推广过程中也难以准确地传播。此外，经验本身和经验总结过程难以避免主观性，与观察和实验相比，它的客观性较低。因此，我们在运用经验总结法时要注意以下几个问题：

（1）经验的总结对象要具有代表性。在运用经验总结法时，选择的对象要具有代表性，如能代表一个学校、地区或个人具有典型意义的经验。

（2）以事实为依据。进行经验总结时，研究者要以客观事实为根据，注重定性与定量相结合。

（3）全面考察。进行经验总结时，研究者要全面考察，注意多方面的联系，做综合性研究。

（4）正确区分现象与本质。进行经验总结时，研究者往往会被一些表面现象而掩盖了对事物本质的正确认识，因此，要正确区分现象与本质，得出规律性的结论。

（四）行动研究法

班主任既是研究者，也是研究成果的消费者，班主任工作的实践、对班级活动的反思以及班主任专业成长等方面都需要班主任掌握行动研究的理论和方法。同时，行动研究对班主任来说是一种有效的学习途径。因此，班主任应当经常反思自己的行动，不断地进行理性思考，运用行动研究来积极参加教育科研。

1. 什么是行动研究法

行动研究是一种由工作者在现实情境中自主进行的反思性探索，强调研究与活动的一体化，以解决工作情境中的实际问题为主要目的。班主任的行动研究主要指向班级管理，目的在于不断改进班级教育情境，解决教育的实际问题。

2. 行动研究法的基本操作程序

(1) 明确问题。行动研究的问题，应该是班主任在反思自己或他人的经验的基础上，班主任自己在教育实践中所遇到的问题。

(2) 确立解决问题的行动目标与计划。根据行动研究所针对的问题，确立研究所要达到的目标，并制订详尽的计划。

(3) 实施行动研究。根据所制订的计划开展行动研究，在行动中进行反思并积极与他人交流、合作，对行动做详尽的记录，收集各方面的相关资料，以确认目标实现的程度。

(4) 整理、分析有关材料。对行动研究过程中所得到的有关材料进行整理，并得出关于行动与目标之间的原则、策略和方法等。

(5) 反复实践、验证。把行动研究中所得出的结论运用于班主任日常工作的实践情景中进行反复的验证。

3. 正确运用行动研究法应注意的几个问题

(1) 行动研究中的调整与修改。行动研究法具有较强的实践性，它的研究环境即实践工作环境，完全是在自然状态下，在实际的教育教学情境中进行研究。同时，在研究过程中，对于计划中的研究目标和内容并非确定之后一成不变，允许一边行动一边调整方案，不断修改，经过实际诊断，增加或取消子目标。

(2) 教育实践与研究的动态结合。行动研究法是基于实践而生成，在确立研究目标时，不提过高的、理论性过强的目标，应把解决实际问题和提高教师的素质作为工作的重点，强调评价的持续性即诊断性评价、形成性评价、总结性评价贯穿整个研究过程。

(3) 多种研究方法相结合。在行动研究法运用过程中，一般都是灵活地汇集了多种研究方法，诸如个案研究法、观察研究法、调查研究法、经验总结法、实验研究法、比较研究法、文献研究法、教育测量法等，凡是能够改进行动的方法都可以运用，建立行动研究法与其他研究方法结合的模式。如可以在其他研究进行到一定程度后实施行动研究，这样可以理论应用于实际，解决实际的工作问题。也可以在行动研究取得一定成效后，再采用实验等一些研究方法，进一步探索教育规律，取长补短。

(4) 行动研究的科学性。任何一种研究方法都有其局限性，行动研究法也不例外。首先，行动研究是只针对某一个特定问题或特定对象的研究，至于取样是否有代表性，研究条件和环境如何控制则不作要求。所以，研究的内部和外部效度都可能不高，只有在同类对象的多次重复中，才能对研究结果进行验证。其次，研究者往往强调方法简便实用，希望研究结果能立即应用，因而会忽视研究的计划性和系统性，使研究结果缺乏普遍性和可靠性。再次，研究中主管人员不支持或群体间意见的不一致，可能导致协调上的困难。最后，行动研究是自行检验效果，难于客观地诊断问题。因此，行动研究者要有科研精神和正确的研究态度，应具备研究所必需的知识和能力，会使用各种资料，做到真正理解行动研究的实质后再操作，减少盲目性，主动寻求专家的帮助和指导，以提高研究结果的普遍适用性。

（五）个案研究法

教师在教育工作中，都有很多真实的教育故事，或成功或失败。这些真实的教育故事可以促进教师研究自己，分享别人成长的经验，积累反思素材，在实践中自觉调整教育教学的行为，提高教育教学效能。

1. 什么是个案研究法

个案研究法是班主任以典型性的个人或个别事例为研究对象，在对典型教育事件进行描述的基础上，通过分析、归纳、解释，概括出具有普遍性结论的研究方法。一个案例就是一个生动的教育故事加上精彩的点评。

2. 个案研究法的基本操作程序

（1）选定对象和问题。研究对象的选择，关系到研究的结论是否有价值。研究者应根据个案研究的目的和内容，确定具有典型特征的人或事作为研究对象，描述真实、具体的教育实践。

（2）搜集背景资料。搜集全面的研究资料，是个案研究法有效性的重要保证。资料的搜集，可以采用多种不同的方式进行，例如，可以使用调查表的形式，也可以采用测验的方式，还可以通过谈话的形式。

（3）编制研究计划。制订详尽可行的研究计划，以明确个案研究法的具体实行。

（4）详细记录资料。在进行个案研究时，要及时、详细地记录与研究对象相关的资料、信息。

（5）分析和解释资料。资料搜集好后，还应当对这些资料进行分析和解释，并最终得出有关个案研究的结论。

（6）撰写个案报告。它不同于一般的研究报告，研究者通过对一个个"故事"的丰富叙述，表达教师对这些典型行为和问题的教育学思考。

3. 正确运用个案研究法应注意的几个问题

个案研究是班主任较为普遍使用的研究方法之一，它比较符合班主任的工作情境和研究特点，取材方便，便于班主任将研究与工作有机地结合。但是，个案研究法也存在一定的局限性，班主任在运用时应注意以下几个问题：

（1）研究结论的效度。由于个案研究所搜集的个案资料可能出现不正确的机率比较高。因此，在个案研究中，要多方面、多角度收集与个案有关的资料，注意辨别其真伪性，以提高个案资料的准确性，否则会影响研究结论的效度。

（2）尊重个案中的隐私。班主任个案研究所收集的资料，所描述的内容比较多的是个人的体验、班级的学生生活，有的还要涉及学生个体的生活，以及日记、私人信件、相片等。因此，研究者要注意在涉及个人隐私的物件和内容时，需要慎重，尤其应尊重隐私所有者的意见，不能擅自使用，以免引起纠纷。

（3）结论的独特性。个案研究的目的主要不是用来说明它所能代表的同类事物，而是为了了解和认识个案本身的问题。它重在对一个个的对象进行深入的个别研究，以认识事物本质的诸方面。所以，个案研究所得出的某些结论不一定适用于其他的人，一般也不能用来推论有关总体。只有通过对各个个案的综合研究，才能从中推导出总体性结论。因此，通过个案研究法得出的结论，需要用其他的研究方法加以验证。

四、班主任工作研究成果的表达

教育研究成果既是对研究结论的逻辑展开，又是对研究结论的价值阐释。研究成果的有效表达能更好地展示研究的结果，实现研究的增值，有助于同行之间的经验交流、合作和成果的推广，更深刻地认识班主任工作的重点和难点，帮助班主任积极反思，促进专业成长。

（一）教育日记

教育日记是教师对教育生活事件的定期记录，但不是对生活事件的简单罗列和堆积，而是基于教师日常见闻的感悟而进行的自由写作。教育日记的撰写过程，实际上也是教师梳理、回顾和反思自身日常的教育教学情境的过程，从而有助于教师的专业化提升。与其他形式的研究成果表达方式相比较，教育日记的撰写最为简单和熟悉。

教育日记常用的记录形式主要有备忘录、描述性记录和解释性记录等三种形式，各自在记录的侧重点以及文体的表现形式方面有一定差异。

1. 备忘录

备忘录是最常见的日志形式。它通过研究者的回忆，写下特定时段的经历，再现教育实践中的生活场景。在备忘录中，通常有比较明显的时间信号提示。

2. 描述性记录

描述性记录包含研究活动的说明，教育事件的描述，个人的肖像与特征（如外表、说话与动作的风格）的叙述，对话、手势、声调、面部表情的描写，时间、地点与设备的介绍等。

在任何描述的段落，细节的深描比摘要式记录更重要，典型的事件比一般化的事件更重要，活动的描述比对活动的评估更重要。

3. 解释性记录

解释性记录是在记录经验时或"重温"经验时对所产生的感受、解释、创见、思索、推测、预感、事件的解说，对自己假设与偏见的反思等。

（二）案例编写

教育案例的编写，是指对包含有某些决策或疑难问题的真实的教学情境的描述。正如郑金洲书中所言，"对事物静态的缺乏过程把握的描述不能称之为案例；信手拈来的没有问题或疑难情境在内的事件也不能称之为案例；没有客观真实为基础缺乏典型意义的事件也不能称之为真正的案例。"[①] 因此，案例的编写者必须明确教育案例研究问题的性质，消除认识上的差异和偏见，尤其要跳出感情宣泄的旋涡，以免在案例编写过程中，因纷繁沓至的信息迷失了方向。

---

① 郑金洲.教师如何做研究[M].上海：华东师范大学出版社,2005：161.

一般而言，教育案例编写的基本结构如下：

1. 主题与背景

每一个案例都应有一个鲜明的主旋律，它通常涉及的是教育教学过程的核心理念、常见问题和困扰事件等。

2. 情境描述

教育案例的描述不应当是杂乱无章的课堂实录，而应该以一种引人入胜的方式来讲述，但同时又必须是源于教师的真实经验而不是子虚乌有杜撰出来。

3. 问题讨论

这是根据主题与情境描述，设计的一份案例讨论前的作业单，包括学科知识的要点、教学法和情景特点以及案例的说明与注意事项。这部分内容主要是为案例教学服务的，目的是提高学生主动参与的能力，让学生有章可循。一般而言，不同的教学观念，不同的教学手段，所提出的问题也不同。

4. 诠释与研究

即对教育案例做多角度的解读。它包括对课堂教学行为的技术资料、课堂教学实录以及教学活动背后的资料等做理论上的分析。例如，在课堂教学中，我们常看到这样的现象，教师所期望的内容学生没有答出来或者是偏离了，教学内容呈现的先后与学生理解的程度、教学方法运用与学生内在动机的激发等问题存在着矛盾，每个矛盾的背后，必然隐含着丰富的教育思想。所以，通过诠释，挖掘这些矛盾背后的内在思想，揭示其教育规律就显得十分的必要。

5. 分析与反思

这是教育案例的重要内容。它是对教育教学情境的回顾和小结，是对自己经历的教育教学中发生的故事或事件进行的深入思考。在分析与反思部分，要谈自己独到的见解、疏漏失误，谈学生学习中的进步、闪光点和值得注意的问题，它既有成功的记录，也有失败的分析，既有教者的感受，也有学者的反馈。因此，教育案例的理论水平高低，往往能在这部分中得到反映。肤浅的描述，可能只是停留在就事论事的层面，让现象掩盖了本质；深刻的论述，能够以小见大，在更深层面上挖掘出蕴含于其中的教育教学真谛。因此，写作这部分内容时，重要的是将理论与实践结合起来，运用教育理论分析教育教学实践中所发生的故事或事件，以事论理，以理析事，达到事理交融，凸现出要说明的观点和悟到的道理，最终揭示出教育教学规律。

（三）教育经验总结

教育经验总结是班主任研究成果的表达，是对其工作研究结果的真正反映，体现班主任的工作特点，而不是一般意义上的"科研论文"。教育经验总结是班主任对自己在班级建设和研究中的亲身经历、尝试的思考和认识。这是班主任最熟悉、最擅长的研究成果表达方式，而且班主任的研究成果也大多选用这一表达类型。由于经验总结自身的局限性，班主任在书写教育经验总结时，应注重对提供的事实，进行回顾、反省、分析和概括，避免简单的议论，而且要把经验概括与典型事例有机地结合,并从教育理论层面给予必要的梳理和说明,以更好地体现教育经验总结的研究价值。

1. 简析班级组织的含义及其特点。
2. 试析班级管理的目标和功能。
3. 在班级管理中,你认为班主任应主要扮演哪些角色?主要完成哪些任务?
4. 如果你是一名班主任,你将如何实现有效的班级管理?
5. 试评析常规班级管理模式和目标管理模式。
6. 试析班集体的教育价值。
7. 试述班主任工作研究的意义。
8. 结合实际,举例说明班主任应如何选择研究课题,并建议其研究成果选用什么表达方式。

主要参考文献

1. 教育部人事司,教育部考试中心.教育学考试大纲[M].北京:北京师范大学出版社,2002.
2. 全国十二所重点师范大学联合编写.教育学基础(第2版)[M].北京:教育科学出版社,2008.
3. 谌启标,王晞等.班级管理与班主任工作[M].福州:福建教育出版社,2007.
4. 吴明隆.班级经营与教学新趋势[M].上海:华东师范大学出版社,2006.
5. 钟启泉.班级管理理论[M].上海:上海教育出版社,2001.
6. 袁振国.当代教育学[M].北京:教育科学出版社,1999.
7. 吴康宁.教育社会学[M].北京:人民教育出版社,1998.
8. 周金浪.教育学[M].上海:上海教育出版社,2006.

北京大学出版社
教育出版中心 精品图书

21世纪教育科学系列教材
教师教育概论	李　进　主编	75元
基础教育哲学	陈建华　著	35元
当代教育行政原理	龚怡祖　编著	37元
教育心理学	李晓东　主编	34元
教育计量学	岳昌君　著	26元
教育经济学	刘志民　著	39元
现代教学论基础	徐继存　赵昌木　主编	35元
现代教育评价教程	吴　钢　著	32元
心理与教育测量	顾海根　主编	28元
高等教育的社会经济学	金子元久　著	32元

教师资格认定及师范类毕业生上岗考试辅导教材
教育学	余文森　王　晞　主编	26元
教育心理学概论	连　榕　罗丽芳　主编	35元

21世纪教育科学系列教材·学科教学论系列
新理念化学教学论	王后雄　主编	38元
新理念科学教学论	崔　鸿　张海珠　主编	34元
新理念生物教学论	崔　鸿　郑晓慧　主编	36元
新理念地理教学论	李家清　主编	37元
新理念历史教学论	杜　芳　主编	29元
新理念思想政治（品德）教学论	胡田庚　主编	32元

21世纪教师教育系列教材·学科教学技能训练系列
新理念化学教学技能训练	王后雄　主编	28元
新理念思想政治（品德）教学技能训练	胡田庚　主编	26元

21世纪教师教育系列教材·物理教育系列
中学物理微格教学教程	张军朋　著	28元

21世纪教育科学系列教材·学科学习心理学系列
数学学习心理学	孔凡哲　曾　峥　编著	29元
语文学习心理学	李　广　主编	29元
化学学习心理学	王后雄　主编	29元

21世纪教育技术学精品教材（张景中　主编）
教育技术学导论	李　芒　金　林　编著	26元
远程教育原理与技术	王继新　张　屹　编著	41元
教学系统设计理论与实践	杨九民　梁林梅　编著	29元
信息技术教学论	雷体南　叶良明　编著	29元
网络教育资源设计与开发	刘清堂　主编	30元

21世纪教师教育系列教材·新课程教学活动设计丛书（曾令格、禹明　主编）
幼儿教育教学活动设计	29元
小学语文教学活动设计	19元
小学数学教学活动设计	25元
小学科学教学活动设计	18元
小学英语教学活动设计	14元
小学品德与生活（社会）教学活动设计	19元
中学语文教学活动设计	17元
中学数学教学活动设计	19元
中学科学教学活动设计	17元
中学历与社会教学活动设计	20元
中学英语教学活动设计	14元
中学思想品德教学活动设计	16元
中小学音乐教学活动设计	18元
中小学体育（体育与健康）教学活动设计	16元
中小学美术教学活动设计	23元
中小学综合实践活动教学活动设计	17元

21世纪引进版精品教材·学术道德与学术规范系列
如何为学术刊物撰稿：写作技能与规范（英文影印版）	[英] 罗薇娜·莫　编著	26元
如何撰写和发表科技论文（英文影印版）	[美] 罗伯特·戴　等著	28元
如何撰写与发表社会科学论文：国际刊物指南	蔡今忠　著	25元
如何查找文献	[英] 萨莉拉·姆齐　著	25元
给研究生的学术建议	[英] 戈登·鲁格　等著	26元
学术道德学生读本	[英] 保罗·奥利弗　著	17元
科技论文写作快速入门	[瑞典] 比约·古斯塔维　著	19元
社会科学研究的基本规则	[英] 朱迪斯·贝尔　著	18元
做好社会研究的10个关键	[英] 马丁·丹斯考姆　著	20元
阅读、写作和推理：学生指导手册	[英] 加文·费尔贝恩　著	25元
如何写好科研项目申请书	[美] 安德鲁·弗里德兰德　等著	25元

21世纪引进版精品教材·研究方法系列
教育研究方法：实用指南	[美] 乔伊斯·高尔　等著	78元
高等教育研究：进展与方法	[英] 马尔科姆·泰特　著	25元
社会研究：问题方法与过程（第三版）	[英] 迪姆·梅　著	32元

大学教师通识教育读本（教学之道丛书）
如何成为卓越的大学教师	肯·贝恩　著	24元
给大学新教员的建议	罗伯特·博伊斯　著	28元
理解教与学：高校教学策略	[英] 迈克尔·普洛瑟　等著	26元
规则与潜规则：学术界的生存智慧	[美] 约翰·达利　等主编	28元

给研究生导师的建议（第2版） [英] 萨拉·德拉蒙特 等著 26元
教师的道与德 爱德华·希尔斯 著 26元

大学之道丛书

一流大学 卓越校长——麻省理工学院与研究型大学的作用
　　　　　　　　　　　　　　　[美] 查尔斯·维斯特 著 28元
美国大学之魂 [美] 乔治·M.马斯登 著 58元
哈佛规则：捍卫大学之魂
　　　　　　　　　　　　　[美] 理查德·布瑞德利 著 48元
大学理念重审：与纽曼对话
　　　　　　　　　　　　[美] 雅罗斯拉夫·帕利坎 著 35元
学术部落及其领地——知识探索与学科文化
　　　　　　　　　　　[英] 托尼·比彻 保罗·特罗勒尔 著 33元
德国古典大学观及其对中国大学的影响　陈洪捷 著 22元
大学校长遴选：理念与实务　　　　　　黄俊杰 主编 28元
转变中的大学：传统、议题与前景　　　郭为藩 著 23元
学术资本主义：政治、政策和创业型大学
　　　　　　　　　　[美] 希拉·斯劳特 拉里·莱斯利 著 36元
什么是世界一流大学 丁学良 著 23元
21世纪的大学 [美] 詹姆斯·杜德斯达 著 38元
公司文化中的大学 [美] 埃里克·古尔德 著 23元
美国公立大学的未来
　　　　　[美] 詹姆斯·杜德斯达 弗瑞斯·沃马克 著 30元
高等教育公司：营利性大学的崛起
　　　　　　　　　　　　　　　　[美] 理查德·鲁克 著 24元
大学的逻辑 张维迎 著 25.8元
东西象牙塔 孔宪铎 著 32元
我的科大十年（增订版） 孔宪铎 著 29.8元
高等教育市场化 戴晓霞 莫家豪 谢安邦 主编 32元

大学之忧丛书

大学之用（第五版） [美] 克拉克·克尔 著 35元
废墟中的大学 [加拿大] 比尔·雷丁斯 著 38元
高等教育市场化的底线 [美] 大卫·科伯 著 45元

管理之道丛书

美国大学的运作与学术管理
　　　　　　　　　　　　[美] 罗纳德·G.埃伦伯格 著 40元
成功大学的管理之道 [英] 迈克尔·夏托克 著 25元

古典教育与通识教育丛书

苏格拉底之道——最充分地运用你的智慧的7把万能钥匙
　　　　　　　　　　　　　　　　[美] 罗纳德·格罗斯 著 26元
全球化时代的大学通识教育 黄俊杰 著 26元
美国大学的通识教育——美国心灵的攀登 黄坤锦 著 32元

中国高等教育史丛书

国立西南联合大学校史（修订版）——一九三七至一九四六年的北大、清华、南开　西南联合大学北京校友会 编 49元

张伯苓的大学理念
　　　　　　　　张伯苓 胡 适 吴大猷 等著 梁吉生 主编 25元
抗日战争时期解放区高等教育 曲士培 著 20元
燕园杂忆——世纪之交的北京大学国际交流 迟惠生 著 26元
建设应用型大学之路 孔繁敏 等编著 59元
中国大学教育发展史 曲士培 著 49.80元

北大开放教育文丛

教育：让人成为人——西方大思想家谈人文和科学教育
　　　　　　　　　　　　　　　　　　　　杨自伍 编译 30元
教育究竟是什么？100位思想家论教育
　　　　　　　　　　　　　　　　　[英] 乔伊·帕尔默 主编 45元

生命之旅丛书

人心与人生 高新民 著 49元
西方死亡哲学 段德智 著 35元
死亡美学 陆 扬 著 32元
死亡的尊严与生命的尊严 傅伟勋 著 25元

家庭教育丛书

帮助孩子度过青春期 [英] 希拉·戴恩 著 19元
成为优秀父母的十大法则 [美] 劳伦斯·斯坦伯格 著 20元

教育之思丛书

文化传统与数学教育现代化 张维忠 王晓琴 著 20元
建设卓越学校：领导层·管理层·教师的职业发展（第2版）
　　　　　　　　　　　　　　　　　　　　张延明 著 98元
基础教育的战略思考 王炎斌 著 22元
教育凝眸 郭志明 著 16元
教育的痛和痒 赵宪宇 著 20元
教育思想的革命 张先华 著 15元
教育印痕 王淮龙等 主编 22元
教育印迹 王淮龙等 主编 18元

职业规划丛书

全球高端行业求职指南 方 伟 主编 28元
全球高端行业求职案例 方 伟 主编 28元
大学生职业生涯规划咨询案例教程 方 伟 主编 28元

特别推荐

中国教育与人力资源发展报告 闵维方 主编 38元
透视美国教育 王定华 主编 42元
中小学管理文件选编 教育部基础教育一司 编 48元
教研活动概论 雷树福 主编 45元
大学情感教育读本 田 玲 主编 28元
大学科学教育改革与发展 王义道 著 32元
公务文件写作规范与文例分析 杨 霞 主编 40元
北大清华名师演讲录 两校名师讲堂编委会 36元
小学数学知识树 刘开云 等主编 28元
追梦北大——北大新生畅谈学习与成长 刘明利 主编 32元
牵梦北大——北大新生畅谈中学学习与成长 刘明利 主编 35元
保送北大——北大保送生畅谈中学学习与成长
　　　　　　　　　　　　　　　　　　　　刘明利 主编 32元

科学素养文库·科学元典丛书

科学元典是科学史和人类文明史上划时代的丰碑，是人类文化的优秀遗产，是历经时间考验的不朽之作。它们不仅是伟大的科学创造的结晶，而且是科学精神、科学思想和科学方法的载体，具有永恒的意义和价值。

一、从经典中学习科学方法

当代研究人的创造性的诸多前沿领域，如认知心理学、科学哲学、人工智能、认知科学等，都涉及对科学大师的研究方法的研究。近二十多年兴起的机器发现，首先就是对科学史学家提供的材料，编制程序，在机器中重新做出历史上的伟大发现。借助于人工智能手段，人们已经在机器上重新发现了波义耳定律、开普勒行星运动第三定律，提出了燃素理论。萨伽德甚至用机器研究科学理论的竞争与接收，系统研究了拉瓦锡氧化理论、达尔文进化学说、魏格纳大陆漂移说、哥白尼日心说、牛顿力学、爱因斯坦相对论、量子论以及心理学中的行为主义和认知主义形成的革命过程和接收过程。科学元典以其方法学上的创造性而彪炳史册，永远值得后人学习和研究。

二、把经典中的科学创造过程运用于基础教育中

科学教育中最缺乏的也许是对科学创造过程的忽视和不了解。为此，西方一些教育家曾经大规模地把科学成就的创造过程运用于基础教育之中，引起科学教育的一场变革。美国兴起的发现法教学，就是几十年前在这方面的尝试。近二十多年来，兴起了基础教育改革的全球浪潮，其目标就是提高学生的科学素养，改变片面灌输科学知识的状况。其中的一个重要举措，就是在教学中加强科学探究过程的理解和训练。当然，没有人怀疑，我们通过阅读今天的教科书就可以方便地学到科学元典著作中的科学知识，而且由于科学的进步，我们从现代教科书上所学的知识甚至比经典著作中的更完善。但是，教科书所提供的只是结晶状态的凝固知识，而科学本是历史的、创造的、流动的，在这历史、创造和流动过程之中，一些东西蒸发了，另一些东西积淀了，只有科学思想、科学观念和科学方法保持着永恒的活力。

然而，遗憾的是，我们的基础教育课本和不少科普读物中讲的许多科学史故事都是误讹相传的东西。比如，把血液循环的发现归于哈维，指责道尔顿提出二元化合物的元素原子数最简比是当时的错误，讲伽利略在比萨斜塔上做过落体实验，宣称牛顿提出了牛顿定律的诸数学表达式，等等。为避免这样的误讹，我们不妨读一读科学元典，看看历史上的伟人当时到底是如何思考的。

三、再现历史：为科学教育探索一条新路

这套丛书收录的数十部经典著作，涵盖了物理学、化学、生物学、医学、天文学、地理学、数学等基础学科。这些著作无一不对科学发展和人类思想解放产生过深远的影响，它们通过科学史的内在线索贯穿起来，不但展现了科学发展的主要历程，而且也展现了当时广阔的文化背景和社会背景。

科学是"科学家"创造的结果，科学家也是人，所以，我们在书中试图全景式地再现"人"的因素，这就是对"历史过程"的解读！这将有助于读者走进大师深邃的精神世界，感受原汁原味的科学发现，品味生机勃勃的科学精神、科学思想和科学方法，在活生生的历史中，体悟科学发现的真谛和科学思想的来龙去脉，使读者尽量"近距离"感受科学创造的过程，而不只是了解最终结论。应该说，我们这样做的目的，是试图为当前的科学教育探索一条新路。

科学素养文库·科学元典丛书（第一辑）

物种起源	[英] 达尔文 著	39元
自然哲学之数学原理	[英] 牛顿 著	39元
狭义与广义相对论浅说	[美] 爱因斯坦 著	36元
天体运行论	[波兰] 哥白尼 著	39元
关于托勒密和哥白尼两大世界体系的对话	[意] 伽利略 著	38元
化学哲学新体系	[英] 道尔顿 著	39元
海陆的起源	[德] 魏格纳 著	34元
心血运动论	[英] 哈维 著	30元
基因论	[美] 摩尔根 著	39元
怀疑的化学家	[英] 波义耳 著	36元
化学基础论	[法] 拉瓦锡 著	39元
光　学	[英] 牛顿 著	35元
光　论	[荷兰] 惠更斯 著	35元
从存在到演化	[比利时] 普里戈金 著	32元
热的解析理论	[法] 傅立叶 著	39元
薛定谔讲演录	[奥地利] 薛定谔 著	34元
笛卡儿几何（附《方法论》《探求真理的指导原则》）	[法] 笛卡儿 著	38元
进化论与伦理学（附《天演论》）	[英] 赫胥黎 著	38元
人类在自然界的位置	[英] 赫胥黎 著	

科学素养文库·科学元典丛书（第二辑）（部分书目）

地质学原理	[英] 莱伊尔 著	79元
人类的由来及性选择	[英] 达尔文 著	
人和动物的表情	[英] 达尔文 著	
条件反射	[俄] 巴甫洛夫 著	
计算机与人脑	[美] 冯·诺依曼 著	
希尔伯特几何基础	[德] 希尔伯特 著	
电磁通论	[英] 麦克斯韦 著	
居里夫人文选	[法] 玛丽·居里 著	
李比希文选	[德] 李比希 著	
关于两门新科学的对话	[意] 伽利略 著	
世界的和谐	[德] 开普勒 著	
……		

科学的旅程

纽约公共图书馆
"最佳青少年读物"
获奖作家代表作

被译成多种文字，畅销世界各地

《科学的旅程》究竟是一部什么样的书？
为什么对美国青少年具有不可阻挡的吸引力？

本书告诉我们

科学的历史是一部由"正确"与"错误"共同书写的历史

今天，科学已经渗透到了人类生活的每个角落，科学的力量无所不在。然而本书向读者展现的科学的旅程，并不像我们现在所看到的一路辉煌，科学的历史也从来都不是一部永远"正确"的历史。科学曾经犯过许许多多的错误，而且今后还会继续犯错误。科学的历史就是一部不断从错误中学习的历史。

科学家们设计出的一系列有助于发现自己错误的规则，使科学有一种可以证明自身为错的内在机制，正是科学自身的这种独特的纠错机制和自我批判能力，使得科学成为人类理解自然奥秘最为严谨也最为有效的手段，并使得科学的发展不断突破旧思想的藩篱，超越权威，永远充满活力。

科学的历史是一部由"成功"和"失败"共同书写的历史

与同类作品不同，本书以相当的篇幅介绍了科学史中的失败者。失败的原因不尽相同，有被名利腐蚀，有不小心误入歧途的——科学的殿堂中不仅有所谓的圣者，还有凡人，甚至有小人和骗子。今天，我们看到的往往是辉煌的成功者，但在科学的历史发展过程中，更多的是那些辉煌背后的失败者。

科学是最具人性化的事物

科学只是事实和统计数据乏味而又琐碎的堆砌吗？科学是一切与人性有关的东西的对立面吗？

科学实际上是一种思维方法，一种生动的、不断变化的对世界的看法。科学对人类的自我认识，更理性地加深了人类对自身的关怀。再没有比科学更充满生机、更充满惊奇、或者更人性化的事物了！

科学家是如何思考的

科学家是如何工作的？是什么驱使他们渴望获得知识？科学家是如何提出问题的？是如何思考问题的？是如何寻求这些问题的答案的？他们用了哪些方法来寻求这些问题的答案？从哪个环节开始，这种探究变成了科学的探究？……本书为你一一作了解答。

批判性思维是科学最宝贵的"精神"所在

科学的思维方法正是这样一种方法：它倡导怀疑古训，怀疑权威，也倡导超越自我，它不让大自然来欺骗你，也不让他人来欺骗你，更不允许你自己欺骗自己。

纵观全书，我们看到科学家提出的理论，有时正确，有时错误，也看到这些理论如何被后人反复纠正、扩展或者简化，不断完善。这种勇于创新的批判性思维，正是科学最宝贵的"精神"所在。

本书有什么特色？

突出科学、技术与社会的关联

科学的力量，以及它与社会、政治、经济和文化的互动，在历史上从未产生过如此重大的影响。从通过计算机和网络获取知识，到繁忙街道的交通管理；从飞越太空的壮举，到无线电通信给人类生活带来的变化；从向疾病进行的科学挑战，到人类寿命延长和克隆技术；从无所不在的教育网络，到庞大的公共卫生计划……科学不再是少数精英在自己的书斋或者私人实验室中的自娱自乐。

特别令人关注的是，本书对女性在科学中的地位和作用，以及来自后现代主义的挑战，也进行了专门论述。这在一般的科学史作品中是极少见的。

"正史"与"野史"交相辉映

读过本书才知道，原来科学的旅程中不乏旁门左道甚至歪门邪道。就在牛顿时代，与牛顿同样着迷于自然界奥秘并且具有相当研究功力的大有人在。但他们却不幸误入歧途；而伪科学的猖獗，早在19世纪就泛滥成灾，法拉第不仅研究电磁感应，还戳穿了当时不少以科学名义而施行的骗术；当然，真正的科学家永远令人肃然起敬，你能想象17世纪的桑克托留斯整日坐在自己特制的椅子上，只是为了测定人体的吸收和排泄之量？本书披露了许多鲜为人知的细节，这正是本书引人入胜的地方之一。

口语化的叙述风格亲切感人

作者口语化的讲述方式，平易近人，亲切易懂，就像是一位智者坐在冬夜的火炉旁与你促膝而谈，娓娓道来；又像是一位讲故事的高手，时而旁征博引，时而条分缕析，故事情节跌宕起伏，充满悬念，把一部在许多人看来枯燥乏味的科学史讲得引人入胜、多姿多彩。

什么人最适合读这部书？

科学教育的首选教材

当前科学教育中最缺乏的是"批判性思维"训练，而我们这个时代比以前任何时代都需要明晰而又具批判性的思考能力，以及把科学方法和原理恰当运用到我们时代处理各种复杂问题的能力。

本书适合大众阅读，尤其适合广大青少年及其家长、中小学教师阅读，是培养"创造性思维"、"批判性思维"，进行科学教育的前所未有的好教材。

青春叛逆期孩子的最爱

放眼回望科学的历史，并不是满坑满谷的"Yes"。恰恰相反，科学史中充斥了大量的"No"。科学史实际上也是对错误说"不"的历史——怀疑前人的结论，挑战权威的说法，是"批判式思维"的角斗场，否则就不会有科学的进步。错误和失败并不是科学的羁绊，而是前进的动力，科学家的说法、做法也不全是"对"的。《科学的旅程》引领读者了解说"No"的科学史。

此书很适于"逆反期"、"青春期"的同学们，以及他们的家长，让"磨合"时的"No"说得更科学一些吧！